崇祯改历奏疏汇校

褚龙飞 石云里 —— 编

时代出版传媒股份有限公司
安徽教育出版社

图书在版编目（CIP）数据

崇祯改历奏疏汇校 / 褚龙飞,石云里编. —合肥：
安徽教育出版社,2020.8
ISBN 978-7-5336-9137-0

Ⅰ.①崇… Ⅱ.①褚…②石… Ⅲ.①奏议—汇编—中国—明代 Ⅳ.①K248.065

中国版本图书馆 CIP 数据核字（2020）第 153818 号

崇祯改历奏疏汇校

CHONGZHEN GAILI ZOUSHU HUIJIAO

出 版 人	费世平
策划编辑	杨多文
装帧设计	袁 泉
责任印制	陈善军

出版发行：时代出版传媒股份有限公司　安徽教育出版社

地　　址：合肥市经开区繁华大道西路398号　邮编：230601

网　　址：http://www.ahep.com.cn

营销电话：(0551)63683012,63683013

排　　版：安徽时代华印出版服务有限责任公司

印　　刷：安徽新华印刷股份有限公司

开　　本：710×1010　1/16

印　　张：27.25

字　　数：320千字

版　　次：2020年8月第1版　2020年8月第1次印刷

定　　价：99.00元

（如发现印装质量问题,影响阅读,请与本社营销部联系调换）

引 言

为了满足社会生活中对授时和占候等方面的需求,中国古代发展出了自己独特的天文学体系。历代统治者都会设立官方机构,专门负责这些方面的工作。除了观候天象和测时报时外,官方天文学家的重要职责之一是制定一套天文学计算系统,古人称之为"历法"①或者"历术",以便尽量准确地推算每年的历书、预报日月食等具有星占意义的异常天象。一部准确的历法往往被看作君主权威和社会稳定的象征,一旦历法计算出现大的偏差,或者碰上除旧布新和改朝换代之类的政治变化,政府一般都会组织历法改革,对整个天文计算系统进行这样或者那样的修正和调整,由此推动天文学水平不断提高。中国古代的这种历法天文学体系在秦汉时期初步成型,隋唐时期日臻成熟,宋元时期达到高峰,此后直到明末则一直没有出现实质性的

---

① 与现代汉语中的历法概念不太相同。

进步。明代官方的《大统历》主要沿用了元代郭守敬(1231—1316)等人制定的《授时历》,同时明钦天监还参用明初译编的《回回历法》。明中期以后,两部历法在天象预报上均有很大的误差,且《授时历》又被明朝文人看作"胡人之历",而不是自己的历法,因此明代后期改历的呼声日益高涨。

经过长期的争论与犹豫,崇祯二年(1629)明朝政府终于决定改历。朝廷命徐光启(1562—1633)正式组建历局,聘请国内天文学家以及几位在华的西方耶稣会士,让他们在译介欧洲天文学的基础上,共同编定新的历法。经过约6年的工作,历局编成《崇祯历书》一部,共约137卷,先后分五次进呈皇帝,同时陆续被刻成小板刊印。之后,历局成员仍在继续编修相关著作,同时陷入与反对派旷日持久的论战之中。最终,明朝政府还没来得及享受历法改革的成果便告覆灭。清军入关后,汤若望(Johann Adam Schall von Bell,1592—1666)将《崇祯历书》更名为《西洋新法历书》进献给清政府,使之得到清王朝的正式采用。与此同时,汤若望也将原书内容编订为整整100卷。

《崇祯历书》是明末中西天文学者共同编纂的一部关于欧洲天文学的百科全书式著作,在中国天文学史以及中西科学交流史上具有重要的意义。该书的编纂过程是中国科学史和中西科学交流史上的重要事件。改历期间,历局和礼部以及其他相关官员向崇祯帝上呈了大量奏疏,后来历局整理并刊印,将其命名为《治历缘起》。汤若望在编订《西洋新法历书》时收录了《治历缘起》,这便是崇祯改历奏疏最常见、流传最广的"标准版本"。由于崇祯时期的原始档案大部亡佚,《治历缘起》无疑成为今天研究崇祯改历过程最直接的材料,其中记载了非常丰富的信息,包括崇祯年间大部分交食预报和观测记录、徐光启对于改历的整体规划、改历期间中西法之间的较量、崇祯帝对于西法与历局的态度、钦天监与历局之间的关系等等,具有极高的史料价值。

然而,汤若望编订的清刊本《治历缘起》并未将历局的奏疏悉数收入,而是作了不少删减,结果使一些原本较为连续的奏疏之间出现了十分明显的"空当"。不仅如此,汤若望还对奏疏印版涉及明朝皇帝的"皇上"二字以及和"圣裁""圣旨"中的"圣"字等一律进行了挖改,并以"〇"来代替。这些都对我们研究《崇祯历书》编纂过程以及其间所发生的各种争论产生了不良影响。幸运的是,《治历缘起》的明刊本尚有少数存世,而且一些重要抄本中也保留了改历奏疏的原始面貌。

经过多年的调研和搜集,我们发现明刊本《治历缘起》现存 4 本,分别收藏于梵蒂冈宗座图书馆(Bibliotheca Apostolica Vaticana)、英国牛津大学博德利图书馆(Bodleian Library, University of Oxford)、中国国家图书馆和美国纽约哥伦比亚大学东亚图书馆(East Asia Library, Columbia University in the City of New York)。其中,梵蒂冈宗座图书馆藏本为一册残本,仅包含 10 余篇奏疏,外封题写书名为"治历缘起卷下",页码从五二连续编排到一百,很可能是改历前期刻印的一个刊本。牛津大学博德利图书馆藏本共 6 卷,装订为一册,该本最前面有一份与前五卷内容完全一致的"《治历缘起》目录",但第六卷却只有一份奏疏,应刻印于崇祯七年(1634)四月后不久。中国国家图书馆藏本题名为《奏疏》,共 12 卷,分装四册,前五卷内容与牛津大学博德利图书馆藏本相同,应刻印于崇祯十二年(1639)下半年以后。哥伦比亚大学东亚图书馆藏本与中国国家图书馆藏本基本相同。

此外,我们还找到了两个重要的《治历缘起》抄本:一个是韩国国立首尔大学奎章阁档案馆(Kyujanggak Archives, Seoul National University)收藏的抄本,另一个是日本的朱雔(生卒年不详)校订本。

韩国国立首尔大学奎章阁档案馆藏抄本题名《治历缘起》，共分九册装订，其中前六册与清刊本《治历缘起》内容完全一致，连汤若望对一些奏疏文字进行挖改的结果"〇"也被原封不动地照抄下来。而后三册中则收入了不少清刊本没有的奏疏，估计抄写者是清初来中国学习西方天文学的某位朝鲜学者，而且他显然见过其他版本的《治历缘起》，因此将它同汤若望的"标准版"一并抄录下来。最重要的是，韩国国立首尔大学奎章阁档案馆藏抄本中有三篇奏疏是现存明、清刊本《治历缘起》中都没有的。朱暐校订本在日本多家机构皆有收藏，如天理大学附属天理图书馆（Tenri Central Library, Tenri University）、日本国立东京天文台图书室（Mitaka library, National Astronomical Observatory of Japan）和岛根大学附属图书馆（Shimane University Library），这些藏本都是十四卷抄本，是《治历缘起》收录奏疏数量最多的版本，康熙庚戌岁（1670）由朱暐汇集校订而成。

可见，《治历缘起》的明、清刊本以及各种抄本之间互有不同，只有综合不同版本，才能最大限度地还原《治历缘起》的本来面目。除此之外，还有少量与崇祯改历相关却未被收入《治历缘起》的奏疏散见于现存各类文献，如《熙朝崇正集》中的顾锡畴（1585—1646）题本、《坤舆格致》中的李天经（1579—1659）"回祠司手本"、《礼部堂稿》中礼部"为遵旨再造进窥远镜"的题本、《金正希先生文集辑略》中的金声（1598—1645）奏疏及上徐光启书、《礼部存稿》中的陈子壮"回奏魏文魁另局疏"，等等。考虑到这些情况，有必要将现存与崇祯改历相关的奏疏全部汇集起来，并加以点校出版。

本书以《西洋新法历书》中的《治历缘起》为蓝本，从梵蒂冈宗座图书馆、牛津大学博德利图书馆和中国国家图书馆所藏明刊本以及韩国国立首尔大学奎章阁档案馆和日本国立东京天文台图书室所藏抄本中补入清刊本缺失的内容,并对文字作了互校;同时,尽可能搜集《治历缘起》未收录的、其他各类文献中的相关奏疏,试图为研究者提供一份较为完整的崇祯改历奏疏。对于补入奏疏的来源,我们将以脚注形式标明;《西洋新法历书》奏疏中被挖改成"〇"的那些字,我们则根据《治历缘起》明刊本和东京天文台图书室藏抄本对其作了补录。此外,我们还根据上奏时间和内容为每篇奏疏增加了一个标题,以便为读者检索和阅读提供便利。由于现存各本《治历缘起》的分卷和分册方式各有不同,难以统一,所以本书将不再分卷处理,而是按照时间顺序对所有奏疏重新排序,这样更有利于对崇祯改历进程的理解。另外,对于《治历缘起》原书中出现的异体字、通假字或避讳字,我们一般与原文保持一致,尽最大可能保留原书面貌。

　　本书的编纂始于2009年下半年,从2010年起得到中国科学院科教结合教育创新项目经费支持,确保了本书得以最终完成并交付出版。中国科学技术大学科技史与科技考古不少研究生(如李宇同学等)在文字的录入等方面付出了辛劳,众位同学对该项目的推进、对本书编纂和出版给予了多方面的支持和帮助,作者在此一并表示感谢。

目录

崇祯二年四月二十九日礼部揭帖　　〇〇一

崇祯二年五月初三日揭帖　　〇〇三

崇祯二年五月初十日礼部题本　　〇〇四

崇祯二年七月十一日礼部题本　　〇〇七

崇祯二年七月二十一日礼部题本　　〇一二

崇祯二年七月二十六日徐光启奏本　　〇一三

崇祯二年九月十三日敕谕　　〇一九

崇祯二年九月二十三日徐光启题本　　〇二一

崇祯三年五月十六日徐光启等题本　　〇二四

崇祯三年七月初六日徐光启等题本　　〇二七

崇祯三年九月二十日徐光启等题本　　〇二八

崇祯三年九月二十日徐光启题本　　〇三一

崇祯三年十月十七日徐光启奏本　　〇三五

崇祯三年十一月二十四日徐光启题本　　〇三七

崇祯三年十一月徐光启咨文　　〇四一

崇祯三年十二月初二日徐光启奏本　　〇四三

崇祯三年十二月初三日徐光启题本　　〇四六

崇祯四年正月二十八日徐光启题本　　〇五一

历书总目　　〇五三

崇祯四年四月十六日徐光启奏本　　〇五八

崇祯四年六月初一日咨礼部文　　〇六〇

崇祯四年魏文魁致历局书　　〇六四

与王廷评答客难　　〇六八

崇祯四年六月十一日徐光启题本　　〇七五

○七八　崇祯四年八月初一日徐光启题本

○八○　崇祯四年八月二十八日礼部咨文

○八二　崇祯四年九月初八日徐光启题本

○八六　崇祯四年十月初二日徐光启奏本

○八八　崇祯四年十月十七日徐光启奏本

○九○　崇祯四年闰十一月初六日徐光启题本

○九三　崇祯五年三月十七日徐光启题本

○九五　崇祯五年四月初四日徐光启题本

○九八　崇祯五年四月二十九日徐光启题本

一○一　崇祯五年九月十二日徐光启题本

一○三　崇祯五年九月十五日徐光启题本

一○四　崇祯五年十月十一日徐光启奏本

一○九　崇祯五年十月十一日徐光启再奏本

一一一　崇祯五年十月二十七日张守登奏本

一一三　崇祯六年历局官生复魏文魁书

一二○　崇祯六年金声奏本

一二二　崇祯六年金声上徐光启书

一二四　崇祯六年九月二十九日徐光启题本

一二七　崇祯六年九月二十九日徐光启奏本

一二九　崇祯六年十月初六日徐光启奏本

一三一　崇祯六年十月初七日徐光启题本

一三三　崇祯七年二月初八日李康先等题本

一三七　崇祯七年二月李长庚等题本

一三九　崇祯七年四月李天经奏本

崇祯七年五月二十九日李康先等题本　一四一

崇祯七年六月二十八日李天经题本　一四三

崇祯七年六月二十八日李康先题本　一四六

崇祯七年七月十四日李康先题本　一四八

崇祯七年七月十九日李天经题本　一五〇

崇祯七年八月十八日李天经题本　一五三

崇祯七年八月二十七日李天经题本　一五五

崇祯七年闰八月十八日李天经题本　一五七

崇祯七年闰八月二十三日李天经题本　一五九

崇祯七年闰八月三十日李康先题本　一六二

崇祯七年九月初二日李天经题本　一六四

崇祯七年九月十二日李天经题本　一六七

崇祯七年九月十三日李天经题本　一七〇

崇祯七年十月十三日李天经题本　一七二

崇祯七年十月二十九日李天经题本　一七四

崇祯七年十一月初九日李天经题本　一七七

崇祯七年十一月二十四日李天经奏本　一七八

崇祯七年十二月初三日李天经题本　一八一

崇祯七年十二月初八日李天经题本　一八八

崇祯七年十二月初八日李天经奏本　一八九

崇祯八年正月十七日李天经题本　一九二

崇祯八年二月十八日陈子壮等题本　一九五

崇祯八年四月陈子壮题本　一九八

崇祯八年四月初四日李天经题本　二〇〇

二〇八	崇祯八年四月初四日李天经奏本
二一〇	崇祯八年四月二十七日李天经题本
二一三	崇祯八年八月初九日李天经题本
二一四	崇祯八年八月二十日李天经题本
二一八	崇祯八年八月二十八日李天经题本
二二〇	崇祯八年十二月十四日李天经题本
二二三	崇祯九年正月十六日礼部题本
二二五	崇祯九年正月十六日李天经题本
二二七	崇祯九年二月初六日李天经题本
二三〇	崇祯九年二月十九日黄士俊等题本
二三四	崇祯九年二月二十四日李天经题本
二三六	崇祯九年二月二十六日李天经题本
二三九	崇祯九年二月二十六日李天经再题本
二四三	崇祯九年三月十七日李天经题本
二四五	崇祯九年三月二十二日礼部题本
二四八	崇祯九年四月初六日李天经题本
二五〇	崇祯九年四月初八日吏部题本
二五二	崇祯九年四月张守登等奏本
二五四	崇祯九年四月二十八日李天经题本
二五六	崇祯九年七月初二日李天经题本
二五八	崇祯九年七月十八日李天经题本
二六〇	崇祯九年八月初六日李天经奏本
二六二	崇祯九年八月姜逢元等题本
二六六	崇祯九年九月十六日李天经题本

崇祯九年十一月十五日李天经题本　二七〇

崇祯九年十二月十八日姜逢元题本　二七二

崇祯九年十二月十九日例李天经题本　二七五

崇祯十年二月初二日姜逢元题本　二七七

崇祯十年闰四月初一日李天经题本　二七九

崇祯十年闰四月二十一日李天经题本　二八一

崇祯十年八月初一日罗雅谷、汤若望等奏本　二八三

崇祯十年九月周胤奏本　二八六

崇祯十年十月二十五日李天经题本　二八八

崇祯十年十一月初四日李天经题本　二九一

崇祯十年十一月十一日李天经奏本　二九五

崇祯十年十一月十七日李天经题本　三〇〇

崇祯十年十二月初二日李天经题本　三〇三

崇祯十年十二月初三日礼部题本　三〇六

崇祯十年十二月十五日周胤奏本　三〇八

崇祯十年十二月十八日李天经题本　三一〇

崇祯十年十二月十九日巩焴奏本　三一二

崇祯十一年正月十二日李天经题本　三一四

崇祯十一年三月十八日李天经题本　三一六

崇祯十一年四月二十二日礼部题本　三一九

崇祯十一年五月初三日李天经题本　三二二

崇祯十一年五月到七月间王一中等题本　三二五

崇祯十一年七月十七日顾锡畴题本　三二七

历局按语　三二九

三三〇	崇祯十一年十月二十八日吏部覆礼部疏
三三二	崇祯十一年十一月吏部咨礼部文
三三四	崇祯十一年十一月二十八日礼部祠祭清吏司咨文
三三五	崇祯十一年十二月初八日汤若望等奏本
三三七	崇祯十一年十二月二十六日李天经题本
三三九	崇祯十二年四月二十三日李天经题本
三四一	崇祯十二年五月十六日李天经题本
三四三	崇祯十二年七月初二日李天经题本
三四五	崇祯十二年八月二十三日李天经题本
三四七	崇祯十二年九月二十三日李天经题本
三四九	崇祯十二年十一月十七日李天经题本
三五一	崇祯十二年十一月二十八日李天经题本
三五三	崇祯十二年十二月二十八日李天经题本
三五五	崇祯十三年正月二十五日李天经咨礼部文
三五九	崇祯十三年闰正月初二日李天经咨文
三六二	崇祯十三年二月一十日李天经题本
三六六	崇祯十三年六月初二日李天经题本
三六八	崇祯十三年七月十三日李天经题本
三七〇	崇祯十三年十二月二十六日李天经题本
三七二	崇祯十四年二月二十六日李天经题本
三七五	崇祯十四年三月十七日李天经题本
三七七	崇祯十四年八月二十日李天经题本
三八〇	崇祯十四年九月十六日李天经题本
三八二	崇祯十四年九月二十五日李天经题本

崇祯十四年十一月初八日李日宣、李兆题本　　三八四

崇祯十四年十二月礼部题本　　三八七

崇祯十四年十二月二十八日礼部题本　　三九四

崇祯十四年十二月二十八日李天经题本　　三九八

崇祯十五年闰十一月十五日刘宗周未上奏本　　四〇〇

崇祯十五年十二月二十五日李天经题本　　四〇三

崇祯十六年二月初二日李天经题本　　四〇五

崇祯十六年七月二十六日李天经题本　　四〇七

崇祯十六年八月十七日李天经题本　　四〇九

崇祯十六年九月二十四日礼部题本　　四一〇

崇祯十六年十月二十七日礼部题本　　四一二

崇祯十六年十一月李天经回祠司手本　　四一五

崇祯十六年十二月初三日倪元璐题本　　四一七

崇祯十七年正月初二日李天经题本　　四一九

崇祯二年四月二十九日礼部揭帖①

礼部揭,为日食事。今将豫②算本年五月初一日乙酉朔日食历三种开列于后。

据《大统历》推算：

日食三分二十四秒；

初亏巳正三刻,西南；

食甚午初三刻,正南；

复圆午正三刻,东南；共八刻。

食甚日躔黄道参宿九度一十分三十三秒。

据《回回历》推算：

---

① 《治历缘起》原书中各奏疏并无标题,今为查阅方便,特为每篇奏疏增加了标题。

② "豫"同"预",本书此类情况均与原书保持一致。如"卤(鲁)莽""俞(谕)旨""戮(勠)力""剖晰(析)"等,皆保持原貌不做修改,后不赘述。

日食五分五十二秒；

　　初亏午初三刻,西南；

　　食甚午正三刻,正南；

　　复圆未初三刻,东南；共八刻。

食甚日躔黄道申宫二十九度四十六分九秒。

用新法推算：

　　顺天府二分有奇。

　　　　初亏巳正三刻二分算外,下同,西南；

　　　　食甚午初二刻六分,正南；

　　　　复圆午初四刻六分,东南；共五刻四分。

应天府,六分有奇；

杭州府,六分三十秒有奇；

广州府,九分有奇；

琼州府食既；

大宁、开平等处不食；

食甚日躔黄道申宫二十九度四十五分零五秒。

　　　　　　　　　　　　　　崇祯二年四月二十九日

崇祯二年五月初三日揭贴

五月初三日题，顷该文书官杨泽恭捧到圣谕："钦天监推算日食前后刻数俱不对，天文重事，这等错误。卿等传与他，姑恕一次，以后还要细心推算。如再错误，重治不饶。钦此。"臣等是日赴礼部，与尚书何如宠、侍郎徐光启候期救护。据光启推算，本日食止二分有余，不及五刻。已验之，果合，亦以监推为有误。乃蒙皇上早已鉴及，仰见我皇上克谨天戒，无一时一刻稍敢怠遑。臣等谨即传示礼部，转行该监申饬外，原奉圣谕尊藏阁中，又同时发下宣大督师王象乾马折改票一本。适枢臣王洽来见臣等于东阁，臣等业将圣意反覆与商。其中利弊原委，非部奏不能详悉。谨拟令枢臣详议具覆，并揭回奏以闻。

崇祯二年五月初十日礼部题本

礼部题，为日食事。祠祭司案呈奉本部送本月初三日奉上传谕内阁："钦天监推算日食前后刻数俱不对，天文重事，这等错误。卿等传与他，姑恕一次，以后还要细心推算。如再错误，重治不饶。钦此。"钦遵。传出到部送司，随行该监，查取推算官员职名。

据该监五官夏官正等官戈丰年等回称"备陈日食时刻少差。切照本监所用《大统历》乃国初监正元统所定，其实即元太史郭守敬等所造《授时历》也。二百六十年来，历官按法推步，一毫未尝增损。非惟不敢，亦不能。若妄有窜易，则失之益远矣。切详历始于唐尧，至今四千年。其法从粗入细，从疏入密。汉、唐以来，有差至二日、一日者，后有差一、二时者。至于守敬《授时》之法，古今称为极密，然中间刻数依其本法尚不能无差；故向来遵用推算，每有一、二刻不合。若在早晚，又不止一、二刻矣。此其立法固然，非职自能更改，亦非敢卤莽失误也。岂惟职等，即守敬以至元十八年成历，越十八年为大德三年八月，已推当食而不食。大德六年六月，又食而失推。载在《律历志》可查也。是时守敬方以昭文殿大学士知太史院事，亦付之无可奈何。盖一时心思技术已尽于此，不能复有进步矣。夫彼立法者尚然，况职等斤斤守法者哉？切闻创始难工，增修易善。自古以来，每觉差讹，即令专门宿学之臣为之修改。故汉历改五次，魏至隋改十三次，唐至五代改十六次，宋改十八次，金、元改三次。独我朝二百六十年未经修改，中间又有年远数盈及岁差增损诸事，致差之因非一端也。今欲循守旧法，向后不能无差。欲行修改，更非浅陋所及。遵奉圣谕严切，措躬无地，为此备陈情愫"等因到部送司案呈。先该钦天监题称：推算到崇祯二年五月初一日乙酉朔，日食三分二十四秒；初亏巳正三刻，西南；食甚午初三刻，正南；复圆午正三刻，东南。至期札委本司主事黄鸣俊公同测验回呈。据该监五官灵台郎孔文进等手本回称"先该历科夏官正戈丰年等推算到崇祯二年五月初一日乙酉朔日食，候至午初一刻，观见日食初亏西南，午正一刻食甚正南，约食三分余，测参宿度分，午正三刻复圆东南"等因到司，与先题互异，例应罚治，案呈到部。臣等看得本月初一日日食，原题初亏巳正三刻，而今在午初一刻，则已差二刻矣。乃原推复圆在午正三刻，而实在午正一刻，则又差二刻矣。据推算官戈丰年等称，此所用《大统历》，乃国初监正元统所定，实元郭守敬《授时历》之成法也。历官按书推步，一毫不敢擅自增减。今验日食时刻俱不合，以为原法固然。臣等查考近来交食，果有先后一、二刻至三、四刻者，其分秒之数，亦有多寡不对者。必求符合，须将今历大加修改。测验布算务求万分精密，十倍胜于守敬，乃可定今日之所以差，又期他日之可以不差耳。且历法大典，唐虞以来，咸所隆重。故无百年不改之历。我高皇帝神圣自天，深明象纬。而一时历官，如元统、李德芳辈，才力有限，不能出郭守敬之上，因循至今。后来专官修正则有童轩、乐护、华湘等，著书考定则有郑世子载堉、副使邢云路等，建议改正则有俞正己、周濂、周相等。是皆明知守敬旧法本未尽善，抑亦年远数赢，即守敬而在，亦须重改故也。况历法一志，历代以来载之国史。若《史记》《汉书》、晋唐《书》、宋元《史》，尤为精备。后之作者，禀为成式，因以增修。

我国家事事度越前代，而独此一事略无更定。如万历间纂修国史，拟将《元史》旧志誊录成书，岂所以昭圣朝之令典哉？万历四十年十一月朔日食先天四刻，有兵部员外郎范守己具疏参驳，臣部曾经复请修改。至四十一年正月十五日月食不合，又经覆请，未奉皇祖俞旨，是以迄今尚用旧法。今本监历官既荷圣恩宽宥，又复具呈前来，意亦谓元初至今相沿三百五十年，无能改正。而一旦于彼责成，非其识力所及。且崇祯三年应月食者一，四年应日食者一、月食者二。临时必不能无差，又诸臣所惴惴焉不宁者。如蒙皇上垂念制作大事，伏乞敕下臣部，照依万历四十年原议修改，庶国典有光，而世业畴人亦藉手以免于罪戾矣。

崇祯二年五月初十日

本月十三日奉圣旨："历法皇祖曾议重修，今日食刻数复差，允宜更正，依卿等所请。修改一应事宜，再着另行具奏。"

崇祯二年七月十一日礼部题本

礼部为钦奉明旨修改历法，谨开列事宜，请乞圣裁事。祠祭清吏司案呈，照得本年五月初一日日食，先该钦天监推算刻数不对，初三日奉上传："钦天监推算日食前后刻数俱不对。天文重事，这等错误。卿等传与他，姑恕一次，以后还要细心推算。如再错误，重治不饶。钦此。"随该本部具题，查得历法久未经修，推算难免错误，请乞查例修改等因，奉圣旨："历法皇祖朝曾议重修，今日食刻数复差，允宜更正，依卿等所请。修改一应事宜，再着另行具奏。钦此。"钦遵。抄出到部送司，案呈到部。臣等查得万历四十年十一月朔日食，钦天监推算得未正一刻初亏，而兵部员外郎范守己候得申初一刻，则是先天四刻，以此累疏驳正。该监亦称，候得初亏在未正三刻，则是先天二刻，以此具疏争辩。臣部看得四刻、二刻，总非密合。所以然者，《授时历》本元初郭守敬诸人所造，而《大统历》因之，比于汉、唐、宋诸家，诚为密近，尚未能确与天合。加以年远数盈，至今三百五十年未经修改，故也。以此具疏，覆请乞博选知历之人，讲求考验，务期悉合天度，超越前古，以垂永久，未果施行。今两奉圣旨，仰见我皇上钦若敬授之至意，稽古垂宪之鸿猷。臣等虽才识驽下，敢忘竭蹶以副隆指。谨依四十年十二月、又四十一年正月部议二疏事理，斟酌增损，开列款目，具疏上请，伏候命下，遵奉施行。

计开：

一，议选人员。窃惟治历明时，古人以为重事，臣等不敢繁称。止据《元史》所载，以宰相王文谦、枢密张易主领，裁奏于上。仍命左丞许衡参预其事，王恂、郭守敬并领太史院事，分掌测验、推步于下。而又博征杨恭懿诸人助之。然犹五年而成，六年而颁行，十年而进书五种二十六卷，后三十年续进书九种七十九卷，则成之綦难已。高皇帝驱逐胡元，北遁沙漠①，典章散失，止存《授时》成法数卷。元统等因之为《大统历》，仅能依法布算，而不能言其所以然之故。后来有志之士，亦止将前史《历志》揣摩推度，并未有守敬等数年实测之功力，又无前代灼然可据之遗书，所以言之而未可行，用之而不必验也。夫莫难于造历，莫易于辨历。天之高，星辰之远，而先期布算，使时刻分秒毫发不差，非积久测验，累经修改，其势不能，是故难也。若欲辨术业之巧拙，课立法之亲疏，则以日月交食、五星凌犯，豫令推算，临时候验，时刻分秒合即是，不合即非，若数一、二，安可欺乎？是故易也。今日用人，务求其能合者而已，即法未遽成，务精择其言、其书可以必合者而已。臣部四十等年原疏推举五人，为史臣徐光启、臬臣邢云路、部臣范守己、崔儒秀、李之藻。今三臣俱故，独臣光启见在本部，似可督领其事，恭候皇上任使施行。至臣之藻，以南京太仆寺少卿丁忧服满在籍。如蒙圣明录用，伏乞敕下吏部，查明履历，酌量相应员

---

① 《西洋新法历书》本改"驱逐胡元，北遁沙漠"为"倡兴大业，元朝所有"。

缺,起补前来,协同任事。臣部仍札委祠祭司官一员,职司分理。但以《元史》及国初旧事考之,又似非一、二臣工所能独就、所能速成者。尚须博访遍求,选择共事,庶集众思以底成绩,则又俟督领之臣另行斟酌题请,伏惟圣裁。

一,**议博访取**。按《大明会典》,凡天文地理等艺术之人,行天下访取,考验收用。弘治十一年令访取精通天文者,试中取用。嘉靖三年,科臣建议,部覆保举。于是以户科给事中乐護、工部主事华湘,俱升光禄寺少卿,提督钦天监事。然二臣终不能改守敬之旧,所以至今寝阁。今亦不敢遽谓海内无人,但私习天文,律有明禁。而监官不知律意,往往以此沮人。是以世多不习,或习之而不肯自言耳。臣等考之《周礼》,则冯相与保章异职。稽之职掌,则天文与历法异科。盖天文占候之宜禁者,惧妄言祸福、惑世诬人也。若历法,则止于敬授人时而已,岂律例所禁哉?今议臣部访求,及通行各省直,不拘官吏生儒、草泽布衣,但有通晓历法者,具文前来。其言天文者一概不取,即明历者亦不必遽行起送。先取其著述文字,并令豫算交食凌犯数条,或制造仪器式样,并申到部查核。果有裨益,方行取用。庶真材得以自见,而赝鼎滥竽无能杂进矣。但据臣等所见闻,近世言历诸家,大都宗郭守敬旧法,比于见在监官,艺犹鲁卫,无能翘然出于其上也。至若岁差环转,岁实参差,天有纬度,地有经度,列宿有本行,月五星有本轮,日月有真会、似会,皆古来所未闻,惟西国之历有之。而舍此数法,则交食凌犯,终无密合之理。高皇帝尝命史臣吴伯宗与西域马沙亦黑翻译历法,盖以此也。万历四十年,监正周子愚建议,欲得参用,务令会通归一。今亦宜仿其说,参用西法。果得会通归一,即本朝之历可以远迈前代矣。伏乞圣裁。

一,**议用钱粮**。修历事重且繁,用人既多,经费亦巨。如《元史》所说,郑重若斯。即当时用度,可想见已。今时诎不能举赢,则取人必求实干,造器必求实益,供亿必不可虚冒,时日必不可虚度,庶事成而费亦可省也。如官俸，除见任外，其余择职事稍简衙门见缺补用，钦天监亦考取见任历官三、四员听用，则官俸省矣。若访取草泽知历人等，必须心精手巧，确当一臂之用者，不得过十人。钦天监天文生，考取其心手精敏、能书善算者，不得过十五人，则饩廪省矣。又如观象台见在浑仪、简仪、正方案等，体大费巨，目今垫平修整，即可施用。就有新式，未敢议造。若必须制用者，量造小样，或兼用铜木材料，以为准则，所费不多。其台上下，旧议造房数间，今亦止须修旧，以便测验人员更番歇息。其开局之处，查得宣武门内，有旧创首善书院，系在空闲，堪以整理暂住，则造作省矣。以上诸费，除见任见役官生俸给照常支领外，其余应添给本色者，量行户部添给。应估计修整者，量行工部修整。其纸札笔墨等费及零星合用，查得臣部所属太医院及训科、训术、僧道、录司等项，有上纳事例银两收贮户、工二部者，旧议于中咨取应用，合无暂准前议，臣等酌量减省，择其必不可已者，量行取用，仍造四柱文册，按季奏闻达部，事竣之日，仍造总册奏报，伏乞圣裁。

一，议考成绩。按《唐书》载僧一行造《大衍历》，七年而仅成草稿。元郭守敬等造《授时历》，十年而始进书籍。今古书尽亡，测验推步必须星回岁转。著述讲究，动经年月。若更优游时日，未免积久耽延，不止失时，亦且多费。臣等议得开局之后，宜仿《周礼》日考日成、月考月要之法，每月终将日逐测验推算簿类报臣部，季终将三月内所成簿籍书册或所造仪器法式总报臣部，进呈御览。事竣之日，将已未进呈者一并具奏。至若成造重大仪器，及刊刻全书，以章一代之鸿摹，以垂万世之法式，及效劳官生人等，计功议叙，诸事至期容臣部酌量议拟，请旨施行，伏乞圣裁。

崇祯二年七月十一日

〇二

本月十四日奉圣旨:"这修改历法四款,俱依议。徐光启见在本部,着一切督领。李之藻速与起补,早来供事。该部知道。"

崇祯二年七月二十一日礼部题本

礼部题,为钦奉明旨,修改历法,谨开列事宜,请乞圣裁事。照得修改历法,已经本部具题,于七月十四日奉圣旨:"这修改历法事宜四款,俱依议。徐光启见在本部,着一切督领。李之藻即与起补,早来供事。该部知道。钦此。"钦遵,到部。臣等奉旨改修历法,钦命见在本部左侍郎徐光启一切督领,所有各衙门应行事宜必须敕书关防,以慎重大典。相应题请,合候命下,行移翰林院撰文,本部铸给关防施行。缘系云云事理,未敢擅便,谨题请旨。

崇祯二年七月二十一日

本月二十四日奉圣旨:"是,与做督修历法关防。"

崇祯二年七月二十六日徐光启奏本

太子宾客礼部左侍郎兼翰林院侍读学士臣徐光启谨奏，为恭承恩命，自揣无能，谨陈愚见，以祈圣明采择事。臣以庸愚，备员佐礼，旷官素食，每抱兢惭。顷因日食不合，伏蒙钦允臣部所请，修改历法。臣以昔年旧议厕名其间，钦奉圣旨："这修改历法事宜四款俱依议，徐光启见在本部，着一切督领。李之藻速与起补，早来供事。该部知道。钦此。"钦遵。臣闻命自天，有如蚊负。虽知才识短浅，而君父之命所不敢辞。除报名廷谢外，切念历数一家，今为绝学。而臣滨海竖儒，无从师授。万历四十等年，礼臣谬相推举者，亦为臣能虚心采听，庶或因人成事，以襄大典。非谓臣能创立矩矱，自胜前人也。十八年来，益加衰老。旧学遗忘，勉肩重任。亦率循素志，广集众长，冀幸得当，以报钦命而已。臣惟古来言历者有二误。其一，则《元史·历议》言考古证今，日度失行者十事。夫己则不合，而归咎于天，谬之甚也。其一，则宋儒言天，必有一定之数，今失传耳。夫古之历法，当时则合者多矣。非不自谓已定，久而又复不合，则岂有一定可拘哉？臣所闻者，天行有恒数，而无齐数也。有恒者，如夏至日长，冬至日短，终古不易。不齐者，如长极渐短，短极渐长，终岁之间，无一相似。岁法如此，他法皆然。以至百千万年，了无相似。而用法商求，仍归辏合。迟速永短，悉依期限。此天地之所以为大也。今所求者，每遇一差，必寻其所以差之故。每用一法，必论其所以不差之故。上推远古，下验将来，必期一一无爽。日月交食，五星凌犯，必期事事密合。又须穷原极本，著为明白简易之说，使一览了然，百世之后，人人可以从事，遇有少差，因可随时随事，依法修改。且度数既明，又可旁通众务，济时适用。此则臣之所志，而非臣之所能，故不无望于众思群力之助也。谨陈急要事宜四款，分三十三条，上御览，伏惟圣明裁择施行。事绪繁多，有蹐限制，恳祈圣鉴，臣不胜激切惶悚，待命之至。为此具本谨具奏闻。

计开：

一，历法修正十事：

其一，议岁差每岁东行，渐长渐短之数，以正古来百年、五十年、六十六年等多寡互异之说。

其二，议岁实小余，昔多今少，渐次改易，及日景长短，岁岁不同之因，以定冬至，以正气朔。

其三，每日测验日行经度，以定盈缩加减真率、东西南北高下之差，以步日躔。

其四，夜测月行经纬度数，以定交转迟疾真率、东西南北高下之差，以步月离。

其五，密测列宿经纬行度，以定七政盈缩迟疾顺逆、违离远近之数。

其六，密测五星经纬行度，以定小轮行度、迟疾留逆伏见之数、东西南北高下之差，以推步凌犯。

其七，推变黄、赤道广狭度数，密测二道距度，及月、五星各道与黄道相距之度，以定交转。

其八，议日月去交远近，及真会、似会之因，以定距午时差之真率，以正交食。

其九，测日行，考知二极出入地度数，以定周天纬度，以齐七政。因月食考知东西相距、地轮经度，以定交食时刻。

其十，依唐、元法，随地测验二极出入地度数、地轮经纬，以定昼夜晨昏永短，以正交食有无、多寡、先后之数。

右十事俱目前切要，其余备细条目未敢渎陈，伏乞圣裁。

一，修历用人三事：

其一，中外臣僚，臣部所举，南冏臣李之藻已蒙录用，仍令早来。其余果有专门名家，亦宜兼收，容臣等随时访求。有立法超卓、陈义精当者，具实奏闻，以待简用。

其二，用西法。高皇帝尝得《回回历法》，称为乾方先圣之书。令词臣吴伯宗等与马沙亦黑同事翻译，至今传用，惜亦年远渐差。万历间，西洋归化陪臣①利玛窦等尤精其术，四十等年曾经部覆推举。今其同伴龙华民、邓玉函二臣见居赐寺②，必得其书其法方可以较③正讹谬，增补阙略。盖其术业既精，积验复久。若以《大统》旧法与之会通归一，则事半而功倍矣。

其三，修历合用人员，如测验推步、制造仪器，及能书善算者，臣部已经条列。但目前未能齐集，姑就见在堪任者，着令效

---

① 《西洋新法历书》本改"归化陪臣"作"天学远臣"。
② 《西洋新法历书》本改"寺"作"宇"。
③ "较正"即"校正"，为避明熹宗朱由校讳将"校"改为"较"。本书此类情况很多，比如"较（校）勘"、"较（校）阅"等，后不赘述。

用。再俟访求，招致有实用者。半年之后，听臣部类齐考试，各取所长，不敢滥收，以滋靡费。考后在事诸人，若著述论议、推算簿籍、造作仪象，凡系进呈及见用存贮者，俱册记本人姓名，使各见所长。且在今可以上下其食，他日可以差次其功。至诸人所用廪粮本折，容臣部分理司官酌量案呈，另行具奏，伏乞圣裁。

一，急用仪象十事：

其一，造七政象限大仪六座，俱方八尺，木框铜边，木架。

其二，造列宿纪限大仪三座，俱方八尺，木框铜边，木架。

其三，造平浑悬仪三架，用铜，圆径八寸，厚四分。

其四，造交食仪一具，用铜木料，方二尺以上。

其五，造列宿经纬天球仪一架，用木料油漆，大小不拘。

其六，造万国经纬地球仪一架，用木料油漆，大小不拘。

其七，造节气时刻平面日晷三具，用石，长五尺以上，广三尺以上。

其八，造节气时刻转盘星晷三具，用铜，径一尺，厚二分。

其九，造候时钟三架，用铁，大小不拘。

其十，装修测候七政交食远镜三架，用铜铁木料。

右诸事俱目前急用，余可接续制造者，未敢备开。其旧法须用铜者，为费不赀。今兼以铜铁木料成造，小者全用铜铁，总计所费，数亦不多，恳祈敕下工部，随时应用。臣部依前复议，按季类奏。但木料止堪暂用，事完仍须精铜铸式，以垂永久，伏乞圣裁。

一，度数旁通十事：

其一，历象既正，除天文一家言灾祥祸福，律例所禁外，若考求七政行度、情性，下合地宜，则一切晴雨水旱，可以约略豫知,修救修备,于民生财计大有利益。

其二,度数既明,可以测量水地,一切疏浚河渠、筑治堤岸、灌溉田亩,动无失策,有益民事。

其三,度数与乐律相通,明于度数,即能考正音律,制造器具,于修定雅乐,可以相资。

其四,兵家营阵器械,及筑治城台池隍等,皆须度数为用。精于其法,有裨边计。

其五,算学久废,官司计会多委任胥史①,钱谷之司关系尤大。度数既明,凡《九章》诸术皆有简当捷要之法,习业甚易。理财之臣尤所亟须。

其六,营建屋宇桥梁等,明于度数者,力省功倍,且经度坚固,千万年不圮不坏。

其七,精于度数者能造作机器,力小任重,及风水轮盘诸事,以治水用水,与凡一切器具,皆有利便之法,以前民用,以利民生。

其八,天下舆地,其南北东西纵横相距,纡直广袤,及山海原隰,高深广远,皆可用法测量,道里尺寸,悉无谬误。

其九,医药之家,宜审运气。历数既明,可以察知日月五星躔次,与病体相视乖和顺逆,因而药石针砭,不致差误,大为生民利益。

其十,造作钟漏,以知时刻分秒。若日月星晷,不论公私处所,南北东西,敧斜坳突,皆可安置施用,使人人能分更分漏,以率作兴事,屡省考成。

右十条于民事似为关切,臣闻之《周髀算经》云:"禹之所以治

---

① 《新法算书》本改"史"作"吏",应正确。

天下者，勾股之所由生也。"盖凡物有形有质，莫不资于度数故耳。此须接续讲求，若得同事多人，亦可分曹速就。伏乞圣裁。

　　　　　　　　崇祯二年七月二十六日

　　本年八月初一日奉圣旨："这条议历法，立论简确，列款明备。修正岁差等事，测验推步，参合诸家，西法自宜兼收，用人精择毋滥，李之藻着速催前来。仪象急用，工部委官督造。度数旁通有关庶绩，一并分曹料理。该衙门知道。"

崇祯二年九月十三日敕谕

皇帝敕谕太子宾客礼部左侍郎兼翰林院侍读学士徐光启

朕惟授时钦若,王者所以格天;观运画图,羲和所以底日。夷考大衍系卦、九畴五纪之书,冯保①保章之职,辨三辰而察九野,至详且备。然造历者多门,而乩疑者互证,甘、石莫究,裨、梓难通。及至视祲考祥,言盈转缩,天保迷于申卯,孔氏示于辰房,代有成规,谁衷聚讼。自太祖辟乾大统,验七政之交会为行度无差;迨神祖出震延禧,握三生之命苞而屡议修举。诞及朕躬,膺兹帝命。顷因日食不合,会议宜请更修。特允廷推,命尔督领改修历法事务。尔宜广集众长,虚心采听,因数察理,探赜推玄。据尔所陈四款之三十三条,按之岁功五行之二十四气,凡岁差、岁实之异,测日、测月之歧,三大三小为定朔、定望之枢,一大一小为平朔、平望之准,法宜稽于四应,气宜印于

---

① 据《周礼》"冯相氏",此处应为"冯相"。

二分。黄道、赤道之远近悬殊,度多度寡之增减靡泥。算天行而置闰,定中极以握衡。合与犯之互乘,经与纬之相错。漏壶窥昼夜之长短,圭表转左右之交旋。总之,迟速之天象可摹,而积久则进退多爽;异同之师法可质,而守株则疏密胥乖。析之则天时人事、阳德阴功须究厘于分秒,约之则观象测景、候时筹策凭仪器以推求。西法不妨于兼收,诸家务取而参合。用人必求其当,制象必核其精。较正差讹,增补阙略。庶宿离之不忒璇钥环玑,而工绩之咸熙璧轮应瑄。和协八风之律,职符二正之司。阐千古之历元,成一朝之巨典。朕则尔庸,倘玩忽罔功,因仍乖次,责有攸归,尔其慎之。故谕。

崇祯二年九月十三日

崇祯二年九月二十三日徐光启题本

　　太子宾客礼部左侍郎兼翰林院侍读学士督修历法臣徐光启谨题，为钦奉明旨修改历法，谨开列事宜，请乞圣裁事。照得臣于本年七月十四日奉圣旨督领修历事务，即于次日选用知历人并匠役等制造仪器。原题大仪九座，今因工料未敷，先完三座，略可给用，已移置本局安顿。讫今月十五日，祗领敕书，并本部铸给钦降关防，随行钦天监择日具题。奉旨已于本月二十二日开局讫，所有合用官生人等支给、并仪器工料，谨酌量中数列款，具题请旨，伏惟圣明裁定，敕下各该衙门，钦遵施行。

　　一，支给：

　　　　一，协理分理官各一员，光禄寺日给酒食等项，似应同纂修官照品支给。

　　　　一，钦天监官原题选取官三员，今据称历官七员，艺能相等。而局中又不必七员俱到，合无日轮二员供事，其二员似应照纂修馆署丞等官事例支给。

一，后有取用官员，俱斟酌前例，一体给与。

一，西洋归化陪臣①二名，万历间原有光禄寺下程廪给，似应该寺酌量照旧给与。

一，选取征用知历人，不拘吏监生儒，原题准选用十名，今欲分别三等艺能。其一，能明度数本原，讲解意义，传教官生者；其一，测验推步，精密不差者；其一，制造大小仪器，工巧合法者。三项皆属上等，每名每月给米一石，银一两八钱。其有兼长特出，三艺俱全，一人当数人之用者，酌量加给。但今三月以来，访取仅得三人，其艺能不及者不敢滥收。后有续取者，照例支给。

一，历科天文生考取能书善算者，原题准选用十五人，今局中不必多人，止轮三名常用供事，每名除月粮外，加给米五斗，盐菜银九钱。其余但有成书，并工誊录者，计日支给，每名每日给银五分。诸人中有术业进益，能及上等者，照前加给。已上二款，一时人数或缺，逐名扣给。有挂名旷废者，计日除减。

一，督修协理各用书办一名，每名月给银九钱。看管仪器局夫一名，厨夫一名，每名月给银六钱。

一，每月用呈文纸一千张，冈连纸一篓。

一，历局观象台二处，每月用煤六十斤。

一，寒月四个月，每日用木炭四十斤。

一，工料：

一，七政列宿大仪九座，每座约工料银三十两，若会有铜铁木

---

① 《西洋新法历书》本改"归化陪臣"作"天学远臣"。

植,约用工价银二十两。

一,平浑悬仪三架,每架约工料银三两①。

一,交食仪一具,约工料银五两②。

一,天球、地球仪二架,每架约工料银六两③。

一,平面日晷三具,每具约工料银五两④。

一,星晷三具,每具约工料银一两⑤。

一,自鸣钟三架。中样者每架价银五十两,大者及小而精工者价值甚多,今不必用。

一,望远镜架三副,每架约工料银六两,镜不在数。

前器止目前急用,他可续造者不在此数。至于分画界限,工力精细。有小器一具,应费百日之功者,俱知历人干办。另有前项本身廪给,不在工料之数。又诸器未经成造,难以定估,人数亦有多寡不齐,通俟按季造成四柱支销文册,具奏达部。

一,该局房屋,合应工部量行修理。当加添者量行加添,并量备桌椅器物数事。

崇祯二年九月二十三日具题

二十六日奉圣旨:"这修历官生人等支给,并仪器工料等项,俱着依议办给,该衙门知道。"

———

① 《西洋新法历书》本将"每架约工料银三两"删除。
② 《西洋新法历书》本将"约工料银五两"删除。
③ 《西洋新法历书》本将"每架约工料银六两"删除。
④ 《西洋新法历书》本将"每具约工料银五两"删除。
⑤ 《西洋新法历书》本将"每具约工料银一两"删除。

崇祯三年五月十六日徐光启等题本

　　太子宾客礼部左侍郎兼翰林院侍读学士督修历法臣徐光启等谨题,为修改历法事。崇祯二年七月十一日,该本部题,为日食事。十四日奉圣旨:"这修改历法四款,俱依议。徐光启见在本部,着一切督领。李之藻速与起补,早来供事。该部知道。钦此。"钦遵。随行一面制造仪器,续于九月十五日祗领敕书关防,二十二日开局。行据钦天监开送选取官生戈丰年、周胤等到局,分番测验晷景。臣之藻祗奉简命,亦于去冬十一月自原籍杭州府起程前来,行至扬州、沧州两处,为因血疾再发,医疗耽延。今幸获痊,已于本月初六日陛见讫。旋即到局,协同臣光启恪遵原议规则,督率该监官生在局供事,推求测验改正诸法。

　　先是,臣光启自受命以来,与同西洋陪臣①龙华民、邓玉函等日逐

————
① 《西洋新法历书》本改"陪臣"作"远臣"。

讲究翻译,至十月二十七日,计一月余所著述翻译历说、历表稿草七卷。忽因虏患①,臣光启屡奉明旨,拮据兵事,因之辍业,独两陪臣②与知历人等自行翻译,复得诸色历表稿草八卷。日稽月省,臣等凛凛职业,不敢怠荒。独念天道幽远,历学精奥。自古圣哲,皆不能为一定之法,独郭守敬称为绝伦,今复与天不合,则其法亦未精密。臣等占俾老儒,所诵习者不过汉唐宋元史册之所纪载,资性愚蒙,亦岂能自出聪明,高睨往古。第今改历一事,因差故改,必须究其所以差之故而改正之。前史改历之人皆不其然,不过截前至后,通计所差度分,立一加减乘除,均派各岁之下,谓之改矣,实未究其所以然也。臣等昔年曾遇西洋利玛窦,与之讲论天地原始、七政运行,并及其形体之大小远近,与夫度数之顺逆迟疾,一一从其所以然处,指示确然不易之理,较我中国往籍多所未闻。臣等自后每闻交食,即以其法验之,与该监所推算不无异同,而大率与天相合。故臣等窃以为,今兹修改,必须参西法而用之,以彼条款,就我名义,从历法之大本大原阐发明晰,而后可以言改耳。臣等藉诸臣之理与数,诸臣又藉臣等之言与笔,功力相倚,不可相无。然而布算既密,事绪亦繁,汗牛充栋之书,臣等方愁精力有限,岁月易销。不意本年四月初二日,臣邓玉函患病身故。此臣历学专门,精深博洽,臣等深所倚仗。忽兹倾逝,向后绪业甚长,止藉华民一臣,又有本等道业,深惧无以早完报命。臣等访得诸臣同学尚有汤若望、罗雅谷二臣者,其术业与玉函相垺,而年力正强,堪以效用。及今西洋掌教陪臣③陆若汉南行,即令访求速来,共襄盛典,事理亦便。伏乞敕下臣部,就便行文,敦谕二臣,并行所在官司,资给前来,庶令人出所长,早奏厥绩。臣等竭其愚昧,咨访商量。

---

① 《西洋新法历书》本改"虏患"作"警患"。
②③ 《西洋新法历书》本改"陪臣"作"远臣"。

一则通晓历法之人悉宜收集京师，一则此二臣者皆系外国宾旅。请乞皇上明旨征求，重其事，亦重其人。故不免以一事之微，仰渎圣听。至于各省直地方，有学术，能窥原本，推步确见左验者，臣等再勤博访取用，未敢一一渎陈也。谨题请旨。

崇祯三年五月十六日

本月十九日奉圣旨："历法方在改修，汤若望等既可访用，着地方官资给前来。该衙门知道。"

崇祯三年七月初六日徐光启等题本

礼部尚书兼翰林院学士协理詹事府事督修历法臣徐光启等题，为修改历法事。先该臣等于本年五月十六日题，为前事。十九日奉圣旨："历法方在改修，汤若望等既可访用，着地方官资给前来。该衙门知道。钦此。"钦遵。通行咨访去后，访得陪臣①罗雅谷见寓河南开封府。随经访②府知府袁楷具文起送，资给前来，于今月初二日到京，理合具题，伏候命下，令赴鸿胪寺报名，习仪见朝。随令到局，与陪臣③龙华民一体供事。其汤若望另俟访取，到日具题，请旨施行。

崇祯三年七月初六日

奉圣旨："罗雅谷准朝见，到局供事。该部知道。"

---

①③ 《西洋新法历书》本改"陪臣"作"远臣"。
② 《新法算书》本改"访"为"该"，正确。

崇祯三年九月二十日徐光启等题本①

礼部尚书兼翰林院学士协理詹事府事督修历法臣徐光启等谨题，为奉命修历，因事暂辍，谨略陈事绪，以明职守事。窃照臣光启于崇祯二年七月十四日奉旨督领修正历法事务，于九月十五日祗领敕书，二十二日开局供事。一月有余，与归化陪臣龙华民、邓玉函等前后翻译著述书表七卷，制造大仪三座。不意忽遭房警，臣光启奉命协同料理城守事宜，继以造铳训丁等事，独两陪臣与知历人一、二辈常川供事，译成立成表八卷。其二臣所著述方言稿草尚多未经翻译，不敢开具。至本年五月以后，臣之藻、陪臣罗雅谷前后到局，偕臣光启撰述翻译，复得书表六卷，先后共成书籍立成表一十九卷。案照礼部原题议考成绩一款内称，每季终将簿籍书册类报该部，进呈御览。今臣等奉命经年，而大半辍业，然鸠工合作已三月，前项书表理合进呈。

---

① 《西洋新法历书》本未收此篇。

但缘多事以来，止咨到户部事例银一百两，制造仪器等项支用讫。工部钱粮乏竭，事势侘傺，臣光启又营他务，向未咨取。至今月初九日咨到事例银三百两，而该监官生方并工办历，未能缮写，谨将前项书籍仪器名目开坐上闻，仍将书表稿草一十九卷送阁部诸臣查看讫，容臣等俟办历毕日，行钦天监鸠集官生，领给工食，次第缮写进呈御览。缘系奉命修历，因事暂辍，谨略陈事绪，以明职守事理，理合具本，谨具题知。

计开：

书表一十九卷：

《测天约说》二卷，

《大测》二卷，

《元史揆日订讹》一卷，

《通率立成表》一卷，

《散表》一卷。

已上系臣光启同陪臣龙华民、邓玉函等详撰。

《测圆八线立成长表》四卷，

《黄道升度立成中表》四卷。

已上系陪臣邓玉函等同知历人等翻译通算。

《历指》一卷，

《测量全义》二卷，

《比例规解》一卷，

《日躔表》一卷。

已上系臣光启臣之藻同陪臣罗雅谷详撰。

大仪器三座：

七政象限大仪二座，

测星纪限大仪一座。

已上系倍臣①邓玉函同知历人陈于阶等制造。

崇祯三年九月二十日

本月二十三日奉圣旨："这奏修历事绪，知道了。原议按季考成，既因事暂停，译成书表着缮写完日进览。该部知道。"

---

① "倍臣"为"陪臣"之误。

崇祯三年九月二十日徐光启题本①

礼部尚书兼翰林院学士协理詹事府事督修历法臣徐光启谨题，为月食事。窃照本年十月十六夜望月食，已该礼部具题奉旨施行。臣等仰承钦命，职专修改，今虽功绪伊始，未有全书定法，然西洋二臣所有诸书，亦具载本法。只因东西相去数万里，交食时刻早晚相去约二十七刻，历家谓之里差。此数非从月食时测验数次，不能遽定。今与二臣约用其法，酌量加减推算，得本日月食分秒时刻起复方位，仍具图象，及钦天监原推二法，一并开坐上闻。伏乞敕下礼部，令监督司官至期会同臣等及该监官生登台测候。如果密近，便可寻迹推求。倘犹疏远，则当立法增损。不惟验今日之异同，亦可备他日之拟议。庶几仰副皇上钦若至意，而臣等亦得一心营职，勉效其尺寸矣。缘系月食事理，未敢擅便，谨题请旨。

————

① 《西洋新法历书》本未收此篇。

计开：

崇祯三年十月十六日辛酉夜望月食分秒时刻并起复方位：

依《大统历》推算：

其法月体一十五分：

月食七分一秒，约二分之一弱，

月未入已复光一分六十一秒，

月已入未复光五分四十秒。

初亏寅正三刻，五更三点，东北；

食甚卯正二刻，晓刻，正北；

复圆辰正初刻，在昼，西北。

食甚月离黄道昴宿四度二十三分一秒。

依《回回历》推算：

月食七分六十四秒，二分之一强，

月未入见复光七十一秒，

月已入未复光六分九十三秒。

初亏卯初初刻，东北；

食甚卯正二刻，正北；

复圆辰正一刻，西北。

食甚月离黄道酉宫二十七度四十分四秒。

依西洋法加减推算：

原法月体一十二分，今改从《大统历》一十五分。

月食一十一分一十三秒七十五微，约四分之三弱，

月未入已复光五分二十一秒，

月已入未复光五分九十二秒七十五微。

初亏在寅正一刻八十九分二十五秒算外，东北，月轮在地平上三十一度一十二分；

食甚在卯正初刻六十七分九十四秒算外，正北，月轮在地平上一十一度三十分；

复圆在辰初三刻五十一分六十二秒算外，西北，月轮在地平下七度五十分；

共食限一十四刻一十二分二十七秒。

月离躔度：

初亏月离黄道经度在大梁之次二十六度三十分，纬度离黄道南六十二分九十四秒。

食甚月离黄道经度在大梁之次二十七度八分一十四秒，纬度离黄道南五十五分五十秒。

复圆月离黄道经度在大梁之次二十七度八十六分四十七秒。纬度离黄道南四十八分三十三秒。

右凡言算外者，在过此时刻之后。如初亏在寅正一刻八十九分二十五秒算外，则必过寅正一刻而交寅正二刻，又过正二刻之八十九分而交九十分，又过九十分之二十五秒而交二十六秒，则初亏之时即寅正二刻已过八十九分二十五秒近，寅正三刻矣，非谓方交寅正一刻即初亏也。食甚、复圆俱仿此，凡历法中岁月日时宫度分秒俱仿此。

崇祯三年九月二十日

本月二十三日奉圣旨："这月食分秒时刻并起复方位，各历推算互异，卿至期率同监督司官及该监官生登台测候，审验具奏。该部知道。"

崇祯三年十月十六夜望月食图：

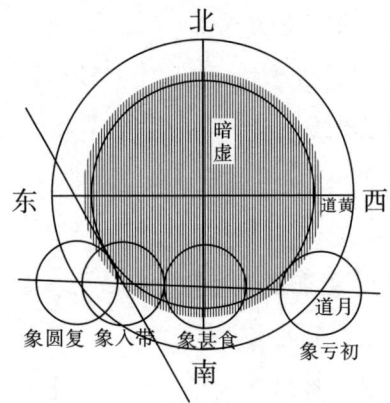

崇祯三年九月二十日徐光启题本

崇祯三年十月十七日徐光启奏本①

礼部尚书兼翰林院学士协理詹事府事督修历法臣徐光启谨奏，为月食事。臣于九月十九日具题前事，二十三日奉圣旨："这月食分秒时刻并起复方位，各历推算互异，卿至期率同监督司官及该监官生登台测候，审验具奏。该部知道。钦此。"钦遵。于今十月十六日夜望率同监督司官梁衍泗及该监堂属官生叶震春等到台测验，臣用新造候时星晷一具，逐时逐刻测候，到寅正一刻九十分算外见初亏东北，至卯正初刻七十分算外食甚约一十一分以上。虽定秒微，因暗虚体大三倍于月，掩月西行，食甚时刻颇久。适遇阴云遮掩，以至月入地平，无从考其已未复光分数。较臣原题月食分秒起复方位，似不甚远。至该监官生于台下就壶漏二器，多寡稍有异同，似不难较堪画一也。臣钦奉明旨，理合回奏，为此具本，谨具奏闻。

---

① 《西洋新法历书》本未收此篇。

崇祯三年十月十七日具题

二十四日奉圣旨:"考验历法全在交食,览奏台官用器不同,测时互异,还着较勘画一具奏。"

崇祯三年十一月二十四日徐光启题本

礼部尚书兼翰林院学士协理詹事府事督修历法臣徐光启谨题，为奉旨回奏事。臣于十月十七日登台测候月食，具本回奏。奉圣旨："考验历法全在交食。览奏台官用器不同，测时互异，还着较勘画一具奏。钦此。"钦遵。随行督率该监堂属官并知历人等到台，前后较勘三次，设立表臬，及用合式罗经，于本台日晷、简仪、立运仪、正方案上较定本地子午真线，以为定时根本。据法当制造如式日晷，以定昼时；造星晷，以定夜时；造正线罗经，以定子午。若晨昏阴雨，当造如式行漏，与该监所有铜漏比验画一，以济二晷所不及。但备办界画，工力甚细。今工尚未竣，而较勘略定，理合先行奏闻。

臣等窃照，定时之法，当议者五事：一曰壶漏，二曰指南针，三曰表臬，四曰仪，五曰晷。

其一，壶漏等器，规制甚多。今所用者，水漏也。然水有新旧滑涩，则迟疾异。漏管有时而塞，有时而磷，则缓急异。定漏之初，必于午正初刻。此刻一误，无所不误。虽调品如法，终无益也。故壶漏者，特以济晨昏阴雨、晷仪表臬所不及，而非定时之本。所谓本者，必准于天行，则用表、用仪、用晷，昼测日、夜测星是已。

其二，指南针者，今术人恒用以定南北。凡辨方正位，皆取则焉。然所得子午非真子午。向来言阴阳者多云泊于丙午之间，今以法考之，实各处不同，在京师则偏东五度四十分。若凭以造晷，则冬至午正先天一刻四十四分有奇，夏至午正先天五十一分有奇。然此偏东之度必造针用磁悉皆合法，其数如此。若今术人所用短针、双针、磁石同居之针杂乱无法，所差度分或多或少，无定数也。今观象台有赤道日晷一座，及正方案。臣等以法考之，其正方案偏东二度，日晷先天半刻。计在当时亦用罗经与表臬参定，故差数为少。若专用罗经者，恐所差刻分多少亦无定数，而大抵皆失于先天。据此以候交食时刻，即其失不尽在推步也。今但用表臬或仪器，以求子午真线。或依偏针加减，别造正线罗经，以与旧晷较勘，差数立见矣。

三曰表臬者，即《周礼》"匠人置臬"之法，识日出入之景，参诸日中之景，以正方位。今法置小表于地平，午正前后累测日景，以求相等之两长景，即为东西。因得中间最短之景，即为真子午。其术更为简便也。

四曰仪者，本台原有立运仪，用以测验七政高度。臣等即用以较定子午，于午前累测日高度分，至于长极而消，则因最高之度，即得最短之景，此午正时南北真线也。

五曰晷者，造成平面晷体，依前仪器、表臬、南针三法，参互考合，务得子午卯酉真线，因以法分布时刻，加入节气诸线，即成平面日晷。若今时所用圆石敧晷，是为赤道晷，亦用所得子午线较定。此二晷者皆可得天正时刻，所谓昼测日也。若测星之晷，亦即《周礼》夜考极星之法。然周时北极一星正与真北极同壤，今时久密移，此星去极三度有奇，周官旧法不复可用。故用重盘星晷，上盘书时刻，下盘书节气，展转相加，依近极二星，用时指垂权测知天正时刻，所谓夜测星也。

总五事而论之，壶漏用物用其分数，南针用物用其性情，然皆非天不因，非人不成。惟表、惟仪、惟晷悉本天行，私智谬巧无容其间，故可为候时造历之准式也。今若于准表、准仪、准针任用一事，因之以造日、星二晷，又因二晷以较定壶漏，用加减轻重之法，令迟疾如意，则天正时刻，人人通知，在在画一矣。如是而交食时刻尚有后先，则失在推步也。然而推步之学，其中事理有须申明奏闻者。盖历自汉迄元一千三百五十年凡六十八改，而后有《授时》之法。是皆从粗入精，先迷后得。谓古法良是，后来失传误改者，皆谬论也。自元至今又三百五十年，略无修正，并郭守敬之遗书一百余卷悉皆散逸，徒取其仅存之粗迹为熙朝之大典，讵是事宜？而昔日台官阻挠特甚，此则前代历家义所不敢出也。近蒙圣明，加意厘正。诸臣专已成心悉已捐除，而见臣等著述稍繁，似有畏难之意。不知其中有理有义，有法有数。理不明不能立法，义不辨不能著数。明理辨义，推究颇难；法立数著，遵循甚易。即所谓明理辨义者，在今日则能者从之，在他日则传之其人，令可据为修改地耳，非必在台诸臣悉皆晓畅也。若立成诸表，皆先为一定之法、一成之数。如旧用测圆术求距度一率，即须展转乘除，穷日之力。而臣等翻译原文二万一千六百率，又改从《大统》加减演算，为三万六千率。用之推步，展卷即得。其他诸法，亦多类此。此则今之愈繁，乃后之愈简。以臣等之甚难，开诸臣之甚易。何足畏哉？此臣等所尝面谕，而今以入告，庶诸臣知臣言之不欺。旁观者知历法、历理一成俱成，远寻前绪，下启来兹，实未易也。缘系奉旨回奏事理，除赤道晷恒是先天半刻，可用原晷修改，或临时扣减定算，平面晷可于正方案界画，其星晷、行漏、罗经待工完之日付该监台官施用，并指授造法、用法外，合应先行回奏。为此具本，谨具题知。

崇祯三年十一月二十四日

二十八日奉圣旨:"历学甚微,其理数法象必须悉心互参,不可偏执。览奏制器测晷及指传台官等事,具见详审。知道了。该部知道。"

崇祯三年十一月徐光启咨文①

　　礼部尚书兼翰林院学士协理詹事府事督修历法徐，为钦奉明旨修改历法，谨开列事宜，请乞圣裁事。准礼部咨，准都察院咨，据巡按四川监督御史马如蛟呈奉本院勘札，先该本部咨题前事，内开"博访得资县儒学生员冷守中执有成书，言论娓娓。谨令抄录原书，先行呈览，如果堪用，行文起取"等因到院，移咨过部，转咨查览等因。准此看得历法一家本于《周礼》冯相氏会天位辨四时之叙，于他学无与也。从古用大衍、用乐律牵合傅会，尽属赘疣。今用《皇极经世》，亦犹二家之意也。此则无关工拙，可置勿论。惟是历之始事，先定气朔；历之终事，必验交食。今崇祯四年辛未岁前冬至，《大统历》推在庚午十一月十八日亥正一刻，本部从前推步，临期测验定在十九日丑初一刻五分四十一秒，则于《大统历》已是先天一十二刻有奇，而于来术所推在酉初四刻又先于《大统》一十六刻，则比于本部新法共先二十八刻

---

① 此篇原被历局编入《学历小辩》，现据其时间移植于此。

有奇。燕越苍素，不啻远矣！然而此事奥赜难宜，逝驹莫挽，彼此是非，孰从定之，亦姑未论。独辛未年日月交食，此可豫推，尤难掩覆，合离疏密，毫发毕呈，此不必以口舌争也。考是年四月十五日戊午夜望月食，钦天监推到食限一十四分九十九秒，初亏于正东，为丑初三刻；食既为丑正三刻，食甚为寅初二刻，生光为寅正一刻；复光于正西，为卯初初刻。本部新法所推，则食限二十六分六十秒，其在顺天府则初亏在丑初一刻内第二十五分三十秒，食既在丑正一刻内第五十一分二十三秒，食甚在寅初一刻内第六分四十三秒，生光在寅初四刻内第五十九分零二秒，复圆在卯初初刻内第二分二十三秒。又依各省直道里约略推得先后时刻，不暇遍举。今止论四川成都府，则初亏在子正初刻九十一分一十三秒，食既在丑初一刻二十六分六十七秒，食甚在丑正初刻七十零分六十三秒，生光在寅初初刻二十六分四十零秒，复圆在寅正初刻五十分七十三秒。盖顺天府复圆之时月轮准在地平上未入，四川复圆之时月轮尚在地平上二十五度有奇。来术云加时在昼，则此相左之甚而明白易见。本部原疏尝云"莫难于造历，莫易于辨历"，盖为此也。今时日既在，指顾事理又若列眉，合无听令本生同该地方阴阳人等至期诣公府一同候验。如果加时在昼，即其法复绝千古，本部当盱衡俟之。如或在夜，则尚宜虚心习学，以成先志。盖三百年来此道寥寥，苟有志焉，乐与其进也。

再照月食分数，寰宇皆同，不比日食多寡，随处各异。特缘地有经度，东西易地，则先后时刻亦随处不一。如前所推蜀省时刻，乃依《广舆图》计里画方之法揣摩推算，未委果否相合。如必欲得真数，又须以本地交食之数验之。至期得本地方官令本生同阴阳人等测定初亏真正时刻分秒，备细具申，转咨前来，使本部得籍手以告成事，是所甚愿也。为此合咨贵部烦为查照转咨施行。

崇祯三年十一月□□日①

----

① 《西洋新法历书》本无"□□日"

崇祯三年十二月初二日徐光启奏本

礼部尚书兼翰林院学士协理詹事府事督修历法臣徐光启奏，为因病再申前请，恳祈圣鉴，以完大典事。臣等近推本年十一月十八日冬至时刻，用仪器三事，累测日躔，如法布算，与该监原推不合，而该监原推与近来议历者所言又不合。欲求画一，使人人畅晓，确然无疑，当于臬表二器酌就一巧便之法。因于二十八日前往观象台，再行备细考验计画。不意偶然失足颠坠台下，致伤腰膝，不能动履。见今延医调治，据例止应注籍，未宜辄以上闻。而在臣特不得不言者，为修历事务势难阙人故也。

案查去年七月十一日，礼部为日食事条陈四款内一款言，治历重事，"须博访遍求，选择共事，庶集众思以底成绩，则又俟督领之臣另行斟酌题请"等因，本月十四日奉圣旨："这修改历法四款，俱依议。徐光启见在本部，着一切督领。李之藻速与起补，早来供事。该部知道。钦此。"续于本年七月二十六日臣复具奏，为恭承明命，自揣无能，谨陈愚见，以祈圣明采择事，内开"专门名家，亦宜兼收，容臣等随时访求。有立法超卓、陈义精当者，具实奏闻，以待简用"等因，八月初一日奉圣旨："这条议历法立论简确，列款明备。修正岁差等事，测验推步，参合诸家，西法自宜兼收，用人精择毋滥，李之藻着速催前来。仪象急用，工部委官督造。度数旁通有关庶绩，一并分曹料理。该衙门知道。钦此。"臣自兹奉命以后，料理未几。旋遭虏警①，辍业逾时。今秋才欲续成，而寺臣李之藻物故。目下算数、测候、誊写员役虽不乏人，而释义演文、讲究润色、较勘试验独臣一身。即使强健踰人，尚苦茫无究竟。况今疾困支离，卧病一日，则误一日之事。以此再申前请，伏乞敕下吏、礼二部，商求堪用人员，更简数辈前来供事。若使臣医药遂效，可速于告成。如或痊可未期，亦便于承接矣。臣昨具疏，以较勘时刻回奏，伏奉圣旨："历学甚微，其历数法象必须悉心互参，不可偏执。览奏制器测晷及指传台官等事，具见详审。知道了。该部知道。钦此。"仰见我皇上通微之睿虑，无穷之教思。臣自今以往，敢不夙夜佩服，无论一己原无特见，不敢偏执。即载籍有异同，众论有彼此，亦不敢偏徇，而惟以七政运行为本。昔元统、李德芳争言历事，高皇帝曰："二统皆难凭，只验七政行度、交会无差者为是。"洋洋圣谟，垂训至矣。臣钦承此意，故一切立法定数，务求与天相合，又求与众共见。但其理义甚奥而赜，法数甚曲而繁，自非集思广益何能速就。况臣既衰且病，展转回惶，不得不渎陈于圣明之前也。外访取西洋陪臣②汤若望，向寓陕西西安府。今经该府咨给前来，理合奏闻，并候命下，令赴鸿胪寺报名见朝。随令到局，一体供事。伏候敕旨，臣无任激切惶悚待命之至。

———

① 《西洋新法历书》本改"虏警"作"报警"。
② 《西洋新法历书》本改"陪臣"作"远臣"。

崇祯三年十二月初二日

本月初六日奉圣旨:"审历非比他艺,果有精晓堪任的,着吏、礼二部择用,不得假徇①。取到人员知道了。该衙门知道。"

----
① 《西洋新法历书》本改"假徇"作"偏徇"。

崇祯三年十二月初三日徐光启题本①

礼部尚书兼翰林院学士协理詹事府事督修历法臣徐光启谨题，为月食事。窃照崇祯四年四月十五日戊午夜望月食，其食限分秒时刻并起复方位，例应先期具奏，除《大统》《回回》二历近经钦天监自行具题外，臣等法虽未定，约略推步，谨将所得诸数逐一开坐，并具图象进呈御览，仍附陈四事，以祈圣鉴。

其一，凡论时刻，臣等皆言算外，是历家古法；而该监皆言算内，所以愈似差殊。如今年十月十六夜望月食初亏，臣等言寅正一刻八十九分二十五秒，该监称寅正三刻，此所差者十分七十五秒耳。若止据寅正一刻之文，似差二刻也。《元史》"历议"言：考算交食，同刻者为密合，相较一刻为亲，二刻为次亲，三刻为疏，四刻为疏远。内外之说不明，是本密合而反似次亲矣。臣今亦言算内，以期画一。如寅正

---

① 《西洋新法历书》本未收此篇。

一刻八十九分二十五秒算外,今言寅正二刻内第八十九分二十五秒,则与正三刻止差十分七十五秒,明白易见。

其二,臣等较定观象台正方案上子午线偏东二度,赤道日晷先天半刻。今历书未成,法数未备,该监未能据改。臣今推算,每具两率,云依新晷则若干,依台晷则若干,以待临时候验。

其三,上天下地,各有经度纬度。测天则经度易,纬度难；测地则经度难,纬度易。日食随地不同,则用地纬度算其食分多少,用地经度算其加时早晏；月食分数寰宇皆同,止用地经度推求先后时刻而已。汉安帝元初三年三月二日日食,史官不见,辽东以闻。五年八月朔日食,史官不见,张掖以闻。盖食在早独见于辽东,食在晚独见于张掖,当时京师不见食,非史官之罪,而不能言辽东、张掖之见食,则其法未密也。然历本数千年间自粗入精,如日食即是定朔,汉人尚推日食在朔二日,而暇责其早晚异分之数耶？《唐书》载北极出地自林邑十七度至蔚州四十度,元人设四海测验二十七所,庶几知详求经纬之法矣。臣等职专修正,不一推算,恐他日东西南北见食不同,难辞疏远之诮。但功绪未就,无暇及此,未能实知各省直经纬几何,特从舆地图约略推步,开载各省今食初亏度分。盖食分多少既天下皆同,则后来四率可以类推,不若日食之经纬各殊,必须详备也。

其四,旧法月体一十五分,则尽入暗虚亦十五分止耳；而臣等今推二十六分六十秒者,盖暗虚体大于月,若食时去交稍远,即月体不能全入暗虚,止从月体论其分数。是夕之食,极近于二道之交,故月入暗虚一十五分方为食既,更进一十一分有奇乃得生光,故为二十六分有奇。如《回回历》推十八分四十七秒,略同此法也。

如蒙圣鉴,伏候命下该部,至期令监督等官测候上闻。缘系月食事理,未敢擅便,谨题请旨。

计开:

崇祯四年四月十五日夜望月食分秒时刻并起复方位：

月食二十六分六十秒，旧法月体一十五分，除食既外余食一十一分六十秒。

初亏依新晷在丑初一刻内第二十五分三十秒，依台晷在丑初一刻内第七十五分三十秒，月在地平上二十九度一十分。正东。

食既依新晷在丑正一刻内第五十一分一十三秒，依台晷在丑正二刻内第二分二十三秒，月在地平上二十三度二十八分。

食甚依新晷在寅初一刻内第六分四十三秒，依台晷在寅初一刻内第五十六分四十三秒，月在地平上一十七度五十二分。

生光依新晷在寅初四刻内第五十九分二秒，依台晷在寅正初刻内第九分二秒，月在地平上八度八十八分。

复圆依新晷在卯初初刻内第二分二十三秒，依台晷在卯初一刻内第三十四分九十秒，月轮准在地平上无度分。正西。

计食限内凡十五大刻为一千五百分，三小刻为五十分，又余分五十三分六十五秒，共十六大刻三分六十五秒。

日月经度：

食甚日躔黄道在大梁之次二十四度五十五分七十二秒。

食甚月离黄道经度在大火之次二十四度三十五分七十二秒。

月离纬度：

初亏月距黄道北一十分二十六秒。

食甚月距黄道北四十七秒。

复圆月距黄道南八分八十五秒。

各省直食时：

京师顺天府，初亏在丑初一刻内第二十五分三十秒。

南京应天府、福建福州府，初亏在丑初一刻内第五十一分四十秒。

山东济南府,初亏在丑初初刻内第七分七十三秒。

山西太原府,初亏在子正三刻内第六十五分三十秒。

湖广武昌府、河南开封府,初亏在子正四刻内第二十五分三十秒。

陕西西安府、广西桂林府,初亏在子正二刻内第九十五分三十秒。

浙江杭州府,初亏在丑初初刻内第一十二分一十三秒。

江西南昌府,初亏在子正四刻内第五十五分八十三秒。

广东广州府,初亏在子正三刻内第九十一分四十秒。

四川成都府,初亏在子正一刻内第七十五分八十秒。

贵州贵阳府,初亏在子正二刻内第七十一分四十秒。

云南云南府,初亏在子初四刻内第七十一分四十一秒。

崇祯三年十二月初三日

初六日奉圣旨:"览奏月食方隅晷刻互有异同,便着监督官测候及各省直奏报,参验自见。所陈四事,务讲求详确,以资修改。该部知道。"

崇祯四年四月十五日夜望月食总图：

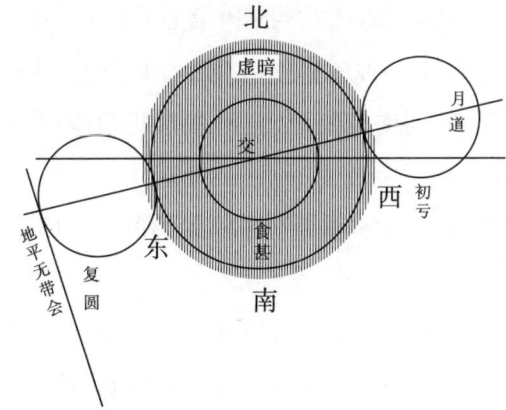

月体一十五分之图：

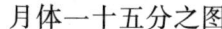

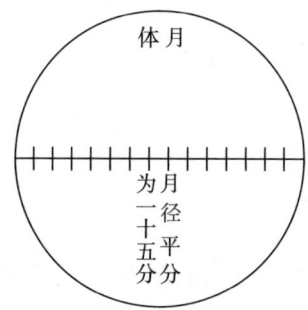

月食限二十六分之图

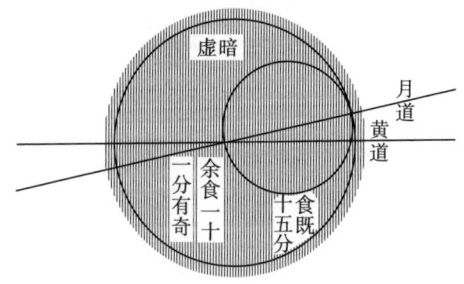

崇祯四年正月二十八日徐光启题本

礼部尚书兼翰林院学士协理詹事府事督修历法徐光启谨题，为钦奉明旨恭进历书事。案照崇祯三年九月二十日，该臣题为奉旨修历，因事暂辍，谨略陈事绪，以明职守事，内开先后共成历书并立成表一十九卷，俟办历毕日，纠集官生次第缮写进呈御览等因，二十三日奉圣旨："这奏修历事绪，知道了。原议按季考成，既因事暂停，译成书表着缮写完日进览。该部知道。钦此。"钦遵。随将翻译撰述过书表等二十三卷，并《总目》一卷，共二十四卷，行钦天监官生缮写完备。其间卷数有多于前题者，系近日续成。有前经开载，今未完者，因本书卷数尚多，合待通完并进。为此谨将见在历书、历表二十四册二套进呈御览，伏祈圣鉴。缘系钦奉明旨，恭进历书事理，理合具本谨具题知。

计开：

　　历书一套六卷内

《历书总目》一卷,

《日躔历指》一卷,

《测天约说》二卷,

《大测》二卷。

历表一套一十八卷内

《日躔表》二卷,

《割圆八线表》六卷,

《黄道升度表》七卷,

《黄赤道距度表》一卷,

《通率表》二卷。

崇祯四年正月二十八日

二月初一日奉圣旨:"历书留览,未完的缮写续进。该部知道。"

历书总目①

臣窃惟星历之学，兴于邃古，如伏羲作干支，神农分八节，黄帝综六术，颛顼命二正，是已。六经可考者，则《虞书》之在玑齐政，历象授时；《周礼》之土圭致日月，冯相氏会天位辨时叙也。而黄帝以下，六历皆不传。其传者，自西汉《太初历》始。太初以后，迄于胜国，千四百年，改历者七十余次，创法者十有三家。约略计之，二十余年而一修改，百余年而一创法。其间学士畴人，布衣草泽，流传衍绎，曾无绝绪。即有守株之陋，时呈秀林之材矣。元郭守敬兼综前术，时创新

---

① 梵蒂冈图书馆藏《崇祯历书》本将"历书总目"列于崇祯五年四月初四日徐光启题本之后，牛津大学图书馆藏《崇祯历书》本将"历书总目"列于崇祯三年九月二十日徐光启等题本之后，中国国家图书馆藏《奏疏》本无"历书总目"，《西洋新法历书》将"历书总目"列于崇祯二年七月二十一日礼部题本之后。今据《历书总目》结尾明确注明"崇祯四年正月□□日，礼部尚书兼翰林院学士协理詹事府事奉敕督领修正历法事务臣徐光启谨撰"字样，将之移置于此。"历书总目"标题为原疏中所带。

意。《授时》既就，以为终古绝伦。后来学者谓守此为足，无复措意。三百五十年来，并守敬之书亦皆湮没。即有志之士，殚力研求，无能出守敬之藩，更一旧法，立一新义，确有原本，确有左验者。则是历象一学，至元而盛，亦自元而衰也。

我高皇帝神圣首出，深明象纬。元统、李德芳争言岁实消长，圣谕云："但以七政行度、交会无差者为是。"然而二臣亦各不能自为无差。是后钦命儒臣吴伯宗等翻译西域历书三卷，载在掌故。又面谕词臣李翀等曰："迩来西域阴阳家推测天象至为精密，有验其纬度之法，又中国书之所未备。此其有关于天人甚大，宜译其书，随时披阅，庶几观象可以省躬修德，顺天心立民命焉。"又称其测天之道甚是精详，岂非礼失而求之野乎？所惜者翻译既少，又绝无论说。是以一时词臣历师无能用彼之法，参入《大统》，会通归一者。又其本法系阿剌必年所造，是隋开皇己未，去今一千三十二年，其地复迤西数万里。千年以来，天象密移，事事迁革，无从更定。数万里外，地度经纬亦各参差。牵彼就此，自多乖迕。今本科所推交食与《大统》互异，五星凌犯亦未能悉合天行，盖为此也。

迩来星历诸臣，颇有不安旧学，志求改正者。故万历四十年，有修历译书，分曹治事之议。夫使分曹各治，事毕而止。《大统》既不能自异于前，西法又未能必为我用，亦犹二百年来分科推步而已。臣等愚心以为，欲求超胜，必须会通；会通之前，先须翻译。盖《大统》书籍绝少，而西法至为详备。且又近今数十年间所定，其青于蓝、寒于水者十倍前人。又皆随地异测，随时异用，故可为目前必验之法，又可为二、三百年不易之法，又可为二、三百年后测审差数，因而更改之法。又可令后之人循习晓畅，因而求进，当复更胜于今也。翻译既有端绪，然后令甄明《大统》、深知法意者参详考定，镕彼方之材质，入《大统》之型模。譬如作室者，规范尺寸一一如前，而木石瓦甓悉皆精好，百千万年必无敝坏。即尊制同文，合之双美。圣朝之巨典，可以远迈百王，垂贻永世。且于高皇帝之遗意为后先合辙，善作善承矣。臣惟兹事义理奥赜，法数殷繁。述叙既多，宜循节次。事绪尤纷，宜先基本。今拟分节次六目，基本五目。一切翻译撰著，区分类别，以次属焉。谨条列如左：

节次六目：

一曰日躔历，

二曰恒星历，

三曰月离历，

四曰日月交会历，

五曰五纬星历，

六曰五星交会历。

基本五目：

一曰法原，

二曰法数，

三曰法算，

四曰法器，

五曰会通。

右六节次循序渐作，以前开后、以后承前，不能兼并，亦难凌越。五基本则梓匠之规矩，渔猎之筌蹄。虽则浩繁，亦须随时并作，以周事用。然而臣更有说者。大事必须众力，疾行当无善步。郭守敬时历学未坠，集合大僚数辈及南北历官，然犹五年而成历，七年而颁行，二十余年而典籍始备。今人数既乏，功绪倍繁，恐旁观者议其旷日迟久。则臣有三议于此：

其一，苟求速就，则豫算日月交食三、四十年，次用旧法略加损益，附会其间，数月可竣。夫历家疏密，惟交食为易见，余皆隐微难见者也。交食不误，亦当信为成历。然三、四十年之后，乖违如故矣。此则昧心罔上，臣等所不敢出也。

其二，依循节次，辨理立法。基本五事，分任经营。今日躔一节大段完讫，恒星半已就绪，太阴方当经始，次及交食，次及五星。此功既竟，即有法有数，畴人世业悉可通知，二、三百年必无乖舛。然其书已多于曩昔，其术亦易于前人矣。

其三，事竣历成，更求大备。一义一法，必深言所以然之故，从流溯源，因枝达干。不止集星历之大成，兼能为万务之根本。此其书必逾数倍，其事必阅岁年。既而法意既明，明之者自能立法，传之其人，数百年后，见有违离，推明其故，因而测天改宪。此所谓今之法可更于后，后之人必胜于今者也。

两端胪列，事在徐图。先其易简，次其繁重。惟是功非朝夕，人必旁求。藉非多助，为时愈久。此必然之势也。若臣弱植衰年，庸才末学，即第二议必非臣所能竟，何况其三。特如精卫填海，有求成之望；愚叟移山，论可为之理而已。伏惟圣明矜察。

崇祯四年正月□□日，礼部尚书兼翰林院学士协理詹事府事奉敕督领修正历法事务臣徐光启谨撰。

今第一次进呈书目：

计开：

　书五卷内

　　《日躔历指》一卷，属法原；

　　《测天约说》二卷，属法原；

　　《大测》二卷，属法原。

　表一十八卷内

　　《日躔表》二卷，属法数，属日躔；

　　《割圆八线表》六卷，属法数；

《黄道升度表》七卷,属法数;

《黄赤距度表》一卷,属法数;

《通率表》二卷,属会通。

崇祯四年四月十六日徐光启奏本①

　　礼部尚书兼翰林院学士协理詹事府事加俸一级督修历法臣徐光启谨奏，为月食事。臣于崇祯三年十二月初三日具题前事，本月初六日奉圣旨："览奏月食方隅晷刻互有异同，便着监督官测候及各省直奏报，参验自见。所陈四事，务讲求详确，以资修改。该部知道。钦此。"内除所陈四事，钦奉明旨遵依及各省直方隅晷刻各有异同，听该地方奏报参验外，臣谨于本月十五日督同监督官祠祭司主事刘继吴、钦天监监正叶震春及本监官生、本局访取知历人等登台测验，内分遣天文科官生以壶漏测，又令天文科官生在台用简仪测月。臣等用近来所教习历科官生及知历人等在台用星晷测紫微垣二星，用象限仪测织女大星经纬度数，以推变时刻。盖臣之前疏所云定时之本，必准于天行，昼测日，夜测星者，此也。于时臣等测算得初亏在丑初一刻

---

　　① 《西洋新法历书》本未收此篇。

三十六分，食既在丑正一刻六十分，食甚在寅初一刻三十分，生光在寅初四刻八十分，复圆当是卯初初刻，在地平上无度分。而云气稍重，未复约三四分，在地平上三度一十分，即已遮掩，不及见其全复。同时陪臣罗雅谷等在局亦用象限仪测大角星经纬度，以推变时刻，其初亏亦在丑初一刻三十八分，与臣等相合。若食分则原推二十六分，其征验在初亏正东，生光正西，暗虚本三十分，今月体直穿暗虚而过，稍稍偏北，所差甚微，而食限原推一十六刻，今并无短少，知其食分不在二十六刻以下也。再惟臣等原推有先后时刻，今刻数不差，而分数稍异者，盖徒来算历，分秒微纤，一一备具。若测验，虽大仪器每度不过半寸，不能画为百分。又暗虚之旁多有游气，无灼然分画之限，亦难定其分秒。譬如会计钱谷，备算畸零，以防总撒之不合。至如权衡之上，则厘毫丝忽，未易辨也。故郭守敬旧术止载刻数，不及秒分，该监向依此法。今所以必推分数者，盖臣旧年九月原疏内称里差一术，东西时刻随在各异，必以地之经度为本，非从月食时测验数次不能遽定其数，故依法细推分数，正欲得其差殊，以为后来根本。今所差者大概推步之数在前，实测之数在后，后来推算当依此以定里差。然亦须每次细推详测，随差随改，既定之后，永以为式矣。至各省直必须奏报者，亦欲得其里差故也。盖该监官生惟历科近经教习，亦多解颐会意，测星定时已皆谙晓。他科用简仪测月者，臣亦未谙其术，用壶漏者亦止可得其刻数，似须渐次讲求，以臻画一。若今欲强其相合，恐致那移迁就，更非修历改宪之初意矣。伏惟圣明裁鉴，臣无任惶悚待命之至。

崇祯四年四月十六日

本月十九日奉圣旨："礼部知道"。

崇祯四年六月初一日咨礼部文①

咨礼部文,为恭进《历元》,以正历数等事。准礼部咨,准通政司咨,据保定府满城县玉山布衣魏文魁为前事具疏,令伊男魏象乾赍捧《历元》一部到司,看得"魏文魁虽云考正历法,然未经试验,不敢轻进御览,合咨考验"等因到部,相应转咨查照考验等因,准此看得满城县耆儒魏文魁,知其名二十余年矣,颇闻邢观察《律历考》多出其手,近刻《历测》《历元》二书,则功力识见加胜于前。盖苦心力学之士,无论一时草泽,即百年来治历名家翘然自负藉甚有声者所不逮也。但事干进奏,银台谓未经考验不敢轻进,良为有见。而本儒身在原籍,无凭咨核,姑就近刻二书及送到交食一单略举一二,令再为商求,务期画一,征前验后,确与天合,因而推步成历。不惟生平绩学可以自见,本部亦得取资藉力以襄大典矣。百年绝绪非不欲速其成,潜隐硕儒

———
① 此篇及之后两篇原被历局编入《学历小辩》,现据其时间移植于此。

非不乐与其善。但与其奉旨之后考究异同，致稽题覆，不若计定于前，应时报命之为愈也。辞句颇繁，粘连别幅。为此合咨贵部，希为查照转达施行，须至咨者。

崇祯四年六月初一日

计开：

一议交食。据单开崇祯四年四月十五日夜望月食，今考验食分则为密合，加时后天一刻亦为亲近。独二年五月朔日食，监推三分二十四秒，初亏巳正三刻；回回科推五分五十二秒，初亏午初三刻。临期实候得食止二分，初亏巳正四刻，与本部所据新法密合，此改修之议所从起也。今《历测》称三分九秒，初亏巳初三刻，则食多一分，时先五刻。《历元》称日食一分二十一秒，初亏午初初刻，则食少一分，加时密合。而两书自相违异，食差将及二分，加时不啻五刻。此宜再加研察，并将两术算草备细开报，以凭查核，务须追合天行方可议定成法，以垂永久。至今年十月朔监推日食二分六十四秒，初亏未初一刻，本局新法推食二分有奇，初亏午正一刻，而单开食止九十七秒，初亏未初二刻，则食少一分有奇，加时后天五刻。此法异同不须争论，宜待临时候验，疏密自见耳。

一议冬至。据《历测》不用《授时历》加减岁实，亦不用《大统》定用岁实，而用金《重修大明历》小余二十四刻三十六分，则各年冬至宜递加二十四刻三十六分方合古来成法。今查《历元》称崇祯元年戊辰测己巳岁天正冬至，得癸未日午正二刻；崇祯三年庚午测辛未岁天正冬至，得甲午日子正初刻。两年之间实差四十九刻，平分之得二十四刻五十分，亦为密近。但天启七年丁卯测戊辰岁天正冬至，得戊寅日卯初二刻，而前推己巳岁天正冬至，得午正二刻，则差二十九刻，与小余不合者四刻六十四分。两测两推，必居一误矣。所宜再加研究，以求必合者也。

右二则略举目前易见之事，欲须审定画一。但山居既无仪器推测，得此已属苦心。今欲必求确合，当于候台测验，本部新局亦粗备一二，可以审详。或本儒年至，未得辄便前来，亦可令嗣子门生测量分数，细加较算，纵未能即合天行，于自立之法、自撰之书不宜参商矛盾，以启驳正之端。若临期果有疑义，不妨实告本部，共图剖析。事关国典，不至如往代历师珍其敝帚也。

再查二书中复有当极论者，今略举数事如左，计好学深思者必能豁然领悟，不至厌其繁细也。此事岂不繁不细可卤莽而得者哉？

其一，岁实自汉以来代有减差，至《授时》减为二十四分二十五秒。依郭法百年消一，今当为二十一分有奇。而《历元》用杨级、赵知微之三十六秒，翻复骤加，与郭法悬殊矣。今详郭法寝次减率，考古验今实非妄作，决宜遵用。而《历元》所用又似实测得之，是以确然自信，仍非臆说。二义参差将何决定？根寻究竟则皆是也，又皆非也。其中义据，巧历茫然，所宜极论者一。

其一，勾股弧矢，历学之斧斤绳尺也。每测皆寻弧背，每算皆求弦矢。而今《历测》中犹用围三径一开方求矢之法，此之半径则六十度八十七分五十秒之通弦耳。此而可用，则六十度八十七分五十秒之弧与其通弦等乎？半之则三十度四十三分七十五秒之弧又与其正弦等乎？是术一误，何所不误，所宜极论者二。

其一，冬、夏二至不为盈缩之定限。今考日躔春分迄夏至、夏至迄秋分，此两限中日时刻不等。又立春迄立夏、立秋迄立冬，此两限中日时刻亦不等。此皆测量易见，推算易明之事，则太阳盈缩之实限宜在夏、冬二至之后，而各有时日刻分，代有长消加减，所宜极论者三。

其一，旧历言太阴最高得疾、最低得迟，且以圭表测而得之，非

崇祯四年六月初一日咨礼部文

也。太阴迟疾是入转内事，表测高下，是入交内事。若云交即是转，缘何交终、转终两率互异？既是二法，岂容混推，以交道之高下为转率之迟疾也？交、转既是二行，而月行转周之上又复左旋，所以最高向西行则极迟，最低向东行乃极疾，正与旧法相反，五星高下迟疾亦皆准此，所宜极论者四。

其一，日食法谓在正午则无时差，非也。时差言距非距赤道之午中，乃距黄道限东西各九十度之正中也。而黄道限之正中在午中前后有差至二十余度者，若依正午加减乌能必合？所宜极论者五。

其一，交食限定为阴历距交八度，阳历距交六度亦非也。本局考定阴历当十七度，阳历当八度，月食则定限南北各十二度，所宜极论者六。

其一，《历测》云："宋文帝元嘉六年十一月己丑朔日食不尽如钩，昼星见；今以郭氏《授时历》推之，止食六分九十六秒，郭历舛矣。"不知所谓舛者何也？若郭历果推得不尽如钩，昼星见，则真舛耳。今云六分九十六秒乃是密合，非舛也。夫月食天下皆同，日食九服皆异，前史类能言之。南宋都于金陵，郭历造于燕中，相去三千里，北极出地差八度，日食分数宜有异同矣。其云不尽如钩当在九分左右，而极差八度，时在十一月，则食差当得二分弱。郭历推得七分弱，非密合而何？本局今定日食分数首言交，次言地，次言时，一不可阙，所宜极论者七。

右七则因本书所有，略引其端。事颇赜隐，更仆未罄。此外有当论定者不止百数，必欲集成大业，固当一一讲究，勒为全书，令传习者洞晓其法，可以随试辄效，后来者通知其意，可以因时改革。或复墨守其说，则各就本法自成一家之言，以待天验，以质公评，斯亦前朝之恒事，无足为嫌者也。

崇祯四年魏文魁致历局书

贵局二议七论其中有"是""非"二字,谨领教,略答一二

满城玉山布衣魏文魁

一议交食。据崇祯四年四月十五日月食,魁以第二男魏星乾、第二孙魏理漕候漏测验,本县县尹葛允升、县学生员张尔焘同测验,蠡县人甲午举人贾讷、己未进士王行健测验。三处测得食既、生光刻分,魁以法推得分秒,以著《历元》,乞贵局大方家更正。咨云独崇祯二年五月乙酉朔日食,"《历测》称三分九秒,初亏巳初三刻",是刊书者误也。魁之原稿所存日食一分三十九秒,复圆午初三刻。将日食分秒作成定用,倍而减之,初亏自见。临时测验数处报来,及礼部有闻,各著《历元》,乞贵局更正。

一议冬至。据《历测》不用加减岁实,亦不用《大统》岁实,而用金《重修大明历》岁实,非余用也,原是《授时历》《大统历》四余用也。贵局不查,疑余用之。余之所用岁实者,不假思索,皆从天得。《历元》著明千载合天不谬,真而不伪,谅之谅之。咨单中又云"或本儒未得辄便前来",斯言过也。魁疏潜隐未上,《历元》未进皇上,不知下落何处,未奉旨议,并无召命。私自来京,惹人哂耻,而来何为耶?

"其一,岁实自汉以来代有减差,至《授时历》减为二十四刻二十五分"。是郭守敬自言自大明壬寅岁距至元辛巳岁八百一十九年,以积年而一积日得岁实,非减而得之也。守敬只有这一长处,其月策、转终、交终、交泛等并皆仍旧矣。百年消长各一决不可用,《历元》不从,用杨级、赵知微之三十六分。《历元》妙而神术,人何得知耶?郭守敬法考古验今,真是妄作,决不可遵。如是遵用,贵局遵用,在魁不然。何谓也?守敬云自大明壬寅岁来,壬寅岁天正冬至乙酉日夜半后三十二刻,祖冲之立表所测,守敬用百年消长推之,得甲午日八十刻失一日二十四刻。守敬云天道有失行,是天失行邪?是人之法失行邪?而百年消长遵是乎?非乎?魁用众君子所测今年崇祯四年辛未岁天正冬至甲午日夜半后五十分为应,上距大明壬寅岁一千一百六十九年,乘岁实三百六十五日二十四刻二十七分,得中积减气应,以甲子去之,余以减甲子,得乙酉日二十九刻天正冬至,与天合。又以《授时》至元辛巳三百五十年乘岁实,得中积,减气应,以甲子去之,余以减甲子,得己未日夜半后六刻冬至,与天合。

"其一,勾股弧矢,历学之斧斤绳尺也,犹用围三径一","是术一误,何所不误?"贵局责误者,不责其源清而责流浊。余《历测》《历元》所著勾股弧矢三乘之术,以误三百五十余年,误起于元翰林学士知制诰同修国史栾城李冶,其后太史令郭守敬遵而用之。既然围三径一之误必也,用太一之文三而一二一三之数也。弧矢割圆三乘之误,贵局定有良见著为书，何如使魁收入《历元》，以传后世。

"其一，冬夏二至不为盈缩之定限。"殊不知冬至盈初，夏至缩初，春分前二日四十刻、秋分后二日四十刻盈缩递换，即为末限。二日四十刻者，自平、立、定三差而来，曰极差。

其一，太阴而用圭表所测是真迟疾者，何云非非也？夫测太阳二至前后晷景年年有之矣，若测太阴高低晷刻有年有月，非测太阳之比也。非是年是月不得测验，四年半测高，四年半测低，九年一率，迟疾一更，自刘洪粗知而不知平、立有差。今以尖圆法得平、立、定三差，盈缩迟疾咸备在《历元》卷之三。天启癸亥岁日低月高之会，测法细录报贵局查之。

其一，日食法谓在正午则无时差是也，非非也。所谓时差者，言旦夕也，不言距度也。食在夕者，酉初一刻时差多，定朔小余必是七十二刻，时差六刻有奇。日食在晨刻者，卯正三刻，定朔小余必是二十八刻，时差六刻有奇。日食在午正初刻者，定朔小余必是五十刻。不知时差自何而来，在《历元》卷之二"交食元"中讲之甚明。贵局非也，是孰非邪？以定朔小余五十刻问司历氏时差几何？渠止会推数，不明历理，待报自知也。

其一，日食限定为阴历距交八度，阳历距交六度，亦是也，非非也。阴阳过此限不食。且如宋仁宗天圣二年甲子岁五月丁亥朔，历官报当午日食五分有奇，候之不食，以诸历推算皆食五分有奇，《授时历》推之亦然，郭守敬云天道失行。以魁之术推之，是日得阴历八度三分，果然不食。嗟嗟，历代无一人知，历数湮没至今，不亦伤乎！今贵局定阴历当十七度，阳历当八度，月食则定限南北各十二度。此夷外之历学，非中国之有也，魁不可得而知之也。何谓也？言阴历定限八度，阳历定限六度者，是距交前后二度相并也。自阴阳八度、六度之前后渐渐而宽，宽至六度弱渐渐而窄，窄至距交阴八阳六，二度相并，乃会食之所也。弧矢三乘尖圆之法，正谓此云。

其一，《历测》云刘宋文帝元嘉六年己巳岁十一月己丑朔日食不尽如钩，昼星见，河北地尽暗黑如夜，秦中地震。贵局言南宋都金陵三千里，郭历造于燕，去河北止千里，非三千里，不可辩论，何谓也？贵局报今年四月十五日夜望月食，朝鲜亏时与山西太原府同则可知矣。夫北极出地南北异，东西同，求日出日入则可，而南北日出入异异者，北极出地高下之故也。东西虽同者，谓日出卯日入酉也。若交食时刻相同则不然。交食者或当交、或交之前后，移刻则交过之而日躔月离去交远矣。如陕西临洮、兰州河州等处，西去上谷才五千余里。日在酉时带食，此处在天复圆。朝鲜王京东去上谷五千余里，上谷西距太原又四百余里，北极出地虽同，是言日之出入与交不干。假如西域巳时即中国未时也，如是日月有食，定巳时邪？定未时邪？欲修历数必也数理明达方任其事，余观贵局多历理明达者乎？谚云："水深丈探，人深语激"，是也是也。

与王廷评答客难

　　昨传来魏处士答问语,已悉,当须更一辨正否?古云有争气者勿与言也,又曰不直则道不见,酌于言不言之间。采该局所论次者略节数语,开其未悟,望致之。若更有辨论能依名理,虽十往返可也。

　　一,崇祯二年五月朔日食,据云刻书者误也。然原稿未误者云食一分三十九秒,亦恐未确。盖日食之难苦于阳精晃耀,每先食而后见。月食之难苦于游景纷侵,每先见而后食。故日食一分以下非人目所能见,台官类能言之。是日果食一分三十九秒,则所见者极微矣。而通都共睹实不止一分三十九秒也。今年十月朔密室所候将及二分,而外间所见止一分以上。此足下所目睹,非其明效也?

　　一,岁实小余三十六分,据云此赵知微《重修大明历》四余所用,《授时》《大统》皆仍之,处士亦仍之。则三十六分特用之四余,不用之气朔邪?岂四余、气朔当有两岁实耶?不知五星之岁实又与气朔四余同耶异耶?处士自云"所用岁实不假思索,皆从天得",此疑实测所定,果亦近之,然何不少费思索并定一五星四余画一不爽之岁实,乃犹仍金、元诸人之旧也?咨单中言"或本儒年至,未得辄便前来"者,谓其高年,倘未得来当遣子弟代之,此正欲其来,不得已命其子弟耳。若曰拒之使不来,曷不并拒其子弟耶?文理自明,再绎之。

一,岁实加减小余自汉《四分历》定为二十五分,《乾象历》减为二四六一八〇,南宋《大明历》又减为二四二八一四,宋《统天历》、元《授时历》又减为二四二五。其间七十余家互有加损,总计之则自汉至今皆以渐减也。彼皆实测实算,以为当然,乌得谓元以后遂不应复减耶?郭云百年减一分,三百五十年来应减三分五十秒,当为二十一分五十秒,而该局所考正今之定用岁实乃是二十分四十八秒六十微,即又不及百年而减一分。明理著数亦犹行古之道也,此则不知者闻之将大笑且骇,以为该局所推冬至时刻必且先天若干,亦先《大统》若干,而又不然。如今岁推壬申年天正冬至,《大统》得在十一月三十日己亥寅正一刻,而局推在本年月日辰初一刻一十八分,乃后于《大统》一十二刻。用仪器数具前后测验,确与天合,并无乖爽。此为何故?平岁实非本年冬至可定,真冬至时刻非岁实可推也。此说甚长,更仆未罄,姑就所明通之。处士亦知冬至时刻终古无定率乎?果有定率,则处士所定二十七分,岁岁加增足矣。何为每测必差,即《历元》所测定二、三年间便成参错?此其间得无谖之仪表未精,测候未确,不知果精果确乃真见其无定率矣。盖正岁年与步月离相似,冬至无定率与定朔定望无定率一也。朔望无定率宜以平朔望加减之,冬至无定率宜以平年加减之。若郭太史所增减之岁实者,平年也。故新法之平冬至或在《大统》前,或在后,其定冬至恒在《大统》后也。此法一经道破,达者自能豁然。但欲穷究其理,非虚心定意,经历岁时难可遽通耳。

一,勾股三乘术非误也,特径一围三不合耳。既称作者宜自为清源以传后世,奈何沿前人之浊流耶?弧与弦终古无相等之率,无论古率、徽率、密率、太一率。即多分之至万万亿,犹是弦也,否则周外之切线也。且弧弦之术举手即须每推一法当数四用之,即依古率推演已觉大繁,况徽密以上乎?必若此者,历将卒世而不就矣。该局既已言之,安得无见,又安得无书?第所传之书有论说,有立成,有通率,都为一十六卷八十余万言,以入《历元》,得无本末不相称耶?此书为用甚大,故名《大测》,自当孤行于世,待知者用之。譬如崇台九成、延袤百丈而不混者,或未可寄人庑下也。老而好学,诚往昔之美谈。然求人之术乃当以排抵为羔雁耶?

一,旧法冬、夏二至为盈缩之定限,今云否者,古名历家精详测候,见春分至立夏行四十五度有奇,立秋至秋分亦行四十五度有奇,其度分等而中间所历时日不等,又时日多寡世世不等,因知日行最高度上古在夏至前,今世在夏至后六度,则夏至后六日乃真盈缩之限,此即真冬至所自出矣。第其说颇奥且赜,非好学深思未易与之言也。

一,论太阴迟疾用圭表得之。夫太阳用二至前后表景推算,在一、二日内或亦近之,若远则所得者定非真率,何况太阴。但太阴之迟疾不在去地高卑,去地高卑者交道也。九年再测者亦非测太阴,测月孛也。月交东鹜,月转西驰,两道违行,是生月孛。孛者悖也,月转至是则违天行,故最迟也。九年以内,孛实行天一周,四年半在高,四年半在卑。其测高测卑之月日太阴必与孛同度,既得同度必是最迟,岂因圭表所测去地高下为其迟疾耶?且孛则九年而一周,月则二十七日有奇而一转,若洞悉交转之义,精探违顺之理,深明平自之率,确审经纬之度,即月月自有其迟疾,日日可得其高下,何必九年哉?必九年乃得者,则岁星须十二年,填星须二十九年,岁差须二万五千余年,谁能待之?

一,日食距午时差,旧法以为论时,则定朔小余五十刻是也;本局以为论度,则黄道九十度限是也。时与度有时而合,有时而离。有食在午中,或近午左右,而推算时刻乃不合天者,其度限去午左右稍远故也。如今年十月朔日食午正,而监推乃在未初,《回回历》在未正,亦一证已。

一,日食距交限定为阴历八度,阳历六度,旧法也。该局定为阴历十七度,阳历八度。而云不然,何不考今年十月朔日食甚距交几度耶?按是日食甚在未初一刻内五十一分,本月十五日夜望月食甚在辰初一刻内一十三分,两食中积为十四日七十三刻,月食甚时过正交入阴历一度,依法推得日食甚时月未至中交十四度强,而食及一分,则初入食限,岂非十七度乎?何得定为阴历八度耶?至宋仁宗天圣二年甲子岁五月丁亥朔,历官推当食不食,司天奏日食不应,中书奉表称贺。乃诸历推算皆云当食,以《授时》推之亦然。夫于法则实当食,而于时则实不食。苟如宋臣之称贺,是罔上也。如元人言日度失行,是诬天也。此事遂为千古不决之疑,今当何以解之?按西历日食有变差一法,是日在阴历距交十度强,于法当食,而独此日此地之南北差变为东西差,故论天行则地心与日、月两心俱参直,实不失食;而从人目所见,则日月相距近变为远,实不得食。顾独汴京为然?若从汴以东数千里渐见食,至东北一万数千里则全见食也。此术于日食法中最为深赜,推历之难全在此等。其说甚长,已著该局所撰交食历中,未经进呈,不敢轻出。然论历至此,果所谓得未曾有也。古来当食而不食者,或推入限不真,或夜食而误为晨夕,皆不足论。独是年于法不误,而实不见食,乃是百中一、二。变差法亦历中玄指,藉此一驳,得为阐明,正如洪钟在悬,非因扣击何从发其音声哉?处士一言谓之有功历学可矣,若阴历八度三分已入限大半,无缘得不食也。

一,据答末后一条,语意难明。如云河北千里,朝鲜亏时等,不知何物。若本部原咨,则有二说。一谓南北里差。《元史》称四海测验二十七所，大都北极出地四十度太强，扬州三十三度，今测得金陵三十二度半，较差八度少，加《唐书》每度三百五十里，则二千九百余里，谬也。如近法每度二百五十里，则二千余里为其南北径线，加行路纡曲，岂非三千里乎？有里差则有食分差，安可谓日食时南北之分秒等耶？试问之南来人，今年十月朔曾见日食与否，当自知之。一谓东西里差。尽大地人皆以日出处为东，日入处为西；皆以日出时为卯，日入时为酉，有定东西无定卯酉也。南北里差，论北极出地，若千里而高下差一度。东西里差，论七政出入，亦若千里而迟速差一度。不易之定论，验诸交食最易见矣。今反抹去此差，而欲议交食乎？按汉安帝元和三年三月二日日食，史官不见，辽东以闻。五年八月朔日食，史官不见，张掖以闻。岂非食在早独见于辽东，食在晚独见于张掖耶？据称西域之巳时即中国之未时，则日月有食西域之见时为巳，中国之见时为未极易晓，何者？地有两时，天无二食也。推之西域以西，中国以东，何独不然？安得谓南北异，东西同哉？今年四月望月食，蜀中移文言历事，本部回咨，称顺天府初亏丑初一刻，成都府则子正一刻。近该省回文，云果在子正，是可据为明证。若来说中言，陕西临洮等处见日在酉时，带食，而上谷乃见在天，复圆，则必无之理，亦宜再查原稿，似倒说矣。且不论倒否，但云一见带食，一见复圆，即是东西异见也。欲明南北异东西同，而所引西域加时及带食复圆二事又皆东西各异，得无以子之矛陷子之盾乎？"欲修历数必也数理明达方任其事"，是也是也。然论理论数，各一是非，谁使正之？此则古来有法，追天而已。明年三月九月俱有月食，试各预推分秒时刻，公诸耳目，至期验定，疏密自见也。倘不可待，则太阴去离经星经纬度分、五星躔度去离经星及凌犯时刻经纬度分，皆日日可推，夜夜可验。亦各先推后验，公诸耳目，孰妙不妙，孰神不神，孰明不明，孰达不达？如出手见指，立表见景，将谁欺乎？即亦何烦诤论，何劳翰墨哉？

附载前论中二法

论食限一法

崇祯四年十月朔日食甚在未初一刻内五十一分，本月十五日夜望月食甚在辰初三刻内一十三分，两食中积为十四日七十三刻。分秒不论。月食甚时过正交入阴历一度，论时则过交在食甚前七刻半也。以减中积，得十四日六十五刻半，为月从日食时行至正交之积时。在《大统》法半交周为十三日六十一刻，今月食在后，当作逆行，从正交至日食甚为过中交一日四刻半。或言食甚在中交前一日四刻半。又月行一日距交十三度二十分，今一日四刻半，则日食甚时月未至中交一十四度强，为已入食限三度弱，故食止二分也。

论变差一法

宋仁宗天圣二年甲子五月朔，历官于汴京推得午时日食五分，至期不食。今考此地此月日在午正前十刻即巳初二刻合朔，非午时也。于时日躔实沈二十三度，月未至中交十度半，入阴历，黄道纬距度五十三分。五十三分者，日月两心相距之数也，减二径折半三十分，是为日月两周切近之距数。其在本地太阳出地平高五十二度四十分，太阴南北差三十四分，因入阴历去减二十三分，得十一分为月应食日之数。故诸家成法皆推为当食。然是三分之一非五分也，再考合朔在午前十刻，而太阴距黄道象限三十三度，用法求三差，得南北一差大半变为东西差，欲明此理此数，为书万言，未能备述，该局撰《交食历指》三十卷，具载其术。其南北差止一十七分，而两周相距二十三分，不能相及，遂不复见食矣。又东西差十七分变为四刻，巳初二刻为天元合朔，今云视朔者，人所见合朔也。则视朔亦移前四刻，为辰正二刻也。此在汴京则然，若去汴以东七、八千里，则见食三分。又北七八千里，亦见食。更东北行万里，则见全食。

右法独在黄道中限乃无变差,虽食午正而在中限左右则亦有之。故曰东西时差不以午正为限,以黄道九十度之正中为限也。变则时时不同,或多变为少,或少变为多,或有变为无,或无变为有。其多变为少、少变为多者,人但以为推步未工,竟不知未工者安在也。无变为有,人多不觉,然古史所载亦有食而失推者。职此之故,星历家虽蒙失占之罚,亦竟不知其所由矣。惟有变为无,则推步在先,至期弗验,不得不传耳。故三代以来一切交食,皆宜论定为《古今交食考》,以俟虚心学习者考焉。今诸大论大表,未能得竣,无暇及此,当以异日。

崇祯四年六月十一日徐光启题本[①]

礼部尚书兼翰林院学士协理詹事府事加俸一级督修历法臣徐光启谨题,为月食事。窃照本年十月十五日乙卯夜望月食,其食限分秒时刻并起复方位例应先期上闻,除《大统》《回回》二历近经钦天监具题外,臣等新法虽未全备,谨斟酌推步,将所得诸数逐一开坐,并具图象进呈御览。伏乞敕下该部,至期令监督等官测候,谨奏闻。缘系月食事理,未敢擅便,谨题请旨。

计开:

崇祯四年十月十五日乙卯夜望月食分秒时刻并起复方位:

月食一十六分三十秒,依日食例月体为一十分,除外余六分三十秒,为既内分。

初亏寅正四刻内七十五分,月在地平上二十三度三十三分,

[①] 《西洋新法历书》本未收此篇。

正东；

食既卯正一刻内三十四分七十二秒，月在地平上一十二度一十七分；

食甚辰初一刻内一十六分六十六秒，月在地平上一度七十一分，后一刻月入地平，晓刻；

生光辰正初刻内九分七十二秒，在昼；

复圆巳初一刻内八十七分五十秒，在昼，正西。

计食限内凡一十七刻为一千七百分，五小刻为八十三分三十三秒，余十二分五十秒，共一十七刻九十五分八十三秒。

食甚日躔黄道在大火之次一十六度一十四分一十三秒。

食甚月离黄道在大梁之次一十六度一十四分一十三秒。

月离纬度：

初亏月距黄道北一分，

食甚月距黄道北四分五十秒，

复圆月距黄道北九分。

各省直初亏时刻：

京师顺天府，在寅正四刻内七十五分；

南京应天府、福建福州府，在卯初初刻内六分九十四秒；

山东济南府，在卯初初刻内一十三分八十八秒；

山西太原府，在寅正三刻内一十二分五十秒；

湖广武昌府、河南开封府，在寅正三刻内七十五分；

陕西西安府、广西桂林府，在寅正二刻内四十一分六十六秒；

浙江杭州府，在卯初一刻内四十一秒；

江西南昌府，在寅正四刻内九十七分二十一秒；

广东广州府，在寅正三刻内四十分二十七秒；

四川成都府，在寅正一刻内五十分；

贵州贵阳府，在寅正二刻内一十五分二十五秒；

云南云南府，在寅初四刻内八十六分一十秒。

崇祯四年六月十一日具题

本月十三日奉圣旨："览奏并图像，知道了。该部知道。"

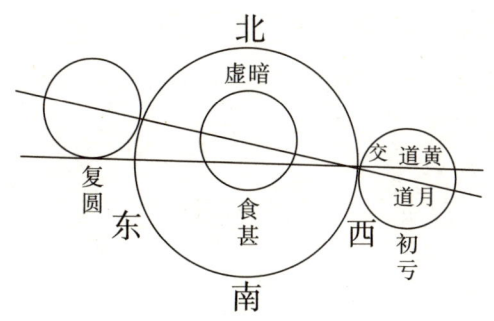

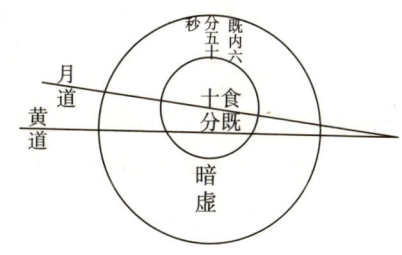

崇祯四年八月初一日徐光启题本

礼部尚书兼翰林院学士协理詹事府事加俸一级督修历法徐光启题,为钦奉明旨,恭进历书事。案照本年正月二十八日,该臣题,为前事恭进第一次历书二十四卷,二月初一日奉圣旨:"历书留览,未完的缮写续进。礼部知道。钦此。"钦遵。一面撰述修润,一面测算缮写。依礼部原题,三月一考成,则四月终宜有续进。但讨论润色,原拟多用人员。今止臣一人,每卷必须七、八易稿。且《测量全义》十卷、《恒星历》八卷,两陪臣①分曹著述,于时尚未全完,难以截数先进。而恒星图表务求分秒无差,两臣与在局人员日算夜测,最难就绪。近今缮写齐备,凡书表图像三种,共二十卷一折。谨具本进呈御览。

臣于本年正月有进呈《历书总目》一卷,内开基本五目,其法原、法器今《测量全义》并前《测天约说》《大测》等书已陈其大约矣。法数

---

① 《西洋新法历书》本改"陪臣"作"远臣"。

即《立成表》,各依七政本历附载。会通止二卷,已经进讫。法算即系算术,暂用旧法亦足供事。更有超捷深奥者,宜待异日。是则基本五目略已足用。今未敢多端旁骛,以致稽延。若节次六目,前已完过日躔书表三卷,今续完恒星书表、图像八卷一折。其月离历则稿草半就,交食历、五星历方当经始。容臣等陆续完进,伏祈圣鉴。缘系钦奉明旨,恭进历书事理,未敢擅便,谨具题知。

计开:

第二次进呈书目:

《测量全义》十卷,

《恒星历指》三卷,

《恒星历表》四卷,

《恒星总图》一折,

《恒星图像》一卷,

《揆日解订讹》一卷,

《比例规解》一卷。

崇祯四年八月初一日具题

初四日奉圣旨:"览奏进第二次历书,著述详悉。知道了。该部知道。"

崇祯四年八月二十八日礼部咨文[①]

礼部为钦奉明旨修改历法，谨开列事宜，请乞圣裁事。祠祭清吏司案呈奉本部送八月十六日准都察院咨，七月二十八日据四川巡按监察御史刘光沛呈，称本年五月初五日据四川布政司经历司呈奉本司札付，本年三月二十日蒙职案验前事，奉本院勘札，准礼部咨，祠祭清吏司案呈，奉本部送准礼部尚书兼翰林院学士协理詹事府事督修历法徐咨，称内"准礼部咨，准本院咨，据巡按四川监察御史马呈奉本院勘札，先该本部咨题前事，内开'博访得资县生员冷守中执有成书，言论娓娓。谨令抄录原书，先行呈览，如果堪用，行文起取'等因到院，移咨过部，转咨查览"等因，仰司呈堂查照札案内事理转行资县，唤令生员冷守中到司，至期地方官督令本生，公同阴阳人等参验交食真正时刻分秒，备录具报，以凭转报施行。蒙此，同日又蒙本院案验，

---

① 此篇原收于《学历小辩》，现依其时间移置于此。

为月食事，奉本院勘札，准礼部咨祠祭清吏司案呈奉本部送礼科抄出礼部尚书兼翰林院学士协理詹事府事督修历法徐题，奉圣旨："览奏月食方隅晷刻互有同异，便着监督官测候及各省直奏报，参验自见。所陈四事，务讲求详确，以资修改。该部知道。钦此。"仰司呈堂，查照札案内备奉明旨内事理，即便转行合属府州县，至期参验，备录时刻，的确开报，以凭转报，回销施行。蒙此俱经通行，合属遵照，行令成都府转行资县，申送生员冷守中到司，谕令本生先将月食分秒开报，至期互相参验。据本生具呈手本开报，崇祯四年四月十五日交十六日月食，寅正二刻初亏，卯初二刻食甚，卯正二刻复圆，月食一十三分二十八秒。至崇祯四年四月十五日戊午夜，该本司署印分守川西道参政贺自镜，会同按察司署印军驿屯盐茶水道布政司参政曾栋、都司军政掌印都指挥佥事高铭、佥书林天庚、团练参将王国臣，督率合属文武官吏师生、阴阳医学、僧纲道纪人等前诣都司陈设，自十五日戊午夜候至己未子时，据成都府阴阳官生郑良等报，初亏子正初刻，三更三点，正东；食既丑初三刻，四更三点；食甚丑正初刻，四更三点；生光寅初三刻，五更二点；复圆寅正二刻，五更五点，正西。呈报在卷。查得生员冷守中预报初亏时刻，参验交食，差错二时，历法未得，不必言矣。即阴阳官所报时刻更点亦未必一一按接也。第据众目所共见者，初亏在东南，食甚在正南，月光尽掩无余，良久光始东生，复圆则在西南，月将西沉，天色欲曙，日尚未出也。想治历家始能推算分刻的确，非草泽所能测度也。除冷守中遵奉部文谕，令虚心再加习学外，等因缘由前来，合行呈报，为此具由呈乞照验，请礼部原奉勘合字号，并赐注销施行等因。到院据此拟合就行。为此合咨贵部，烦为注销施行。咨部送司，准此相应转咨案呈到部，拟合就行。为此合咨前去，烦为查照知会施行须至咨者。

崇祯四年八月二十八日

崇祯四年九月初八日徐光启题本

礼部尚书兼翰林院学士协理詹事府事加俸一级督修历法臣徐光启谨题，为日食分数非多，历法藉为明证，谨具数上闻，略陈义据，以祈圣鉴，以待候验事。案照本年六月十一日，该臣题为月食事，本年十月十五日夜望月食，十三日奉圣旨："览奏并图象，知道了。该部知道。钦此。"

其本月辛丑朔，仍该日食为是二分以上，未及三分，例不救护，止应具本题知。然臣窃思之，论救护可以例免通行，论历法正宜详加测验。盖历不差不改，不验不用。如日月交食，皆天验之大者。而月食在夜，加时早晚苦无定据。壶漏迟速，自昔以为难凭。星算切准，台官业已传习，又独谙者知之，不能共见也。惟日食明白易晓，按晷定时，无可迁就，无容隐匿。故历疏密，独此最为的证。况臣等翻译纂辑，渐次就绪。而向后交食，为期尚远。此时不一指实，与该监诸臣明白共见，即历成之后，臣等之术无凭取验，诸臣在事，何从强其必信而安意习之？谚曰"千闻不如一见"，未经目击而以口舌争，以书数传，虽唇焦笔秃，无益也。非独此也。是日之必当测候，臣等于此有四说焉。

按日食有时差，旧法用距午为限。中前宜减，中后宜加，以定加时早晚。若食在正中，则无时差，不用加减。故台官相传，谓日食加时有差，多在早晚，日中必合。独今此食既在日中，而加时则旧术在后，新术在前，当差三刻以上。所以然者，七政运行，皆依黄道，不由赤道。旧法所谓中乃赤道之午中，而不知所谓中者黄道之正中也。黄、赤二道之中独冬、夏二至乃得同度，余日渐次相离。今十月朔去冬至度数尚远，两中之差二十三度有奇，岂可仍因食限近午不加不减乎？若食在二至，又正午相值，果可无差；即食于他时而不在日中，即差之原尚多，亦复难办。适际此日，又值此时，足为显证，是可验时差之正术，一也。

交食之法既无差误，及至临期实候，其加时又或少有后先。此则不因天度，而因地度。地度者，地之经度也。本方之地经度未得真率，则加时难定。其法必从交食时测验数次，乃可较勘画一。今此食依新术测候，其加时刻分或先后未合，当取从前所记地经度分斟酌改定。此可以求里差之真率，二也。

台官见臣等述撰颇多，推算甚繁，疑为不可几及之事。若云差违几刻，宜当改正，即蒫然惧矣，由未能根极要领故也。即如时差一法，溺于所闻，但知中无加减，而不知中分黄、赤。今一经目见，一经口授，人人知加时之因黄道，人人知黄道极之岁一周天，奈何以赤道之午正为黄道之中限乎？一时发覆，蹊径了然，何足为难？而臣等又取黄道中限，随时随地算就立成。监官已经誊录，临时用之，最为简便。其他诸术，亦多类此。足以明学习之甚易，三也。

该监诸生所最苦者，惟从来议历之人，诋为擅改。不知其斤斤墨守者，郭守敬之法。即欲改，不能也。守敬之法加胜于前多矣，而谓其至竟无差，亦不能也。如时差等术，盖非一人一世之聪明所能揣测。必因千百年之积候，而后智者会通立法。若前无绪业，即守敬不能骤得之，况诸臣乎？人虽上智，于未传之法岂能自知？有而后尽心焉可矣。此足以明疏失之非辜，四也。

有此四者，即分数甚少亦宜详加测候，以求显验。故敢冒昧上闻，伏乞敕下该监，量拨历科官生到局、该监到台，各豫定晷景，临时依法瞻测，则分数毕呈，疏密具见。密合则向来述作不为空言，有差则向后各法因之裁定，其于历事深为裨益。所以当诣局者，观象台日晷甚小，仪器稍粗。臣局有石晷、木仪，似为详密，又难移动，故须分投实候，以相印证也。为此谨将本日日食分秒时刻、起复方位、九服异同并具图象，一并上进，伏惟圣明裁度施行。缘系日食事理，未敢擅便，谨题请旨。

计开：

崇祯四年十月初一日辛丑朔日食分秒时刻并起复方位：

日食二分一十二秒，依《大统历》日体十分推算；

  初亏午正一刻内九十四分四十一秒，西北；

  食甚未初二刻内一十三分三十三秒，正北；

  复圆未初四刻内五十一分三十三秒，东北。

  计食限内凡七刻八十三分二十四秒。

食甚日躔黄道经度大火一度二十五分二十八秒；

食甚月离白道经度未至中交二度一十五分二十一秒；

月纬度距黄道北实行七十五分二十二秒，不应见食。用三差法，算得本地视行距黄道北二十七分，应见食。又用二径折半法，算得月入日体二分一十二秒。

各省直食分：

京师顺天府，见食二分一十二秒；

河南、陕西、山东三省，俱见食一分内外，人目难见，与不见食略同；

南京应天府以南，全不见食；向北食分渐多，至大漠以北食既。

崇祯四年九月初八日具题

本月十一日奉圣旨："这日食分数，着该监局各预定晷景，临期分投测验，以相印证。述旨内'览'字误'鉴'，'辛丑'误'辛亥'，改正，行该部知道。"

崇祯四年十月初二日徐光启奏本

　　礼部尚书兼翰林院学士协理詹事府事加俸一级督修历法臣徐光启谨奏，为日食事。本年九月初八日，该臣题为前事，本月十一日奉圣旨："这日食分数，着该监局各预定晷景，临期分投测验，以相印证。述旨内'览'字误'鉴'，'辛丑'误'辛亥'，改正，行该部知道。钦此。"钦遵。于今月初一日到局，督领钦天监秋官正周胤、五官司历刘有庆、漏刻博士刘承志、天文生周士昌、薛文灿、西洋陪臣①罗雅谷、汤若望，及②在局知历人等预将原推时刻点定日晷，调定壶漏。又将测高仪器推定食甚刻分应得此时日轨高于地平三十五度四十分。又于密室中斜开一隙，置窥筒眼镜，以测亏复，画日体分数图板，以定食分。各安顿讫，候至午正二刻内方见初亏，则臣等所推实先天半刻有奇。至正四刻食甚，仪上得日高三十五度四十分，系司历刘有庆守测，实

---

① 《西洋新法历书》本改"西洋陪臣"作"同两远臣"。
② 《西洋新法历书》本改"及"作"率"。

为密合。至未初三刻内已见复圆，则臣等所推又后天一刻有奇。而食甚分数以窥筒映照，实未及二分，比原推亦少半分以下。此诸官生人等众目所共见也。

臣于本月初八日疏中开列四款，其第二言本方之里差经度未得真率，则加时难定。故欲因此一食，斟酌改正。今食甚之度分密合，则经度里差似已的确，无烦更改，盖交食经度以食甚为主故也。独食分加时未及原推者，盖因太阳光大，昔人言日食须至一分以上乃得见之，而臣前疏亦言今食在河南、山东、陕西等处食止一分内外，人目难见，与不见食略同。今因此推究，知日光闪烁，惟食及四、五分以上者乃得与原推相合。若分数原少者，其见食更少。故一分内外者，与不见食略同。则二分有奇者，所见宜不及二分也。食分既少，则食限时刻因之亦少矣。然惟密室窥筒，形象分明，故得此分数时刻，与该监官生明白共见，不能不信。若不用此法，止凭目力，则眩耀不真。或用水盆映照，亦荡摇难定。恐所见者仅可一分以上，加时或止三四刻也。

今交食书表半已就绪，候完成之日，教习官生，令已后推算日食，合应先用本法算定，再查食分多寡，酌量加减。仍将本法当食若干，今当见食若干，明白开载。其观象台上，原有板房一间。至日食时，亦宜如法障蔽，仍置备窥筒眼镜一架，与该监应用，以便据实奏闻。其月食，目所易见，止时刻难定。除漏壶外，再用星晷测量，及用恒星推算时刻，先定某星高几度分为初亏，某星高几度分为食甚，至期用仪器测验，以定真正时刻。此法诸官生已谙，依法用之，必可得其实率矣。臣无任激切惶恐，待命之至，谨具奏闻。

崇祯四年十月初二日

初七日奉圣旨："览奏知卿测候详审，以后推验事，宜即如议。行该部知道。"

崇祯四年十月十七日徐光启奏本①

　　礼部尚书兼翰林院学士协理詹事府事加俸一级督修历法臣徐光启奏,为月食事。本年六月十一日该臣题为前事,本月十三日奉圣旨:"览奏并图像知道了,该部知道。钦此。"钦遵。于今月十五日夜到局,督率钦天监部复议处候命秋官正周胤、五官司历刘有庆、贾良琦、漏刻博士刘承志、天文生周士昌、薛文灿、刘崇儒②,西洋陪臣罗雅谷、汤若望及在局知历人等,安顿测量仪器。候至寅正四刻内瞻见初亏,测得参宿左肩高四十九度五十分,就令监官依法推算,得在寅正四刻内七十二分,则臣等原推止后天三分。候至卯正一刻,瞻见食既,仍测得参左肩高三十五度一十六分,就令推算得在卯正一刻内八十六分,则臣等原推乃先天五十二分,是半刻也。其食甚本无测法,

---

① 《西洋新法历书》本未收此篇。
② 韩国奎章阁档案缩藏《治历缘起》抄本"刘崇儒"误作"崇崇儒"。

待得生光时刻,用食既相距时刻折半取之。而本日生光已在昼刻,则无从可得也。

　　臣等切照夜中时刻壶漏实为难足,星晷一具已付该监在台施用,惟仪器测星用以求时乃是正法。两陪臣官生一同瞻测,度分之数大略不爽。又日食之难苦于阳精晃耀,每先食而后见。月食之难苦于游气纷侵,每先见而后食,且暗虚之实体与外周之游气界限难分,臣等亦用窥筒眼镜乃得边际分明。而臣自守自窥,凡初亏、食既皆临时令诸人共见,然后报守仪者测量星度,则亏既时刻亦不宜甚远。而今差至半刻,若依元人旧法,谓同在一刻之内者为密合,差一刻者为亲,即半刻亦称密合。而臣等尚欲深求其故,详定其法,则疑仪器未备,所得度分无凭对堪。今当造小仪一、二,以便质正。更求精密,须得重大仪器,工费颇繁,今未敢言也。又两次测验,率觉前差为少,后差为多,或地经度尚有微差,容臣等再加酌议推测。至于差较分数,委因一日判为万分,具一分、二分瞬息之间耳,而器力、目力率皆有限,天高星远,为数无穷,是以数分之差古今名历咸所不免。盖汉以前差以日计,唐以前差以时计,宋元以来差以刻计,今则差以分计。必求分数不差,宜待后之作者,而臣等不敢那移牵合,自蹈欺罔之罪也。臣无任惶悚待命之至。

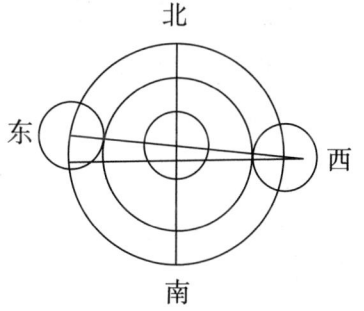

　　崇祯四年十月十七日具题

　　本月二十一日奉圣旨:"览奏知道了。卿还密法详测,以求吻合。礼部知道。"

崇祯四年闰十一月初六日徐光启题本

礼部尚书兼翰林院学士协理詹事府事加俸一级督修历法臣徐光启谨题，为月食事。窃照崇祯五年三月十六日癸丑夜望月食，其食限分秒并起复方位，例应先期上闻。除《大统》《回回》二历，近经钦天监具题外，臣等新修交食历渐次就绪，谨依法推步，将所得诸数逐一开坐，并具图像，进呈圣览。再照臣等于今年十月十六日回奏月食疏，内开"月食之难苦于游气纷侵，往往先见而后食，且暗虚之实体与外周之游气界限难分"，非目力可辨。今用窥筒远镜，已得边际分明。但初亏前约半刻许，游气已见。复圆后约半刻许，游气方绝。此游气者似食非食，在所推食限分秒之外，其分数系是本法所无。今次测候，尚当详细推算，附载本法。至前推食既未合天者半刻，今更制造小仪二具，以便密测详较。亦欲先造急用大仪一座，业已制就木模，但须用铜千余斤，工价百余两。若此费无出，则未敢必也。伏乞敕下该部，至期令监督等官如前测候奏闻施行。缘系月食事理，未敢擅便，谨题请旨。

计开：

崇祯五年三月十六日癸丑夜望月食分秒时刻并起复方位：

月食五分八十秒，依日食例，月体为一十分；

初亏酉正四刻内五十一分五十秒，月将出地平，东北；

食甚戌正一刻内二十三分一十四秒，月在地平上十度三十分，正北；

复圆亥初二刻内一十分八十三秒，月在地平上二十度四十三分，西北。

计食限内凡九大刻、三小刻又五十九分三十三秒，共一十刻九分三十三秒。

食甚日躔黄道在大梁宫一十四度二十五分五十四秒；

食甚月离黄道在大火宫一十四度二十五分五十四秒；

月离纬度：

初亏月距黄道南四十分三十二秒，

食甚月距黄道南四十四分四十七秒，

复圆月距黄道南四十九分二秒；

各省直初亏时刻：

京师顺天府，酉正四刻内五十一分五十秒；

南京应天府、福建福州府，酉正四刻内七十九分二十五秒；

山东济南府，酉正四刻内八十六分二十二秒；

山西太原府，酉正二刻内八十四分八十四秒；

湖广武昌府、河南开封府，酉正三刻内四十六分八十四秒；

陕西西安府、广西桂林府，酉正二刻内一十五分三十九秒；

浙江杭州府，酉正四刻内九十三分一十六秒；

江西南昌府，酉正三刻内八十二分四十六秒；

广东广州府,酉正三刻内一十二分六十九秒;

四川成都府,酉正初刻内七分五秒;

贵州贵阳府,酉正一刻内八十七分六十九秒;

云南云南府,酉初三刻内九十五分九十五秒。

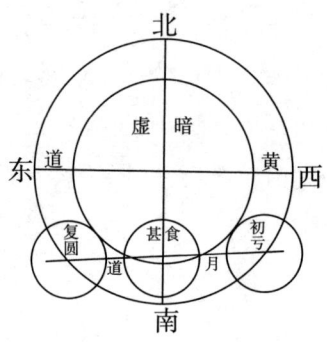

崇祯四年闰十一月初六日具题

本月初九日奉圣旨:"该部知道。"

崇祯五年三月十七日徐光启题本

　　礼部尚书兼翰林院学士协理詹事府事加俸一级督修历法臣徐光启题，为月食事。臣于崇祯四年闰十一月初六日具题前事，本月初九日奉圣旨："该部知道。钦此。"钦遵。于今年三月十六日督领该监秋官正周胤、五官司历刘有庆、博士薛文灿、天文生朱国寿、周士昌、朱光灿，西洋陪臣①罗雅谷、汤若望，及②访取知历人等于本局登台测验。看得臣等原推初亏在酉正四刻内五十一分，本日日入酉正四刻内八十三分，月应带食而出，因云阴不见。食甚在戌正一刻内二十三分，应食五分八十秒。候至本刻，云气朦胧，约食大半，似与原推相合。复圆在亥初二刻内一十分，候至本刻，虽云气未尽，约见复圆，亦与原推相合。其时刻本以测星为正法，诸官生悉皆通晓。今设有测高仪

---

① 《西洋新法历书》本改"西洋陪臣"作"同两远臣"。
② 《西洋新法历书》本改"及"作"率"。

器，亦因云阴难用，止用新式壶漏豫先点定三限时刻。除初亏、食甚云阴难定外，其复圆时刻亦为吻合。官生人等所共见也。

再照臣等译撰历书，除前二次进呈过四十四卷外，今年正月间续完《月离》《交食》等书三十卷，已誊讫二十八卷。余因冬月纸张用尽，旋于市中鬻买誊完，觉未合式，未敢辄进。如蒙圣鉴不妨纸色稍异，当即日装潢进呈。或容臣等少待南贩到日，并续完数卷，一并誊写上进，伏候敕旨。

崇祯五年三月十七日具题

本月二十日奉圣旨："知道了。书着进览。该部知道。"

崇祯五年四月初四日徐光启题本

礼部尚书兼翰林院学士协理詹事府事加俸一级督修历法臣徐光启谨题,为钦奉明旨恭进第三次历书事。臣于本年三月十七日题为月食事,奉圣旨:"知道了。书着进览。该部知道。钦此。"钦遵。谨将《月离历指》并本表十卷,《交食历指》并本表六卷,《南北高弧表》十二卷,《诸方半昼分表》一卷,《诸方晨昏分表》一卷,共三十卷,装潢①成帙,谨具本进呈圣览。

窃照臣初次恭进历书,开具节次六目:一曰日躔,二曰恒星,三曰月离,四曰交食,五曰五纬星,六曰五星凌犯。除前二次共书四十四卷内完过《日躔历指》并表三卷,《恒星历指》并表图九卷一折,今次完过《月离历指》并表十卷外,其交食历六卷,系是总论总表,日食月食所宜共用,而月食一法附载其中。若日食一法,理数甚繁,尚须译撰

---

① 《西洋新法历书》本改"装潢"为"装演"。

历指约三卷，立成表约二十卷。今属草将半，又须于星度里差等事精加参订，乃敢著为定论。五星一节比于日月倍为繁曲，汉以来治历者七十余家，而今所传《通轨》等书，其五星法不过一卷。以之推步，多有乖失。所以然者，日月有交食可证，作者尽心焉。五星无有，故自古及今，此理未晰也。《回回历》则有纬度、有凌犯，稍为详密。然千年以前之书，未经更定。而两书皆无片言只字言其立法之故，使后来者入室无因，更张无术，凡以此耳。今诸陪臣①所传，独为详备。而译撰颇艰，书成亦须二十余卷，不能不少费时日也。再惟该监官生，向来在局供事，止令与访取诸人一同推算立成诸表，继以誊写进呈书册。因书籍未备，尚未能专功习学。今交食总法及月食本法既以就绪，容臣等督令到局，渐次演习。月食既通，后来书籍亦当续完。次及日食，次及气朔躔离，次及五星诸法，可以节次成就矣。但人情安于故习，不有劝惩，无由策励，容臣等时加督课。其有怠惰顽梗者，轻则量惩，重则参罚。其勤学有成者，容臣依前节次移送礼部考试术业。如果精谙，恳乞圣明量加叙录，以示鼓舞。其见在诸人而外，该监官生有志上进者，容臣从优立格，招徕选取，一体训习。冀其中有褎然特出，悉通大义者，庶几羲和世业，复见于圣代也。

计开：

第三次进呈书目：

　《月离历指》四卷，

　《月离历表》六卷。

　　已上系陪臣②罗雅谷译撰。

　《交食历指》四卷，

　《交食历表》二卷。

---

①② 《西洋新法历书》本改"陪臣"作"远臣"。

已上系陪臣①汤若望译撰。

《南北高弧表》一十二卷，

《诸方半昼分表》一卷，

《诸方晨昏分表》一卷。

已上系二臣指授监局官生推算。

崇祯五年四月初四日具题

本月初十日奉圣旨："卿所进历书已留览,具见用心详密。未完的陆续撰进,其督教劝惩等事依议。行礼部知道。"

---

① 《西洋新法历书》本改"陪臣"作"远臣"。

崇祯五年四月二十九日徐光启题本

礼部尚书兼翰林院学士协理詹事府事加俸一级督修历法臣徐光启题,为月食事。窃照本年九月十四日己酉夜望月食,其食限分秒时刻并起复方位,例应先期上闻。除《大统》《回回》二历已经钦天监具题外,臣等用新法推步,谨将所得数逐一开坐,并具图象,进呈御览,伏乞敕下该部,至期令监督等官如前测验奏闻施行。缘系月食事理,未敢擅便,谨题请旨。

计开:

崇祯五年九月十四日己酉夜望月食分秒时刻并起复方位:

月食四分四十二秒,依日食例,月体为十分;

 月未入,见食三分五十秒;

 月已入不见,食九十二秒,是日日出卯正三刻内八十一分九十二秒;

 初亏卯初三刻内六十一分七十四秒,月在地平上十度六分一

十一秒,东南;

食甚辰初一刻内三十七分四十五秒,月在地平下五度七分二十八秒,正南;

复圆辰正三刻内二十二分七十七秒,月在地平下二十一度六十四分三十九秒,西南。

共食限内凡一十一大刻三小刻又二十四分三秒,共一十一大刻九十四分三秒。

食甚日躔黄道大火宫四度五十六分三十秒,

月离黄道大梁宫四度五十六分三十秒。

月离纬度:

初亏距黄道北六十七分三十三秒,

食甚距黄道北七十三分四十八秒,

复圆距黄道北七十九分五十七秒。

各省直初亏时刻:

京师顺天府,卯初三刻内八十八分七十四秒;

南京应天府、福建福州府,卯初四刻内一十六分四十九秒;

山东济南府,卯初四刻内二十三分四十六秒;

山西太原府,卯初二刻内二十三分八秒;

湖广武昌府、河南开封府,卯初二刻内八十四分八秒;

陕西西安府、广西桂林府,卯初一刻内五十二分六十三秒;

浙江杭州府,卯初四刻内三十分四十秒;

江西南昌府,卯初三刻内一十九分七十秒;

广东广州府,卯初二刻内四十九分九十三秒;

四川成都府,寅正四刻内一十九分九十七秒;

贵州贵阳府,卯初一刻内二十四分九十三秒;

云南云南府,寅正三刻内三十八分八十九秒。

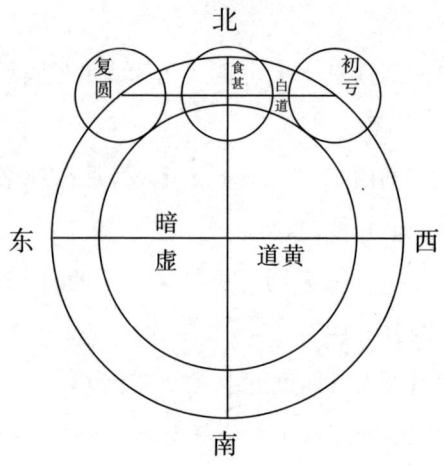

崇祯五年四月二十九日

五月初二日奉圣旨："礼部知道。"

崇祯五年九月十二日徐光启题本

大学士徐题。本月十四日夜望月食，臣已于本年五月初二日题，奉圣旨："礼部知道。钦此。"窃惟交食之法，臣等所译撰新法与旧法不无参差。若在早晚，其验尤著。盖郭守敬之术视古为密，其差最多不过四、五刻。惟是四、五刻之差，在日出入之交未免以夜刻为昼，以昼刻为夜。故前世有推而不食，有食而失推者，以此之故，非星官历人敢有改易也。如今次一食，《大统》法日出卯正二刻，新法日出卯正三刻，所差约一刻。其食时，《回回历》推初亏在辰初初刻，则昼食矣。《大统》推初亏卯初一刻，依本法见食者五刻，依新法见食者六刻。新法初亏卯初三刻，在旧法后二刻。依本法见食者四刻，依旧法见食者五刻。此外若定时有先后，升降有正斜，地气有厚薄，亦皆参差之缘也。故每交食时，臣曾题请身往测候，必得其真时刻、真分数；少有参错，又因而究其所以然；然后目前辨难，可据以剖晰；异时推步，可用以寻求矣。今臣仰荷圣恩，备员揆地，例当于中府衙门随班救护。如此则本局督视无人，虽有陪臣①、台官等依法测验，不至乖舛，然非臣目所亲见，而即凭以上闻，且勒以垂后，实臣心所未安也。且是日见食者仅四刻，月又当斜入于地。初亏时月在地上仅十余度，若在中府则墙屋隐蔽，恐不可得见候验乎。以此请乞容臣于是日照前登台实测，次日具本奏闻，庶于钦若大典不无裨益。伏候敕旨，谨题。

崇祯五年九月十二日

十四日奉圣旨："览卿奏，以月食诣局候验，具征恪慎，朕知道了。"

————
① 《西洋新法历书》本改"陪臣"作"远臣"。

崇祯五年九月十五日徐光启题本

大学士徐题。臣于本月十四日钦奉明旨,至今十五日丑时前往历局,督领陪臣①及该监官生、在局知历人等测候月食,依法用仪器二具测量星度,推算时候。参以星晷、壶漏,务求四事吻合。逐时逐刻,测至卯初一刻,忽有云气隐蔽月体,至天明云尚未开。凡食分时刻皆无凭测验,理合奏闻。谨题。

崇祯五年九月十五日具

十八日奉圣旨:"朕知道了。"

---

① 《西洋新法历书》本改"督领陪臣"作"督同远臣"。

崇祯五年十月十一日徐光启奏本

礼部尚书兼东阁大学士臣徐光启谨奏,为月食事。本年九月十五日,臣奉旨前往历局测候月食,自卯初至日出时俱云阴不见,随于本日具揭回奏。十八日奉圣旨:"朕知道了。钦此。"又本日该钦天监一本,为观候事。二十一日奉圣旨:"月食据灵台官奏卯初一刻初亏忽遇薄云渐布,该监径称云阴不见,何故异同?其食时先后各法不一也,着奏明。礼部知道。钦此。"

案照先时推步本食,据钦天监灵台官俱依郭守敬《授时历》法,初亏在卯初一刻,臣等译撰新法初亏在卯初三刻,《回回历》初亏在辰初初刻。三法之不同如此。至期测候,正欲藉以辨其离合。合则据为准式,离则尚费推求。不意候至卯初一刻,遂有阴云。迄于天明,未见开朗,诸法是非无从征验。该灵台官言先有薄云,后见浓云。该监言云阴不见,灵台语意稍详,而"云阴不见"亦历书成语,略有异同,其实一也。迨奉明旨,该监已经呈部覆奏。但三法不同之因,则历科官生专谙旧法,其习学新法时日未久,未能一一究明,臣不得不代陈之。

盖闻交食之法,先求平朔望,平朔望之算起于历元。今历法本用元《授时历》,以至元辛巳为历元。当时所立四应稍有未合。臣等新法以崇祯元年戊辰为历元。两者相提,已推得旧法后天六十五分,为半刻有奇矣。既得平朔望,以求定朔望,定朔望即日月之食甚定分也。法以日躔盈缩、月转迟疾推其各差,又以两差之较为加减时差,用以加减于平数,得定数焉。昨九月十四日夜望,则太阳在缩历。而《授时》法缩历起夏至,不知日有最高、有夏至,两行异法。缩历宜从最高起算也,惟宋绍兴年间两行同度。郭守敬后此百年,去离仅一度有奇,故未及觉。今最高一行已在夏至后六日有奇,以推缩差,则旧法后天一十八分有奇也。是日太阴在疾历,迟疾之法,《授时》止论一转周,新法谓之自行轮。月自行之外又有两次轮,以次密推,则旧法疾历先天二度有奇。以推疾差,又后天四十分也。次以缩疾两差相较,变为时,而求定望,宜用减法。旧法则一推而得四十八刻九十分,新法再推先得四十一刻一十三分有奇,次得四十四刻八分,两得相较,又差三刻弱。故旧法之食甚定分得二十八刻弱,新法得三十刻弱。以推初亏,则旧法得在子正后二十二刻二十二分,为卯初一刻。新法得在子正后二十三刻五十九分,为卯初三刻。此旧法与新法异同之因也。

若《回回历》又异二法者,臣等实未能尽晓其故,仅知彼历元为阿剌必年,与隋开皇相值,去今一千三十余载矣。年远数殊,意其平朔望亦未合也。即以减分论,则是日太阳缩历在四宫一度,依彼法得缩差一度四十一分,新法得一度四十三分,其差二分。太阴疾历在十宫十七度,依彼法得疾差二度一十九分半,新法得三度六分,其差一十三分半。两差相并,得十五分半,变为时,约彼法在新法后四刻。今差五刻者,意其缘正在历元四应,否则创法之处距西一万余里,或里差又未合也。

　　总之，三家所报，各依其本法。展转推求，乃始得之。不能立异以相矫，亦不能中变以相就。必欲辨其疏密，则在临食之时，实测实验而已。今已往之事无复可论，将来准法似须商求。所宜求者盖有二端。

　　其一曰食分多寡。按交食法中不惟推步为难，并较验亦复未易。臣前疏尝言日食时阳晶晃耀，每先食而后见。月食时游气纷侵，每先见而后食。盖食者，二体相交之谓也。日食既交，因其大光，人目未见，必至一分以上乃得见之。月食未交，暗虚之旁先有黑影侵入于月。及其体交，反无界限，故推步纵无舛谬，而较验多任目任意，揣摩影响，不能灼见分数以证。原推得失，亦无由知。如宋臣周琮所定差天一分以下为亲，二分以下为近，三分以下为远，非苟自恕，盖其术止此而已。今欲灼见实分，有近造窥筒新法，日食时用于密室中，取其光影，映照尺素之上，自初亏至复圆，所见分数界限真确，画然不爽。月食不能定其分秒之限，然二体离合之际，鄞鄂著明，中间色象，亦与目测迥异。此定分法也。

　　其一曰加时早晚。定时之术，相传有壶漏，为古法。近有轮钟，为简法。然而调品皆由人力，迁就可凭人意，故不如求端于日星。昼则用日，夜则任用一星。皆以仪器测取经纬度数，推算得之，是为本法。其验之，则测日有平晷新法，测星有立晷新法。皆砻石范铜，镌画数度节气时刻，一一分明。以之较论交食，皆于本晷之上某时某刻，先期注定。至时征验，是合是离，灼然易见。此定时法也。

　　二法既立，一遇交食，凡古今诸术得失疏密，如明镜高悬，妍媸莫遁矣。然而台官之情甚以此为苦，何者？彼之本法有时先后天一、二刻，或四、五刻，自以为差天至此，不免于罪戾故耳。以臣论之，台官之历，郭守敬之历也。守敬之法，今日之所谓差，当时之所谓密也。

臣尝历考古今疏密之致矣，月食诸史不载。所载日食，自汉至隋凡二百九十三，而食于晦日者七十七，晦前一日者三，初二日者三，其疏如此。唐至五代凡一百一十，而食于晦日者一，初二日者一，初三日者一，稍密矣。宋凡一百四十八，则无晦食，更密矣。犹有推食而不食者十三。元凡四十五，亦无晦食，犹有推食而不食者一，食而失推者一，夜食而书昼者一。至加时先后至四五刻者。当其时已然，至今遵用，安能免？此乃守敬之法三百年来世共归推，以为度越前代。何也？高远无穷之事，必积时累世乃稍见其端倪。故汉至今千五百岁，立法者仅十有三家，盖于数十百年间一较工拙，非一人之心思智力所能黾勉者也。守敬集前古之大成，加以精思广测，故所差仅四、五刻，比于前代洵为密矣。若使守敬复生今世，欲更求精密计，非苦心竭力，假以数年，恐未易得。何可责于沿袭旧法如诸台臣者乎？今食分、加时并如臣等新法，较勘则差殊毕露。倘遂以此为诸臣罪，能无惶怖，能无畏葸？然而实非彼罪，即加之谴责，亦付之无可奈何而已。事有非力所及者，亦古法所必宽也。岂惟诸臣，即臣等新法遂成，似可悉无前代之误。乃食限或差半分上下，加时或差半刻上下，虑所不免。惟是臣等不敢以差自安，亦不敢以差自废。正须缘此微差，溯厥因起，别求新意，据理改定。臣所惧者，诸臣以惶恐畏咎之心，坚其安习溺闻之陋。臣等书虽告成，而愿学者少。有倡无和，有传无习，恐他日终成废阁耳。伏望圣明察其从前之失实非由己，开其向往之路，嘉与图新。即有疏远，且勿遽加罪谴，但令陈说所以然之故。有能精习透晓者，量加优异。久而不谙，罚亦随之。将必有翘然杰出，明羲和之大业，应唐虞之景运者矣。

若日晷、星晷、窥筒三器者，局中所用，体制甚小工，作尤粗。倘须上尘圣览，则模式应加广长，赋列应加精赡，其费亦不过数十金耳。如蒙赐俞，容臣等仰遵前旨，仍于户、工二部事例银内咨取，令在局诸臣募工备料,造成恭进,伏候敕旨,臣无任悚惕待命之至。为此具本,谨具奏闻。

崇祯五年十月十一日具奏

十五日奉圣旨:"览卿奏月食先后,各法不同缘由,及测验二法,考据详悉,朕知道了。即着传示监局官生,依法占测,务求至当,以称朕钦若授时之意。日晷等器如议制成进览。该部知道。"

崇祯五年十月十一日徐光启再奏本

礼部尚书兼东阁大学士臣徐光启谨奏，为修历缺员，谨申前请，以竣大典事。臣于崇祯二年七月十四日钦奉明旨，督领修正历法事务。中因房警①辍业，至三年八月续理前绪。四年正月二十八日以后，三次进过历法书表共七十二卷一折，于日躔、月离、恒星经纬、日月交食各种法义并立成数目，略已具备。所少者，止日食一卷，及五星经纬、交会。以较全功，则未完者约四分之一也。猥以疏庸仰蒙特简入阁办事，控辞未遂。迄今五月，竟不能复寻旧业，止令在局陪臣②、该监官生并知历人等推算，得各色立成表二十余卷，译撰得日躔、交食及土、木、火星历指稿草六卷。内立成表则诸臣自能详加磨覆，陆续缮写。惟历指谭述法意，义多奥赜，臣不在局，尚未能修润成

---

① 《西洋新法历书》本改"房警"作"兵事"。
② 《西洋新法历书》本改"陪臣"作"远臣"。

书也。臣曾于崇祯三年十二月初二日以协修缺员具奏请补。奉旨下部，至今未得其人。今者日多草创，而莫为成全。恐稽大典，则用人一事似属难缓。但治历明时，古昔视为鸿巨。故前汉首用丞相张苍，而近代著作有以宰相、枢密主领裁奏于上，太史令、丞等测验推步于下者，诚重之也。方今在任大臣既各有本等职掌，外臣之中臣所知者，如山东巡抚朱大典、陕西按察使李天经，又有封疆方面之责，不得不于庶僚草泽中求之。是以广咨博访，徘徊数月。今看得原任监察御史告病在籍金声，思致沉潜，文辞尔雅，博涉多通，兼综理数，堪以委用，使居讨论修饰之任，其遣文析义，当复胜臣。若已成诸书，方令该监官生渐次学习。中间会通二法，亦须甄明大意者，为之董率。臣又看得原任诰敕房办事大理寺评事、今听降王应遴，学亦通综，且数请修历，屡疏奉旨在部可据；用之率领官生，可以集事。且此二臣者不烦征求，不增资费。在金声病已痊愈，乞敕下都察院，催取赴补，便可前来。在王应遴见在候缺，亦乞敕下吏部，量与相应职级，使之供事。倘得此两臣在局，而臣亦时加稽核，即前项未完书表，可计期告竣矣。若草泽中未必无人，臣所求惟取好学深思，心知其意，试有征验者，方敢上闻，今未敢滥及也。臣不胜惶悚待命之至，为此具本，谨具奏闻。

崇祯五年十月十一日具奏

十五日奉圣旨："该部知道。"

一二

崇祯五年十月二十七日张守登奏本

　　附①钦天监监正张守登谨奏,为遵旨回奏事。本年九月十四夜望月食,云阴掩覆,未见亏形。仰遵明旨,责令回奏。臣等随将云阴异同之故具呈礼部,代题奏闻。随于本月十二日奉圣旨:"据该监称,月食云阴不见,有无别法考求,着他确议来说。以后凡遇交食,该部先将各法异同一并开写来看。临期如法测候,证定疏密,分别具奏。钦此。"该礼部移文到,臣捧读严纶,不胜惶惧。随行观候官详查当日月食云阴不见,有无别法考求,据实呈报,以凭回奏。随据该在台值日官王烨等呈称"职等推步交食,惟遵历元成法,此外无敢臆测。其本年月食,届期委属云阴掩蔽,无从测验。本科株守沿袭旧法,并无别法可以考求,亦不敢妄为拟议。惟是四方云阴不覆之处,尚有能见食者,或可遍询而得之也"等因,到臣,该臣等看得交食之分数多寡,惟

---

① 《西洋新法历书》本无"附"字。

以人目为据。而人目所见之亲切，必以天气之清朗为真。是夜月食初亏，在臣监依郭守敬旧法算在卯初一刻，辅臣徐光启依西洋新法算在卯初三刻。及临测验，臣监在城东隅星台，辅臣在城西隅星台，相距约十里，而两处并为云阴掩蔽，不见初亏。原推虽差二刻，所见实出一揆。盖《授时》固有岁差、里差之异，而臣监实不能通融其法。西法以真会、似会为算，于此事似颇搜探其根。今臣已遣所属官生诣局学习新法，以详究异同之源，庶自今以后之推算或可订其疏密也。若于无别法中而臆度为法，无可确议中而妄揣为议，此则臣所不敢出矣。但云阴因地气上蒸，普天之下尚有云所不蔽之处。故宋司马光言，京师不见，他处必有见者。伏乞敕下礼部，行文近畿数百里内各府，各将前九月望卯初一刻月食有无云阴，曾否见食，据实回奏。纵时刻未得的确，其食与不食必可知也。若数百里内悉皆隐蔽，更移文远方，亦必可考而知也。若臣才识浅劣，伏望圣慈赦宥优容，臣不胜惶悚待命之至。

崇祯五年十月二十七日具奏

十一月初八日奉圣旨："该局既有新法，着行习学。参验有无吻合，仍行查前时月食晷刻分数详报。礼部知道。"

崇祯六年历局官生复魏文魁书

钦天监在局学习官生周胤、贾良栋、刘有庆、贾良琦、朱国寿、潘国祥、朱光显、朱光大、朱光灿等议①

访举庠生邬明著参订

客有传魏处士《岁余气至考》,专排本局新法。吾辈以为议论异同,岂无一、二可相印正者?宜并存之可也。既而详核其说,不过冬至、交食两事,则前《学历小辩》论之悉矣。彼于辩中旨义茫然不解,

———

① 此篇原被历局编入《学历小辩》,现据其时间移植于此。梵蒂冈图书馆藏明刻本《学历小辩》未收此篇,此篇据《西洋新法历书》本补录。

遂不能节节置对，但为模棱笼统之说，曰某法合天，某法不合天，某法先天，某法后天。至天之所以先与后，法之所以合与不合，只字不及也。倘然无说，彼便诧为己胜，不将使实理为强词所晦耶？共议条答应之。或曰是者心口如铁石，无隙可通，岂箴砭所能至乎？余辈曰：不然，向者己巳之岁，部议兼用西法，余辈亦心疑之。迨成书数百万言，读之井井各有条理，然犹疑信半也。久之与测日食者一，月食者再见，其方位时刻分秒无不吻合，乃始中心折服。至迩来奉命习学，日与西先生探讨，不直谱之以书，且试以器。不直承之以耳，且习以手。语语皆真诠，事事有实证。即使尽起古之作者共聚一堂，度无以难也。然后相悦以解，相劝以努力。譬如行路者既得津梁，从之求进而已。若未入其门，何由能信其室中之藏。吾辈非昔日之魏子耶？请以所闻于先生者，就来语开说一、二，聊当耳提。处士学久功深，倘得幡然觉悟，即吾辈之朝斯夕斯，上可不负简书者，此非其一班乎？即不其然，而以公诸人人，使夫有志斯道者共论定之，正如引流饮渴，酌者必蒙其润，岂必魏子？众以为然，因共札记，凡得若干则如左。

一，治历者先立历元，定四应分，各策皆平行数耳。欲求定数，必因积测，用法算立术以加减其平行乃始密合于天行焉。有不合者，更测更算，必合乃已。此非一人一世之功也。今处士自云一测即得，甚易已，第未知处士之历先有法而后测乎？抑先测而后有法乎？若先法后测，是为合以验天，非顺天以求合矣。若先测后法，恐管窥蠡勺数十年未或阋其藩篱也。试为之，当自知之。跬步未涉者，乌能知泰山之巅非一蹴可致耶？古来造历者七十余家，立法者十有三家，是皆觉有乖违，随即因而改宪。其所更定撰次无不释回增美，多于前功，且皆生有奇抱，兼饶学力，故能为时主所信用，后世所传称。顾未闻其专诇已长，恣弹先阙，良以创始难工，谊不忘其所自耳。今处士所用立成悉皆古来旧法，何尝自设一术，自布一筹，而乃排斥名贤，遽谓前无作者，此盖未能尽羿之道，遂关射羿之弓。又何怪同时嫌忌，如西国先生者见诋以戴法兴乎？法兴实不胜祖冲之，故有当时之诎。今试根极理要，推寻事验，孰戴就祖，尚未知所定，抑何言之易耶？法兴所说，持之有故，不遇正术，固自斐然，恐亦未便可轻也。

一，盈缩、迟疾、加减等三差表，为算交食之根本。旧传立成表悉不合天，今细查《历元》《历测》所载太阳盈缩三差从冬至起至第六段已差三十二刻，而测冬至之差不与焉，其各段所差又复多寡不一。是皆因仍旧法以为已有，不一改正，则每日所推太阳细行悉无合者。至交食加时所差，更多矣。曷不反覆抽绎，从实际探讨，以求万一之是，而纷纷尚口，当复何益？

一，测景以求冬至，从来作者用为造历权舆。然三景所得，实与天行不合。近罗先生撰《揆日订讹》一卷，论之晰矣。倘前后二景不甚相远，即所差无几，聊可用之。其他正法甚多，未易殚述。总之不论何法，惟揆日景不得为求冬至之法。盖定冬至必为最长之景，而最长之景每岁无定率也。是故从古历学每论求冬至刻分以取岁实，俱言难定。即处士《历元》中所测二、三年，已成参错。《小辩》核之，有得有失，亦一一可考。《大明历》合者一，郭太史《授时历》、邢观察《律历考》各有合者，惟处士所测遂无一合，殆是任意揣摩，非由实测，或因村落草创圭表未精故也。试以勾股割圆二术面相筹算，是非立见矣。又漫言某先某后，惟己为独得，岂好高使气者能使日再中乎？

一，处士言日食分数止论京师，不论各省直，异哉！自黄帝以来至于今四千余年矣，正闰殊统，南北东西殊地，而皆有历，将悉从燕冀授术乎？将各就其国都立术乎？抑一方所立可概普天之下乎？史书所载，有食在晨见于东，食在夕见于西者。有南北所见多寡不同者。不数考诸方之异同，何由得此方之必合也？呜呼！九州万国，周环大地，一一知其入限有无，食分多寡，加时早晚，先言后验，若合符契，则目之为小技；拘虚局见，宝为家珍，且复论而不推，推而不效，则以为大经大法，此可谓明于大小之辩者乎？若处士者亦幸而生当今之世，近圣①人之居，故得凭藉金、元旧法，自为满足耳。试令生洪武之时，将用何术从留都推算。又或居滇粤之地，将用何术从本乡测候也？古云南北不同分，东西不同时。又云月食天下皆同，日食九服各异。是皆历书之言，处士自云何处搜寻不到，乃独遗此数语耶？《律历考》篇帙稍繁，搜括亦备，竟未见创一新法、说一大义、造一用器，有可为革故鼎新之助者。是故不知者河汉其言，以为自成一家。其知者以为皆古人之糟粕也，而欲守此以裁成大典，沮抑方来，吾见其穷已。

一，崇祯四年十月朔日食，先报后验，通都共见。乃处士先推九十七秒，后来直云不食何也？是日百司奏鼓，兆人属目，果不食言食，历官安所逃罪？圣②明在上，谁为掩护而获免耶？若夫密室测量，盖因阳精炫耀，非人目可当，初亏时率多未见。或用水盘映照，则免于闪烁，又苦动摇。故善巧者设为此法，用素板作圆，界画分秒，以承日光，则亏复初终、分数多寡灼然不爽。所取于密室者，窥光自暗，倍蓰分明，即窨井茂林日中见星之义。僧寮中或为幽房通隙，以受塔影，亦此理也。于时寓目者有周农部名天祚、李仪部名长德及王光禄应遴、陈中翰应登，本监在局学习官生佥共赏叹，以为见所未见。此外邻近来观者，未易缕数。又同日于本台依法测之，所见同。礼部及观象台官生以水盘照之，所见亦同。何独处士一人未见耶？所以然者，似因原推本无定据，中心惶惶，幸其不食。年高目眩，临时未获谛见，而旁人见者惧于逢怒，谀言迎合，遂信以为真，强词附会耳。然而遽形笔札，指通国所见者悉云非是，斯误甚矣。凡处士之护前自用，强

————

①② "圣"字据日本东北大学附属图书馆藏抄本补，《西洋新法历书》本此处挖改为"○"。

人从己,皆此类也。自欺欺人,竟谁属乎?

一,万历四十年壬子五月朔日食,处士称测候不食,是也。第未知本时候得耶?抑先时推得耶?若本时候得,则人人能言之,又何足论。若先时推得,曷不明言其所以然也?依本局新法,是日定朔为算外酉初二刻。于时太阳躔实沈宫九度八分,未至地平十九度有奇。日入戌初一十九分,距定朔得一小时四十九分,而太阴亦未至地平十九度,此实食也。论视食尚有高卑差约一度,于时太阴日行十二度,约二小时行一度,今差一度,变为二小时,以加定朔,并得戌初初刻三十分,则太阳已入地,故不可得见也。又此时太阴在阴历,离黄道四十分,而实沈宫当正降,故在顺天府即日未入亦不能相掩。若西国,则罗先生亲候得午正刻食甚六分有奇,盖东西不同时,此其一征已。

一,黄、赤二道广狭不同距,升降不同分。旧传距度等表殊多舛谬,处士以为无庸改乎?奈何因仍用之?夫造表之法,无论术不能强立,义不能妄言,即黄、赤道以一弧求一矢,如处士所抄,集古术必用四十余法而得一率,则造一小表,亦将抑首终岁,其难甚矣。若局中新法一弧一矢,特用乘法一次便能得之,终岁之功一日可了,此其繁简巧拙,相去几何。如处士是己非人,必欲舍而从彼,则局中所撰新法立成其种以百计,一种之率大者以万计,倘用其旧术,当聚数十人推算,二、三百年乃可竣事,将何以应明①诏称任使乎?

一,闻处士以占候自命,未知果否?果尔,则七政之学尤宜虚心究之。何者?日月五星经纬度数及其次舍、冲会、合照、凌犯与人物为征应,实占候家之准的。若言会而实未会,言合而实未合,则一切吉凶祸福,孰从论之?设遇夫晓达象纬者又孰肯信之?今者徐察其

---

① "明"字据日本东北大学附属图书馆藏抄本补,《西洋新法历书》本此处挖改为"○"。

语言文字，恐分宫赋度或未能尽合天行也。何者？元监正未能为五星，即郭太史亦然。今所传九曜法犹是古来相仍旧贯，两家特传录其书耳。处士之书亦复如是观，其所争四余岁实尚作小余二四三六，则是五百年前之术也，而欲以推今之星躔经纬，其能合乎？今本局所造皆崇祯元年之数，历兹六载，已有微差，特未及岁岁更定耳。而漫录五百年前之术，用强求胜，吾弗知之矣。如必自以为是，请先指一星，推定某日时刻与某星会于某宫某宿若干度分，内外去离若干度分，至期与众共验之不亦可乎？果其屡试不差，乃可得言禨祥矣。更据理论之，礼祥者，《周礼》保章氏之职也。其言不传于今，则为天文科所传之书绝不雅驯，仍无义据，盖辽、金以来星翁卜师之妄作耳。此律法所正禁，达识者羞称也。无已，则有二焉：其一推人生命，知其禀受，刚柔善恶，可用以矫偏克己；其二推岁月时令，知其水旱丰凶，可用以豫备修救。此于身修国治不为无补，儒者亦或用心焉。顾非精研熟究，分秒不失，未免喜畏淆杂，凶吉倒置矣。即使悉无乖舛，其所诠说尚多有不验者焉。是以智者讳言之。

一，东西差变为南北差，《学历小辩》中无是语也，第云南北一差大半变为东西差耳。此理精微，盖必千百年积候、千万里互证方能推究。若骤语之，虽聪明绝世，未易悬晓其然不然也。敢以过望于处士乎？脱欲知之，则宜用浑仪等器，耳提面命，以彼积学，当能了然。若以黄道九十度为时差中限，理亦如是。但恐满志盛气，已所未知便是必无之理，则所谓山中人不信有鱼大如木耳。老而好学，如灯烛之光，吾辈甚为处士望之。其如不就何？己则不就又欲使人舍而信彼，去昭昭入冥冥，谁能听之哉？

一，日食距交限，《学历小辩》中用崇祯四年十月两食之数，剖晰极明。处士何惜一览耶？尚执阳六、阴八之旧法，以为必然不易也。

夫阴历十七度、阳历八度不自西法始，《大统历》亦然。处士所抄纂者皆《大统》法也，而于日食第三推亦未之见，尤异矣。今采录如左：

《大统历》推日食在正交、中交限度法曰：视其推得交定度全分，如在七度以下，或三百四十二度以上者，皆为食在正交。依此则正交前七度、正交后二十二度为食限。何者？置三百四十二度以减全周三百六十四度，余二十二度，则将满全周二十二度入食限也。又曰：如在一百七十五度以上，或二百零二度以下，皆为食在中交。以上两数相减，得二十七度，即中交前后两食限并也。又置一百七十五度以减半周一百八十二度，余七度，与正交等。又置半周一百八十二度以减二百二度，余二十度，则中交前后两食限为七、为二十也。

一，古称议礼之家，有如聚讼，惟历亦然。顾惟历家是非特为易辨。何者？讼必决于证佐。他证佐，未足可信也。历以七政为证佐，无不可信者矣。今欲追天以求决定乎？《小辩》固云"日日可推，夜夜可验"。但恐处士于恒星五星之学未能深入，不应傲之以其所不知。独交食法，其所侈言。而来年甲戌岁适有三食，处士亦推得复圆时刻，特未详耳。倘必以己法为是，请与本局各细推诸草，密封送礼部礼科，以待临期测候，疏密自辨矣。他诸论撰亦各悉心努力，作为成书，传之其人，自多识者，何烦口说也？呜呼！茫茫区宇，才不绝世。人人各有耳目，岂其一手可能掩蔽。人人各有心思，岂其一怒可能降伏耶？

崇祯六年金声奏本[①]

辞谢起补修历疏 癸酉

臣遭际圣明，拙忠不效，不幸负疾，乞骸归田。叨蒙皇上矜全，不即废弃，许令首丘得就医药。臣归之日，泣见老亲，恍若隔世，北谢天恩，感赐余年。虽伏枕一丘，报国之忱耿耿不堕，至于侥幸痊愈、旦夕就官之念，则断断不忍起。臣之自知，甚于人之知臣，死不敢假爱恋君父之心，以不胜任之身冒不易称之职也。今辅臣徐光启以修历乏员，或传臣病痊，漫及疏庸。仰荷俞旨，臣闻命之日心怔若捣，臣之父母踧踖忧惶，若无所措。臣叨归幸生，得不陨越，安敢上欺宸聪，尚称危笃？如云潦倒床褥间者，而神气耗竭，实未痊复，痰火眩晕，不时剧

[①] 本篇据《金正希先生文集辑略》补录。

发。居平怯思健忘,如石如鹿,饵药省虑,仅足自存。况历数大法,古以宿学久竭精思,方得就绪,今之辅臣诚哉其人。至于海内不乏耆儒,如臣碌碌疏浅,重以结疾,素学既不深入,思力又难致精,顾瞻斯任,岂啻负山?臣君恩结念,孤志不蒇,日夜自调,静阅今古,期以时日深永,驯得身强,并冀学成。敢望皇上特恩宽以期限,臣得逾强仕之岁,及服官政之年,而后东西南北,死生赴之,不敢有爱。乃今国事多艰,未可辄以一人而开群臣自便之门,既不堪任,应终废锢,臣获大造曲全。臣虽居田,亦当拚此身心,学道著述以助圣化,誓于此生随地致力,图报少效,而后敢死。统祈皇上鉴原,臣曷胜恳切请命之至!

崇祯六年金声上徐光启书①

上徐玄扈相公

伏惟太老师阁下：身倡绝学，道济苍生，怀千万世之心，应五百年之运，材笃器使，广益集思，如声孤陋，幸依末光，感服明德，未尝去心。顷乃以经天大事，收及病废，奖借称誉，溢迈常分。遂俾小子滥侥新命，自顾朴樕，何具何因，辄以疏远，膺宠君相，固宜矢竭才分，力图报称，即日就道，兼程赴阙！而有不能、有不忍、有不敢，敢布微忱，上恳宽放。声不幸负疾，伤在神气，蒙圣恩放归，偃息二年，仅可不死。而火症时作，痰根不拔，虽其寻常无事，尚不耐思虑，不任劳苦。开卷未几，辄欲瞑目，对客语多，即时委顿。况于长安鞍马风尘之间，

---

① 本篇据《金正希先生文集辑略》补录。

何以自支？定旷厥职，速戾厥躬，声不足惜，奈负明举！又声思路本粗莽疏阔，敬服西儒，嗜其实学，乃在理道及修行法律。至于象数，全所未谙，即太老师所译《几何原本》一书，几番解读，必欲终集，曾不竟卷，辄复迷闷，又行掩置。况历法渊浩，对以浅思狭识，将若编簣移山，卷叶竭海，此其所不能也。老父今年行年七十有二，老母六十有三，并多疾病，备尝衰苦。往以声不度力，漫蹈凶危，痛苦幽思，几绝而苏，幸生相见，有若再世。今蒙君相拔置，虽坐理清业，要当捐弃庭闱，绝裾而来，风烛草露，肠裂心酸，一日九回，何以堪忍！且又有疑忌分应迟回者，声之谬膺斯举也，非声有干于左右；太老师之偶以声承乏斯职也，亦非太老师有私于不才。甫闻邱报，惊出望外，既复念之，实冷然喜；喜兹上下之间，庶几古道之遗，知己恩遇，应足千秋。而流俗之人，或有猜度，以为卧病之人，藉此出山；或谓声为禄位，乃以学术依附明公。如此讥嫌，本不足惜，然而声于此则有所不敢也。况声近发薄愿，不自揆度，欲倡明大法，尽区区笔舌，将次第译授西学流布此土，并为人广细宣说。此非十年不仕，优闲专精，未易卒办；非身竖坊表，力存砥柱，出处进退之间，卓然有以见信于天下，亦未易径牖人心，遽信其书及其言也。故声今日辄为大道计，声处或流通有日，声仕恐阐明无期，虽微前三者，太老师救世心切，尚应念之。声曷胜恳笃之至！

崇祯六年九月二十九日徐光启题本[1]

太子太保礼部尚书兼文渊阁大学士臣徐光启谨题，为月食事。窃照崇祯七年二月十五日壬申夜望月食，其分限分秒并起复方位例应先期上闻。除《大统》《回回》二历近经钦天监具题外，臣等新局诸臣所修交食历稿业已就绪，谨依法推步，将所得诸数逐一开坐，并具图像，进呈御览。伏乞敕下该部，至期令监督等官并臣局陪臣官生，各如前测候奏闻施行。原系月食事理，未敢擅便，谨题请旨。

计开：

崇祯七年二月十五日壬申夜望月食分秒时刻并起复方位：

月食九分二十一秒，

　月未入已复光约九分，

　月已入未复光二十一秒，

---

[1]《西洋新法历书》本未收此篇。

是日日出卯正二刻内五十五分五十五秒。

初亏丑正三刻内五十七分五十二秒，月在地平上高三十八度一十分；

食甚寅正三刻内二十二分四十六秒，月在地平上高一十八度四十四分；

复圆卯正二刻内九十二分三十八秒，月在地平下。

共食限内一十五刻三十四分八十六秒。

食甚日躔黄道娵訾宫二十四度二十六分三十六秒，为室宿六度二分；

月离黄道鹑尾宫二十四度二十六分三十六秒，为翼宿五度四十六分；

日躔赤道室宿一十二度四十八分；

月离赤道翼宿一十三度五十四分。

月离纬度：

初亏距黄道北三十三分八秒，

食甚距黄道北二十八分二十九秒，

复圆距黄道北二十三分一十九秒。

各省直初亏时刻：

京师顺天府，丑正三刻内五十七分五十二秒；

南京应天府、福建福州府，丑正三刻内八十四分三十秒；

山东济南府，丑正三刻内二十二分八十秒；

山西太原府，丑正一刻内九十分八十五秒；

湖广武昌府、河南开封府，丑正二刻内五十三分三十五秒；

陕西西安府、广西桂林府，丑正一刻内二十一分四十一秒；

浙江杭州府，丑正四刻内二十六分九十六秒；

江西南昌府，丑正二刻内八十八分八秒；

广东广州府,丑正二刻内一十八分六十三秒;

四川成都府,丑初二刻内九十六分四十一秒;

贵州贵阳府,丑初三刻内九十三分六十三秒;

云南云南府,丑初一刻内八十五分二十九秒。

崇祯六年九月二十九日具

十月初四日奉圣旨:"是,礼部知道。"

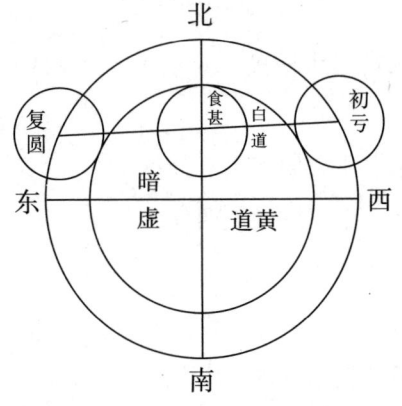

崇祯六年九月二十九日徐光启奏本

太子太保礼部尚书兼文渊阁大学士臣徐光启谨奏,为历法修正告成,书器缮治有待,谨申前请,以竣大典事。臣于崇祯二年七月十四日钦奉明旨,督领修正历法事务,仰体皇上钦若敬授至意,广集众思,求底成绩,已经进过历书七十四卷。猥以疏庸,荷蒙特简入阁办事,会因阁务殷繁,不能复寻旧业,止于归寓夜中篝灯详释,理其大纲,订其繁节,专责在局陪臣①、该监官生并知历人等,推算测候,业已明备,少需时日,将次报竣。不意臣以衰龄,婴此重证,犬马之力已殚,痊可之期尚遥。新成诸书共六十卷,如《黄平象限》共七卷,《火、木、土二百恒年表》并《周岁时刻表》共三卷,《交食表》共四卷,《交食历指》共三卷,《交食诸表用法》共二卷,《交食简法表》共二卷,《五星图》一卷,《木星加减表》一卷,《方根表》二卷,《土星加减表》一卷,《日

---

① 《西洋新法历书》本改"陪臣"作"远臣"。

躔表》一卷,《五纬总论》一卷,《日躔增》一卷,《恒星总图》八幅,已上三十卷,略皆经臣目手,业已誊缮。如《火、土、木经度》三卷,《三星纬度》一卷,《三星表用法》一卷,《三星纬表》一卷,《日躔考》二卷,《交食蒙求》一卷,《夜中测时》一卷,《古今交食考》一卷,《日月永表》二卷,《金、水二星历指》二卷,《日月五星会望弦等表》一卷,《火星加减表》一卷,《金、水二星表》四卷,《高弧表》五卷,《甲戌、乙亥二年日躔细行》二卷,《恒星出没》二卷,已上三十卷,尚属草稿,内经臣目者十之三、四,经臣手者十之一、二,亦可续写进呈。其余卷帙及教习官生续制仪器并料理旁通诸务,尚须择人省成,恐局无职掌,或致中废。臣于崇祯五年十月以协备缺员具奏请补,奉旨下部,以山东巡抚朱大典、山东参政李天经、山东道御史金声等堪以委任,曾经具题。内金声复经部覆咨催,今闻声实患病,不能前来。局中臣工,岂能坐待,不得不复理前说。但朱大典见有冲藩重寄,势难移动。惟李天经分管税粮,在彼亦腹背之羽,非当六翮之用,稍为更置,似亦无难。而博雅沉潜,兼通理数,历局用之尤为得力。伏乞敕下吏部,将该道别行推补。李天经则议其事任,或以原官量兼京衔,或以铨法改补京秩,使之供事。则以讨论修饰之任,更兼承前启后之责,行见皇上敬天立极之鸿摹,授时熙绩之令范,永有光于万世矣。臣不胜惶悚待命之至。

崇祯六年九月二十九日具

十月初四日奉圣旨:"览奏具觇勤恪,书成次第进览。李天经着吏部议覆。卿还慎加调摄,痊可即出佐理,以慰延伫。该部知道。"

崇祯六年十月初六日徐光启奏本

太子太保礼部尚书兼文渊阁大学士臣徐光启谨奏，为治历已有成摹，课功会应严核，谨将在事臣工分别上请，恳祈恩叙，以光大典事。臣才识疏庸，滥膺重任。钦承明旨，修正历法。夙夜殚竭，四载于兹。业与该局陪臣①及知历官儒等修改测候，译书造器，如从前进过历书，及昨报完历书，并前后所造仪器，已经上闻，行尘②御览。特以微臣卧病私室，药石罔效，日致尪羸，恐难终事，故请补缺员。蒙皇上俞允，下部议覆矣。第见在臣工，勤敏有加，劳瘁堪录。惟臣察之最审，考之允当。苟不及臣目睹身承之日陈其万一，设朝露忽溘，后事之臣谁有为皇上请者？敢分别叙之。

---

① 《西洋新法历书》本改"陪臣"作"远臣"。
② 《西洋新法历书》本改"行尘"作"用尘"。

如陪臣①罗雅谷、汤若望等，撰译书表，制造仪器，算测交食躔度，讲教监局官生，数年呕心沥血，几于颖秃唇焦，功应首叙。但陪臣②辈守素学道，不愿官职，劳无可酬。惟有量给无碍田房，以为安身养赡之地。不惟后学攸资，而异域归忠亦可假此为劝。

知历生员邬明著、访举儒士陈于阶等，思精推测，巧擅绘制，书器方藉前劳，讲解正需后效，所当照纂修办事例优叙者也。

知历人如生员程廷瑞、孙嗣烈、孟履吉，监生李次彪、访举儒士杨之华、祝懋元、张寀臣、黄宏宪、董思定、李遇春、赵承恩等，同心绩学，殚术承天。十狐之腋堪裘，众集之思成益。所当照纂修效劳例量叙者也。

原任大理寺评事、今带衔光禄寺录事王应遴，武英殿办事中书陈应登，督率官生，参订讹正。武举魏邦纶，测算明晓，堪备策使。三臣著声勤慎，所当同行优叙者也。

其该监官生，如右监副戈承科、秋官正周胤，原任五官保章、今降充天文生朱国寿，五官保章正刘有庆、中官正贾良栋、候缺保章正贾良琦、博士朱光显、天文生朱光灿、朱光大等，勤学可嘉，俟学习完日另叙。

伏念奏绩课成，论功行赏，从来尚矣。况敬天勤民，攸系更重。如唐历《大衍》，一行造之，七年而稿成；元历《授时》，守敬造之，十年而书进，未有子来遄成如今日者。测验推步，上合天行。讲究著述，下穷人巧。日成月要，不敢悠忽而隳庶工。费省工良，共效精勤而襄巨典。诚举局之光，一时之选也。伏乞圣明俯赐鉴裁，敕下该部，分别纪录，事完议叙，以彰激劝。臣无任惶悚待命之至。

崇祯六年十月初六日具

十二日奉圣旨："该部知道。"

———

①② 《西洋新法历书》本改"陪臣"作"远臣"。

三

崇祯六年十月初七日徐光启题本

太子太保礼部尚书兼文渊阁大学士臣徐光启谨奏，为进缴敕印，开报钱粮，以清历务，以完臣局事。臣叨受圣恩，兢兢拮据。不意劳瘁之余，交加疾痛。高厚未效，涓埃犬马，将填沟壑。言念及此，惟有涕零。如历法重务，虽幸告成，而未了规摹，尚须善后。荷蒙皇上俞臣所请，将李天经下部议覆其督领历局。印信一颗及谕臣敕谕一道，臣应先期奏缴，俟接任官到日另行奏请改给。至于钱粮一项，自崇祯三年正月至崇祯六年三月，共领户、礼、工三部咨到银八百七十余两。臣逐项自行料理，纤悉明备，已开细数，封贮公所。因进内仪器正在鸠工，难以遽行销算，俟接管官逐件查对奏缴。臣敢先以总数报闻，恐溢露不免乎朝夕，漏卮或误于将来，则臣从来矢公节省之意，钦天报主之诚，两失之矣。伏祈皇上敕下该衙门验收在案，谨将敕谕印信差钦天监博士朱光显赍送到阁，候旨施行。臣不胜惶悚待命之至。

崇祯六年十月初七日

本月十二日奉圣旨:"敕印着该衙门验收,其钱粮用完,接管官奏销。该部知道。"

崇祯七年二月初八日李康先等题本①

礼部尚书臣李康先等谨题，为督理久缺，日食稽报恳乞代题，以光巨典事。祠祭清吏司案呈本年正月二十八日奉本部送，据钦天监原任五官保章、今降充天文生朱国寿，五官保章正刘有庆、中官正贾良栋等呈称，"寿等奉旨入局学习新法，曾经习授日躔细行。至交食等项，因候督理，尚未全习。旧年九月内奉敕，督修历法辅臣徐光启以抱恙请代，具题山东督粮参政李天经前来任理，已奉俞旨，迄今未经吏部题覆理事，所有该局新法推算到本年二月月食已经辅臣预期报闻，而三月初一日日食亦因督理缺官，未经奏闻。今据该局陪臣罗雅谷、汤若望等所推新法日食省直异同分秒并绘图式，呈乞代题"等因，到部送司，案呈到部，看得本年三月初一日丁亥朔日食，除钦天监推算奏请通行天下外，据该局官生呈报省直时刻分秒并绘图式前来，

---

① 《西洋新法历书》本未收此篇。

相应具本恭进,仰尘睿览,谨具题知。

计开:

历局依新法推算到崇祯七年三月初一日丁亥朔日食分秒时刻并起复方位:

京师顺天府见食六分〇二秒。

初亏辰正四刻内二十五分一十一秒,西北;

食甚巳初四刻内六十一分三十四秒,正北;

复圆午初一刻内三十九分二十三秒,东北。

共食限内九刻一十四分一十二秒。

食甚日躔黄道经度降娄宫八度三十〇分,

日躔黄道壁宿四度二十九分,

日躔赤道壁宿九度一十四分,

食甚月纬度距黄道北实行五十六分〇六秒,

月纬度距黄道北视行一十三分一十四秒,

初亏太阳出地平高三十二度四十二分,

食甚高四十三度二十五分,

复圆高五十一度五十〇分。

各省直食甚时刻分秒:

京师顺天府,巳初四刻内六十一分三十四秒,见食六分〇二秒;

南京应天府,巳初四刻内七十〇分一十三秒,见食三分九十八秒;

山东济南府,巳初四刻内二十二分四十五秒,见食五分一十二秒;

山西太原府,巳初二刻内五十七分六十三秒,见食六分一十四秒;

陕西西安府,巳初一刻内二十七分七十八秒,见食五分七十三秒；

河南开封府，巳初三刻内三十〇分二十一秒，见食五分四十六秒；

浙江杭州府，巳正一刻内一十二分二十七秒，见食三分三十〇秒；

湖广武昌府，巳初二刻内九十六分四十一秒，见食四分六十四秒；

四川成都府，巳正三刻内一十九分二十一秒，见食四分九十一秒；

福建福州府，巳初四刻内五十〇分三十五秒，见食二分二十一秒；

广东广州府，巳初一刻内九十〇分九十九秒，见食二分九十一秒；

云南云南府，辰正一刻内四十七分一十一秒，见食四分五十八秒；

广西桂林府，辰正四刻内七十二分九十一秒，见食三分四十〇秒；

贵州贵阳府，辰正四刻内〇分九十二秒，见食三分五十〇秒；

江西南昌府，巳初三刻内二十四分〇七秒，见食三分六十二秒。

崇祯七年二月初八日具

十一日奉圣旨："知道了。李天经着速催到任督理。"

本日见食分数详《古今交食考》。

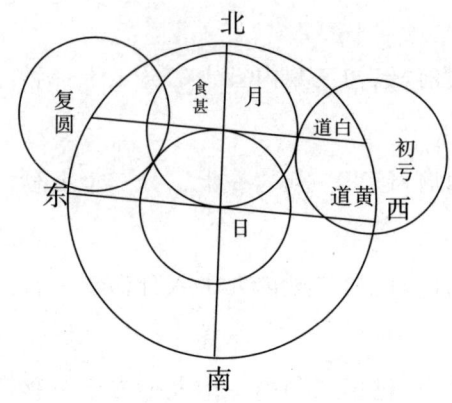

崇禎七年二月初八日李康先等題本

一三七

崇祯七年二月李长庚等题本①

　　吏部尚书臣李长庚等谨题,为督理久缺,日食稽报恳乞代题,以光巨典事。文选清吏司案呈,崇祯七年二月十二日奉本部送吏科抄出太子少保礼部尚书兼翰林院学士加俸一级李康先等题前事,内称"祠祭清吏司案呈本年正月二十八日奉本部送,据钦天监原任五官保章正、今降充天文生朱国寿、五官保章正刘有庆、中官正贾良栋等呈称,'寿等奉旨入局学习新法,曾经习授日躔细行至交食等件,因候督理,尚未全习。旧年九月内奉敕,督修历法辅臣徐光启以抱恙请代,具题山东督粮参政李天经前来任理,已奉俞旨,迄今未经吏部题覆理事,所有该局新法推算到本年二月月食已经辅臣预期报闻,而三月初一日日食止因督理缺官,未经奏闻。今据该局陪臣罗雅谷、汤若望等

---

① 《西洋新法历书》本未收此篇。题本后面未注明上奏日期,据奏疏内容推定应为崇祯七年二月十二日到三月初一日食发生之间。

所推新法日食省直异同分秒并绘图式，呈乞代题'等因，到部送司。案呈到部，看得本年三月初一日丁亥朔日食，除钦天监推算奏请通行天下外，又据该局官生呈报省直时刻分秒并绘图式前来，相应具本恭进，仰尘睿览，谨具题知"等因。七年二月十一日奉圣旨："知道了。李天经速催到任督理。钦此。"钦遵。抄出到部送查，案查崇祯六年十月内准考功司付称，"奉本部送吏科抄出太子太保礼部尚书兼文渊阁大学士徐光启奏，'为历法修正告成，书器缮治有待，谨申前请，以竣大典事'等因。六年十月初四日奉圣旨：'览奏具觇勤恪，书成次第进览。李天经着吏部议覆。卿还慎加调摄，痊可即出佐理，以慰延伫。该部知道。钦此。'钦遵。抄出到部送司，查得疏内李天经议覆一节，相应移付"等因，到司在案。今奉前因，查得修正历法，事关教授，责任甚殷。先任辅臣疏请山东参政李天经堪委任以终厥事，臣部正在议覆间，兹又奉有明旨，为照本官清望素著，治行咸优，而学际天人，深明理数，合依原题改补京秩，督修历务。相应具题，案呈到部。既经礼部具题，该司查呈前来相应题请，合将李天经议升太仆寺少卿，添注督领修正历法事务，以成昭代大典。完日会同礼部查核精当，另请优叙，恭候命下。行令本官作速到任管事，遗下员缺另行推补。再照添注停止，久奉明纶。因督修历法一官亦系钦依添设，臣部因敢谨拟添设职御，恭请圣裁，臣部钦遵施行。

崇祯七年四月李天经奏本①

　　山东布政使司右参政李天经谨奏，为微臣遵旨任事，谨陈题荐始末，以祈圣鉴事。臣燕赵鄙儒，自癸丑登籍以来，受皇上豢养者二十余年。由学博部郎，以至郡守监司。缘丁艰，适值魏珰焰炽，即服阕未敢补官者凡五年。幸遇皇上龙飞，始出铨补，荐历河南、陕西藩臬。当时事孔棘之会，惟知斤斤自守，恪供职业，敢有非分之想哉？只缘昔任国学闲曹，多暇得与先臣邢云路讲究历理，颇闻其概要，未离书生呫哔，聊从所好已耳。自是浮沉中外者十七载，素所管窥，半就荒落。不意前岁壬申，臣任陕西按察使，于邸报见已故辅臣徐光启先奏"为修历缺员，谨申前请，以竣大典事"疏，内叙述海内知历，谬列臣名，臣心窃愧迂阔无当之学尚挂人齿颊间也。去岁九月，内辅臣复有"历法修正告成，书器缮治有待"一疏，则竟欲更置臣来，责以任事。

---

① 奏疏中未说明上奏日期，据下文"崇祯七年五月二十九日李康先等题本"所述推定，李天经上疏的时间应该为同年四月二十二日朝见皇帝前后。

奉旨下部议覆,而辅臣随以讣闻。维时臣滥竽山左粮道,无根柢之容,不知辅臣何以一旦推毂及臣。意者辅臣于病革之际,忽念前绪未终,急求代者,一时乏人,故以相及耶?闻报之日,且疑且惧,惟静听部覆。至本年二月,内礼臣题为督理久缺事,奉圣旨:"李天经着速催到任督理。"礼部移咨,吏部题覆,奉圣旨:"李天经着以见衔修历,俟有功再议。该部曷得辄以添注徇题,着该司官回将话来。钦此。"又该礼部题为日食事,奉圣旨:"日食初亏、复圆时刻方向皆与《大统历》合,其食甚时刻及分数,魏文魁所推为合。既互有合处,端绪可寻。速着催李天经到京,会同悉心讲究。仍临期详加测验,务求画一,以裨历法。魏文魁即着详扣具奏。钦此。"

臣闻命自天,不胜陨越。窃念臣小臣也,有何学问,仰佐司天,乃屡邀速催之旨。且臣外臣也,见衔受事,乃其职分,敢萌跃冶之心?况钦奉明纶,不敢不竭蹶前来,瞻天咫尺,矢报高深,益殚所学,悉心讲究,是臣之所有事也。惟是目前所督写者,辅臣已证订而未上之书;所缮治者,辅臣已题闻而待进之器;所督率者,灵台诸臣所讲解而未通之法。乃恭绎明旨,又不但责臣以缵前绪,而在悉心以求画一者。窃思天道玄微,以术步之,密合岂为易事。故从古及今,治历者岂止七十余家。法虽由疏渐密,然国朝此日竞鸣者不无二、三,其见何妨化异为同。盖万国同载一天,而七政总惟此理。草泽之士或有秘传,海外之人原精理数。使忘畛域而互相参究于不一之中,以求至一,乃真画一。但期上合天行,襄国家之大典,臣愿毕矣。至犬马私情,当于历事告成再为陈请,而今固未敢言也。臣谨即推用始末及微臣受事愚悃,具奏上闻,伏祈圣鉴。臣可任战悚之至。

奉圣旨:"李天经既到任受事,着与该监局及魏文魁悉心考验,参究异同,务期画一,以正历法。本内小日失填,姑不究。该部知道。"

崇祯七年五月二十九日李康先等题本

太子少保礼部尚书兼翰林院学士加俸一级臣李康先等谨题，为代请关防以便俯循职掌事。祠祭清吏司案呈奉本部送，据山东布政使司右参政李天经呈称，"职于本年内接准礼部照会，为日食事，奉圣旨：'日食初亏、复圆时刻方向皆与《大统历》合，其食甚时刻及分数魏文魁所推为合。既互有合处，端绪可寻。着速催李天经到京，会同悉心讲究，仍临期详加测验，务求画一，以裨历法。魏文魁即着详叩具奏。钦此。'备行照会到职，奉旨遵限前来。于四月二十二日见朝外，但历局尚有书器进呈，钱粮销算。若非用一关防，曷以奏进申缴。职是不能已于冒请也。伏按原任大学士徐光启'原给督修历法关防一颗及敕谕一道，先期奏缴，候接管官到日另行奏请改给'等因，奉圣旨：'敕印着该衙门验收，其钱粮用完，接管官奏销。该衙门知道。钦此。'所有关防，呈乞代题请给"等因，到部送司，案呈到部。照得山东布政司右参政李天经奉命前来督理历法，其进呈书器，销算钱粮，并各衙门应行事宜,必须关防钤记,辑成大典。但辅臣徐光启原给关防已经奏缴,相应题请,伏候命下,移文印绶监关领即付李天经收掌,庶事归画一,文有凭稽,而天经亦将黾勉受事,不致泛然而无所责成矣。缘系代请关防,以便俯循职掌事理,未敢擅便,谨题请旨。

崇祯七年五月二十九日具题

六月初□日①奉圣旨:"关防着该衙门查发。"

---

① 《新法算书》作"初二日"。

崇祯七年六月二十八日李天经题本

督修历法山东布政使司右参政臣李天经谨题，为月食事。窃照本年八月十六日己巳夜望月食，其食限分秒时刻并起复方位，例应先期上闻。除《大统》《回回》二历及布衣魏文魁所测分数已经钦天监及文魁具题外，但新法推算者，因管局员缺，久稽未上，临期测验何凭。臣业奉命受事，谨将新法所推诸数逐一开坐，并具图象，进呈御览，伏乞敕下该部，至期令监督等官如前一并测验奏闻。

再照修历一事，法务求夫画一者，所以齐其异同，而数必依之各测者，正以考其疏密。盖天运虽高远而难窥，乃交食则昭著而易见。临时密测，所关诚匪细矣。除测验诸法，如测星、壶漏等法，固无不备。但恐临期阴晴难料，或片云掩翳，便难测度以定准。则历之成也，何日之有。伏祈敕下礼部，移文于山海关臣及登州抚臣，令其临时细测太阴出地、见食分数，具印信申文报部，以凭稽考。且令监局各一人携测器以往，公同测验速报，庶于近海广漠之区，得见出地时食甚分秒，即阴晴不一，而此隐彼见，方不虚此一番考验耳。伏乞圣裁。缘系月食事理，未敢擅便，谨题请旨。

计开：

崇祯七年八月十六日己巳夜望月食分秒时刻并起复方位：

月食九分三十五秒；

 月出地平，见食九分三十五秒；

 是日日入酉正二刻内三十四分七十二秒；

 初亏申正三刻内八十二分三十九秒，在昼，东北；

 食甚酉正二刻内五十三分五十九秒，昏刻，正北；

 复圆戌正一刻内一十分五十三秒，月在地平上，高一十七度五十六分，西北。

 共食限内凡一十三刻二十八分一十四秒。

食甚日躔黄道鹑尾宫一十四度三十三分五十七秒，

月离黄道娵訾宫一十四度三十三分五十七秒，离黄道危宿一十六度一十一分，离赤道室宿四度一十一分。

月离纬度：

 初亏距黄道南三十五分三十秒，

 食甚距黄道南三十分五十四秒，

 复圆距黄道南二十六分。

各省直食甚时刻：

 京师顺天府，酉正二刻内五十三分五十九秒；

 南京应天府、福建福州府，酉正二刻内八十分二十五秒；

 山东济南府，酉正二刻内八十六分九十二秒；

 山西太原府，酉初四刻内九十三分六十秒；

 湖广武昌府、河南开封府，酉正一刻内五十三分五十九秒；

 陕西西安府、广西桂林府，酉初四刻内二十六分九十三秒；

浙江杭州府,酉正三刻内三十三分五十八秒；

江西南昌府,酉正一刻内八十六分九十三秒；

广东广州府,酉正一刻内二十分二十六秒；

四川成都府,酉初三刻内六分九十三秒；

贵州贵阳府,酉初四刻内二十六秒；

云南云南府,酉初二刻内二十六秒。

崇祯七年六月二十八日具题

本月三十日奉圣旨："这所奏月食事情,着监局各官临期公同测验。山海关、登州遣人验报依议。礼部知道。"

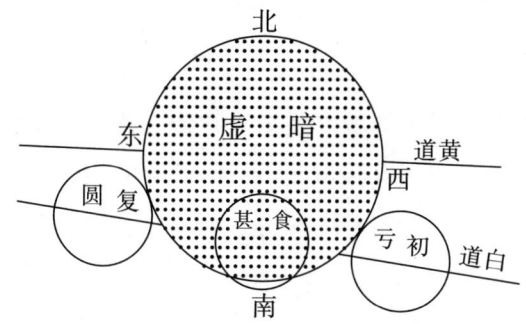

崇祯七年六月二十八日李康先题本①

太子少保礼部尚书兼翰林院学士加俸一级臣李康先谨题,为月食事。祠祭清吏司案呈奉本部送,据督修历法山东布政使司右参政李天经呈称:"切照历局新法推算交食分秒,例应督理官奏闻。其崇祯七年分②八月十六日夜望月食,职于本月二十二日焚香草疏,恭叩会极门呈进。乃收掌员役以职外衔,未敢擅收,于次日投通政司封进。而通政司又以职系钦给关防,与在外官员不同,未便代进。职切思之,历法参验,全在交食。而奏报过期,未敢再误。且屡奉明旨切责务求画一,则职之日夜研究、在事言事者犹应不时奏闻。况故辅徐光启所经开报书器又在刻期呈览。似此稽延,终非法之善也。合无呈请将职原疏封进,仍乞代题请旨,以后一切疏奏或令职自进,或送

---

① 《西洋新法历书》本未收此篇。
② "分"疑为衍文。

部代进"等因，呈部送司。案呈到部，看得本年八月十六日己巳夜望月食，除钦天监推算奏请通行天下外，又据该局具本呈报省直时刻分秒并绘图式前来，相应恭进，仰尘睿览。其该局进呈书器及不时占奏本章等项，既给关防，合无以后即令天经自行奏进，庶章奏不烦辗转，而大典无误矣。

崇祯七年六月二十八日具题

三十日奉圣旨："李天经既给有关防，在局修历，以后本章俱于会极门奏进。"

崇祯七年七月十四日李康先题本

太子少保礼部尚书兼翰林院学士加俸一级臣李康先等题，为月食事。祠祭清吏司案呈奉本部送礼科抄出督修历法山东布政使司右参政李天经题，称"本年八月十六日己巳夜望月食，但恐临期阴晴难料，移文山海关、登州抚臣，及令监局各一人携测器以往，公同测验速报"等因。本年六月三十日奉圣旨："这所奏月食事情，着监局各官临期公同测验。山海关、登州遣人验报依议。礼部知道。钦此。"钦遵。抄出到部送司，除临期札行监局官生参验外，所有应差监、局生儒前往山海、登州测验月食。行据钦天监手本，开送在局供事天文生朱国寿、朱光大相应差遣。又据该局开送访举知历生员邬明著、儒士陈于阶奉旨纪录，堪以任使，各携测器，前去验报各等因。通查案呈到部，既经监、局开送前来，合无将邬明著、朱光大差往山海关，陈于阶、朱国寿差往登州，公同测验。相应题请，恭候命下。移咨兵部，应付往回各给廪粮、马匹，随带仪器，赍文前诣山海、登州，公同各抚臣至期测验,据实回报,以凭具奏施行。

崇祯七年七月十四日具题

十七日奉圣旨:"是。"

崇祯七年七月十九日李天经题本

　　督修历法山东布政使司右参政臣李天经谨题，为钦奉明旨，恭进第四次历书事。先该故辅臣徐光启于崇祯六年九月二十九日题，为"历法修正告成，书器缮治有待"一疏，内开新成历书共六十卷，内三十卷业已誊缮，三十卷尚属草稿。奉圣旨："览奏具觇勤恪，书成次第进览。李天经着吏部议覆。卿还慎加调摄，痊可即出佐理，以慰延伫。该部知道。钦此。"随该臣于本年五月内遵旨到任管事，除每日与在局官生昼测太阳，夜测太阴、列宿，细心讲求画一外，即将已写诸书逐一详加考核。间有字义冗长，辞未达意者，臣亦逐卷稍为更订。是以逡巡月余，止了前三十卷。内有辅臣所报《恒星总图》八幅，系该局依经纬表点定刊刻成图者。臣复督在局陪臣①等易之以绢制，为屏障八面，可以展转开合，上尘睿览。其未写三十卷，臣亦取稿翻阅，就

---

① 《西洋新法历书》本改"陪臣"作"远臣"。

中不无疑义,尚须再三磨勘,刻期录完,另疏续进。谨将见完历书、历表二十九卷,计三套,并星屏一架,共完三十卷数,进呈御览。尚有日晷、星晷、窥筒远镜三器,俱系奉旨造进者,臣亦于到任后督率该局官生夙夜制造,亦将次第告成。其安置之法与运进夫力,容臣另疏奏请,统祈圣览施行。缘系钦奉明旨恭进第四次历书事理,未敢擅便,谨题请旨。

计开:

第四次进呈书目:

《五纬总论》一卷,

《日躔增》一卷,

《五星图》一卷,

《日躔表》一卷,

《火、木、土二百恒年表》并《周岁时刻表》共三卷。

已上系陪臣①罗雅谷译撰。

《交食历指》共三卷,

《交食诸表用法》共二卷,

《交食表》共四卷。

已上系陪臣②汤若望译撰。

《黄平象限表》共七卷,

《木土加减表》共二卷,

《交食简法表》共二卷,

《方根表》二卷。

已上系二臣指授监局官生推算。

---

①② 《西洋新法历书》本改"陪臣"作"远臣"。

恒星屏障一架，系陪臣①汤若望制。

崇祯七年七月十九日具题

二十二日奉圣旨："历书及星屏留览，未完的还着详加考核，以正历法。该部知道。"

———

① 《西洋新法历书》本改"陪臣"作"远臣"。

崇祯七年八月十八日李天经题本

督修历法山东布政使司右参政臣李天经谨题,为月食事。该臣于崇祯七年六月二十八日具题前事,本月三十日奉圣旨:"这所奏月食事情,着监局各官临期公同测验。山海关、登州遣人验报依议。礼部知道。钦此。"钦遵。除业奉旨遣人携器前往登州、山海测候,听彼处抚臣咨部回报外,今月十六日己巳夜望月食,臣谨依公同测验明旨,至期亲诣钦天监观象台,协同礼部监督祠祭司员外郎张师度、钦天监监正张守登,并监局官生人等安顿测器,参调壶漏,登台静俟间,不意候至酉初及戌正一刻,乃各法食甚、复圆之会,值天阴微雨,无从考验疏密。又是日礼部札委祠祭司主事吕一经、李焜,同西洋二陪臣①及监局官生人等在于本局设器测验,亦复相同。理合次日据实回奏,而臣所以不敢草率径渎者,盖有说焉。恭绎明纶,于崇祯五年九

――――――
① 《西洋新法历书》本改"陪臣"作"远臣"。

月十四日夜望月食，该监奏称云阴不见，奉有"有无别法考求"之旨。臣仰体皇上钦若至意，于"别法"二字再四深求。忆昔元统、李德芳争言岁实消长时，太祖高皇帝圣谕云："但以七政行度、交会无差者为是。"此真神圣首出，深明象纬之言也。盖交食特历数之一斑，而七政乃玑衡之统务。矧交食动阅岁月，而日躔、月离、五星经纬行度则逐日可求。此辅臣原题亦匪第言交食，而以昼测日行，夜测月行、五星凌犯，必期事事密合为言。钦奉俞旨，熟思别法，无踰此者。倘登州、山海二处有一见食，则诸法疏密庶可立分。万一俱属阴云，何以资为考证。则七政诸行皆可公同测验，未必非讲求画一，以底成绩之要法也。伏乞圣明鉴裁，敕下施行。缘系月食事理，未敢擅便，谨题请旨。

崇祯七年八月十八日具题

本月二十一日奉旨："已有旨了，七政诸行须昼夜考测。李天经即协同各官生精心讲求，期底成绩。礼部知道。"

崇祯七年八月二十七日李天经题本

　　督修历法山东布政使司右参政臣李天经谨题,为钦奉圣谕据实奏明事。臣于本月二十五日准礼部照会,二十四日接得圣谕,谕礼部:"昨李天经所进历书、星屏果否与魏文魁参合商订?着李天经奏明。钦此。"钦遵。该臣查得臣所进历书二十九卷、星屏一架,俱系故辅徐光启先年亲手订证奏闻,奉圣旨书成次第进览。臣奉命接管,不过为之督写代进,完辅臣未竟之绪耳。况辅臣积学深思,呕心此道数十年。其所撰述,恐非他人所能增减。即文魁亦曾经辅臣逐款驳正,有《学历小辩》见存。则辅臣之书与屏,皆依新法测定,精心纂辑,足阐前人所未发,而补中原所未备,实未尝与文魁参合商订也。若夫参合商订,实臣之心,亦臣之职。臣初有微臣遵旨任事一疏,奉有"李天经既到任受事,着与该监局及魏文魁悉心考验,参究异同"之旨。煌煌明纶,谁敢屑越。况臣受兹委任,方思博采群议,广罗夙学,以襄大典。得文魁而朝夕讲究,以收同心之益,岂非臣之至愿哉?乃六月初六日，蒙皇上赐给修历关防，随于十二日到任。次日即移文礼部，催取魏文魁到局，公同监局官生参究异同，以仰副皇上讲求画一之旨，乃久之未至也。臣又托彼相知开谕，以勿执己见为是，当思道理无穷，还宜虚心参证，共完巨典，而亦久之未至也。但托人传语，若衔历局夙昔辩驳之隙，必不欲见局中一人，亦不欲向局中一步，仅与臣一相面于往复私邸中，又何关于考验参究之事哉？臣于是乎无术相强，虽欲与之参合商订，势无由也。

总之，历数一家，今为绝学。辅臣读文魁之书而不敢轻用，夫岂无见？臣必试文魁之法，验之而后敢用。前此冀其来与之互相订证，不得已姑俟验之月食。今俱不可问矣。惟有遵奉明纶，昼夜考测七政诸行，庶可定其疏密。伏乞敕下礼部，移送魏文魁到局，与诸官生各捐成见，预将一月诸曜行度先期依法算定，以本月秋分为始，容臣开坐奏闻。仍照原题札委司官一员临局，公同测验，孰合孰不合，据实奏报。则各法是非自见，而万年宝历亦不致聚讼一堂矣。如谓文魁之法与学不必试验而即奉为主盟，此则非臣所敢任也。谨将故辅原咨录呈御览，统乞鉴裁。缘系钦奉圣谕据实奏明事理，为此具本谨题请旨。原咨见《学历小辩》。

崇祯七年八月二十七日具题

本月三十日奉圣旨："历书、星屏原属前辅臣手订，知道了。魏文魁历法着另局修定备考。礼部知道。"

崇祯七年闰八月十八日李天经题本

督修历法山东布政使司右参政臣李天经谨题，为预报诸曜会合凌犯行度，并陈节气始末，以资考核，以正历法事。该臣于崇祯七年八月十八日回奏月食，奉圣旨："已有旨了。七政诸行须昼夜考测，李天经即协同各官生精心讲求，期底成绩。礼部知道。钦此。"钦遵。臣恭承明命，夙夜乾惕。每每督率监、局官生逐时测算，乃于考求七政之余，依新法算得土、火、金三星本年九月初旬会于尾宿之天江左右，木星亦于是月前犯鬼宿之积尸气。一时五纬已有其四，未必非以数合天、即天验法之一据也。从来治历名家，大都于列宿诸星有经度无纬度，虽《回回历》近之，犹然千百年前古法，用之未必合天。故臣等所推经纬度数、时刻分秒，若数一、二，与监推所得者各各不同。又如本年八月秋分，《大统》算在八月三十日未正一刻，而新法算在闰八月初二日未初一刻一十分，相距约差二日。臣于闰八月初二日同监、局官生用仪器测得太阳午正高五十度零六分，尚差一分入交。推变时刻,应在未初一刻一十分,与新法吻合。随取辅臣徐光启从前测景簿查对,数年俱如一日。然此非臆说也。臣谨按《春秋传》曰:"分同道也,至相过也。"是二语者可为今日节气差讹之一证。盖太阳行黄道中线,迄二分而黄道与赤道相交,此昼夜之所以平而分之,名所由起也。迄二至,则过赤道内外各二十三度有奇矣。夫过赤道二十三度有奇者,为真至。则两道相交于一线者,不为真分乎?即旧法亦知分前分后之有昼夜平,但拘泥一定之法平分岁实,计日立算,其于盈缩加减之理多所未晓,无怪其认平与分为二也。何也?太阳有平行,有实行。平则每日约行若干,而实则有多有寡,日日不等。从最高起算,用法加减之,始得真度分、真节气。故新法之与旧法,惟冬、夏二至止差时刻,余则有差至一日、二日者。不独秋分为然,秋分其一端也。谨将诸曜①会合凌犯行度开具图象表说一册,进呈御览,伏乞敕下礼部,札委司官一员,仍知会钦天监堂官,至期公同监、局官生,在局详加测验,据实奏闻。则一时讲求画一,以仰副皇上钦若敬授之至意,端在此矣。统惟鉴裁。

崇祯七年闰八月十八日具题

二十一日奉圣旨:"奏内诸曜会合凌犯行度及分至节气,新法、旧法异同,着礼部该司官与钦天监堂上官率监局官生详加测验,虚心考核,以正历法。书册留览。"

---

① 《新法算书》本"曜"作"曜",正确。

崇祯七年闰八月二十三日李天经题本①

　　督修历法山东布政使司右参政臣李天经谨题,为月食事。窃照崇祯八年正月十五日丙寅夜望月食,其食限分秒并起复方位例应先期上闻。除《大统》《回回》二历俟钦天监具题外,臣等用新法推步,谨将所得诸数逐一开坐,并具图像,进呈御览,伏乞敕下该部,至期令监督等官并臣监局官生如前测候奏闻施行。缘系月食事理,未敢擅便,谨题请旨。

　　计开:
崇祯八年正月十五日丙寅夜望月食分秒时刻并起复方位:
月食一十五分六十六秒。
　　初亏丑正一刻内八十二分七十六秒,月在地平上高四十四度三十分,正东;

---

① 《西洋新法历书》本未收此篇。

食既寅初二刻内四十分四十三秒；

食甚寅正一刻内九十五分三十一秒，月在地平上高二十三度一十六分二秒；

生光卯初一刻内五十分二十一秒；

复圆卯正二刻内七分八十六秒，月在地平，正西。

计食限内凡一十六刻二十五分一十秒。

食甚日躔黄道娵訾宫一十三度一十四分，为危宿一十四度五十四分四秒；

月离黄道鹑尾宫一十三度一十四分，为张宿一十二度三十五分四秒。

月离纬度：

初亏距黄道南五分一十三秒，

食甚距黄道南一十一分二秒，

复圆距黄道南一十六分五十一秒。

各省直初亏时刻：

京师顺天府，丑正一刻内八十二分七十六秒；

南京应天府、福建福州府，丑正二刻内九分四十二秒；

山东济南府，丑正二刻内一十六分九秒；

山西太原府，丑初四刻内二十二分七十七秒；

湖广武昌府、河南开封府，丑初四刻内八十二分七十六秒；

陕西西安府、广西桂林府，丑初三刻内五十六分一十秒；

浙江杭州府，丑正二刻内六十二分七十五秒；

江西南昌府，丑正一刻内一十六分一十秒；

广东广州府，丑初四刻内四十九分四十三秒；

四川成都府，丑初二刻内三十六分一十秒；

贵州贵阳府，丑初三刻内二十九分四十三秒；

云南云南府，丑初一刻内二十九分四十三秒。

崇祯七年闰八月二十三日具题

二十六日奉圣旨："这所奏月食分秒时刻及起复方位，着监局各官临期公同测验。礼部知道。"

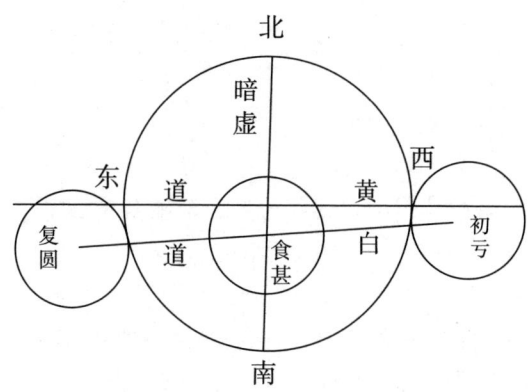

崇祯七年闰八月三十日李康先题本①

　　太子少保礼部尚书兼翰林院学士加俸一级臣李康先等谨题,为遵旨查明回奏事。祠祭司案呈本月二十六日该督修历法山东布政使司右参政李天经题,为据实奏明事等因,二十九日奉圣旨:"据章必选等称:二十六日晓,李天经方到局,俱不从测验,这回奏又称二十五夜即会部监各官公同测验,是何不侔?着礼部查明具奏。其木星有无行犯积尸,也着魏文魁奏明。钦此。"钦遵。到部送司,案呈到部,除木星有无行犯积尸听魏文魁自行具奏外,今据祠祭司署郎中事主事臣陈六翰回称:"本月廿四日午,李天经到职寓,云:'念②四至初一等日木星犯鬼宿中积气,宜往测验,但本夜月光相近,鬼宿星微,恐其难

---

　　① 原稿无上奏日期,据题本中提及"本月……二十九日"以及下文崇祯七年九月初二日李天经题本时间推定,其上奏日期当在崇祯七年闰八月三十日。
　　② "念"为"廿"之误。

见,须于廿七夜往观。'及念①五日午,忽传语职云:'今日奉有明旨诘问,不敢复待。'随订职是日半夜之后到局测验。职到时方四更,监局官生俱到。时木星出地平未久,职即登台详问。缘职学浅,素未谙习天文,而鬼宿四星甚微,又在月光之上。兼木星烂灼,职注目良久,始得见鬼宿东北角二星,而木星在其南。未几李天经至,木星益明,因复共登台仔细指点,渐见其南角一星。复用远镜管窥,转移对照,恍见木星之侧有数小星结聚,云系鬼宿中所谓积气者也。去镜以望,而鬼宿仍在隐见之间。职亦未敢凭以为信,而监中官生亦未有言其非是者。据天经称,木星之行甚迟,数日尚在此处,待月光渐远,可以再测。随即明烛具成疏稿,监官张守登、戈承科等各读一遍,然后送职出局。及职抵寓,呼职子、职甥起视木星鬼宿,教之详。职良久假寐,天尚未明。当在局时,各官生人役不下五六十人,众目共睹。若为李天经廿六晓方至,则天经与职等往复辨难,取烛观图,去烛窥管,不一而足,岂真有昼见之星乎?今奉旨查明,职不敢不据实详奏。至章必选之为欺,职未知其造意云何,但谓天经晓而始至,则当天经草疏时职与监官诸人皆明灯而待,秉烛以观,职临行时复于中庭历指数星为问,至于上马而斜月方荧,入室而明星有灿,何章必选之独有二天也"等因。据此则李天经所测木星犯鬼宿之积气虽未知其果否不差,而其与司官监局公同测验业已逾时,又且明灯具稿,稿完方散,则其非天晓方到也明矣。章必选于众人属目之事敢为欺妄,法宜惩处,俾历臣得以悉心考究,其于治历明时不无少补矣。

---

① "念"为"廿"之误。

崇祯七年九月初二日李天经题本①

督修历法山东布政使司右参政臣李天经谨题，为台官失占饰罪，微臣据实剖明，并陈初一共测行度，以祈圣鉴事。前月二十五日奉内阁送到上传："李天经进到星图，本月二十四日木星犯鬼宿积尸气，至日不曾犯，着李天经明白奏来。钦此。"臣已于二十五日公同测验疏回奏讫，二十九日接邸报，奉圣旨："据章必选等称：二十六日晓李天经方到局，俱不从测验，这回奏又称二十五夜即会部监各官公同测验，是何不侔？着礼部查明具奏。其木星有无行犯积只②，也着魏文魁奏明。钦此。"捧读明纶，不胜惶惧。除听礼部查明具奏，臣当席藁以听处分，何敢复有陈说？但果如章必选所称臣于二十六日晓方至局，俱不从测验，是旷若职而怠若事，臣罪曷逃？蒙皇上不即加谴责，

———

① 《西洋新法历书》本未收此篇。
② 据前条奏疏，"只"当为"尸"之误。

但令礼部查明,已仰皇上日月之明不惑于三至,而务查真确,是又天地覆载之鸿恩也。臣能不感激涕零,为略陈初测、再测始末,并必选肆诬之因乎?

使鬼宿见早,臣曷敢后?乃鬼宿三更以后方出地平,是时东方忽有云气,至四更升度渐高,始见分明。部监诸臣以四更到,臣亦续到,即同诸臣仰首谛观,复用远镜细窥气内小星,鬼宿四角显然,见木星正当其中。质诸众目攸同,然后入室具疏,与部监诸臣传看,而后去。是时星月正灿,未及昧爽,乃顿以为晓,不亦诬乎?又测星凌犯,按法诸曜在天一度为一尺,七寸以内曰犯,经过其宿而光耀侵之亦曰犯,仰观即得。况用远镜细窥,尚不谓之测验,不更诬乎?乃必选必欲诬臣夫岂无因。当二十五夜共测之际,必选等惴惴然惧,浼本局知历生员邬明著等向臣曰:"木星凌犯本监亦自见得,但未经报闻,恐蹈失占之罪,乞疏中婉转宽之。"即该监堂官张守登、戈承科、周胤亦共闻此语,臣虽怜其意,而未敢轻徇出①,但于疏未点出。新法旧法差际,在历科尚有可援。天文科当时时仰观者,昏迷天象,责岂能委?是以必选辈手忙脚乱,不谓臣不曾测验无以混其未占,不指臣晓方至局无以证其未测。将诸臣在局忙忙终夜,果何为乎?亦自图饰罪而音不暇择耳。然幸木星东行甚迟,尚在鬼宿度内,按臣所进木星本月初一一图,复集部监诸臣到局公测,于是月光既隐,诸曜灿然,明见鬼宿四星内积尸在其中,木星居其旁,较前稍移半度,与图吻合,则二十四之相犯,是其明征矣。是时祠祭司郎中陈六韐,钦天监正副张守登、戈承科、周胤,同天文科黄道兴、章必传、王烨等共相质证,道兴等业已自书木星在鬼宿度分,以昭大同。乃独章必选不至,益见诡情矣。然臣窃自叹,以疏远孤踪肩此历法,未免将人世守之业指摘改正,宜乎犯

---

① "出"疑为衍文。

人所忌,必百计挠成而后已。如此情态能逃皇上神明之鉴察哉？臣所恃者亦惟此天象之昭垂,有目共见,圣明之英断,无微不晰而已。若宵辈之毁言日至,臣不足与较也。

崇祯七年九月初二日具题

□□日奉圣旨:"已有旨了。章必选等候王魁、张守登等奏明定夺。礼部知道。"

崇祯七年九月十二日李天经题本

督修历法山东布政使司右参政臣李天经谨题，为遵旨测验事。先该臣考测七政，预报诸曜会合凌犯行度，内开九月初四日昏初火星与土星同度，初七日卯正二刻金星与土星同度，十一日昏初金星与火星同度。奉圣旨："奏内诸曜会合凌犯行度及分至节气，新法、旧法异同，着礼部该司官与钦天监堂上官率监局官生详加测验，虚心考核，以正历法。书册留览。钦此。"钦遵。除木星另经测验奏明外，所有本月初四日火、土二星同度，例当用臣局黄赤经纬等仪考测。但灵台官生未谙其用，故臣于是日督率陪臣①罗雅谷、汤若望及②该局官生，会同祠祭司郎中陈六翰、主事李焜、钦天监监正张守登、监副戈承科、周胤、灵台官刘承德、徐源、李之贵等诣观象台。候至昏初，令该监台

---

① 《西洋新法历书》本改"督率陪臣"作"偕两远臣"。
② 《西洋新法历书》本改"及"作"率"。

官用简仪测之。虽简仪中星古法宿度未与时合,而臣所亟欲考测者,惟在度之同与不同耳。盖两星俱在一度内曰同,一星在此度而一星又在彼度曰不同。今测得火星在尾四度五十分,土星亦在尾四度七十分。测毕,臣与部臣再三较勘无异,乃陈六辂进诸台官,一一询之,俱同声输服。而李焻复秉笔登记所测度分,并各官姓名,令自书押,以昭同然。此初四日验得土、火二星同度之始末也。

　　至初七日因卯正二刻金、土二星同度在昼,应于是日昏初灭①半日行测之,即可得其同度与否。至期臣与部臣张师度俱到,而该监堂属官亦到。忽遇薄云西掩,两星难见。候至更阑,天虽开霁,而木星已西坠矣。至十一日,则金、火星同度。臣会同诸臣如故。诸臣之来会也,则有部臣张师度、监正张守登、灵台徐源、章必选、李之贵、章必传、王烨等,其齐集观象台如故。该台之用器自测也亦如故。乃详加考订之余,实测得金星在尾十五度一十分,火星在尾十五度二十分,其为同度也,又已较较不爽矣。

　　臣切思之,火、土之同度也,旧法推在初七,而臣报初四者合,是旧法后天三日,而新法密。金、火之同度也,旧法推在初三,而臣报十一者合,是旧法先天八日,而新法又密。盖五星一道,千古蒙蒙。即守敬诸人不能别创一解,别竖一义,如今日之测与算合,累黍不差者,又安敢望于剿袭旧说者乎?然臣法虽密,但台官墨守成法,恐经人道破,便是自己罪案。故以惴惴畏咎之心,坚其党习锢闻之陋,而不肯为皇上实告耳。伏乞皇上普赐宽政,嘉与维新。虽有疏远,勿遽加谴责。俾臣得以展布手足,与之昼夜考求。有不待臣辞之毕,而诸臣自有欣欣向往,终不能狃是为非矣。缘系遵旨测验事理,未敢擅便,谨题请旨。

———

① 据文意,"灭"(繁体字"滅")当为"减"(繁体字"減")之误。

崇祯七年九月十二日具题

本月十六日奉圣旨:"据称星度即用简仪测验俱合,何故推算先后不同?还着该监官奏明。历法精微,李天经宜虚心详究,公同考正。岂得独执己见,辄称千古蒙蒙?殊属夸饰。礼部知道。"

崇祯七年九月十三日李天经题本

　　督修历法山东布政使司右参政臣李天经谨题，为遵旨奏明事。本月初十日接邸报，见内臣王魁遵旨回奏一疏，奉圣旨："测验例用仪器，李天经独用管窥，此管有无分度，作何窥测？着李天经奏明。仍据魏文魁奏，木星未犯积尸，着礼部遵旨互质，详确奏夺。钦此。"钦遵。除听礼部详奏外，该臣看得，测验之法，非止一端。测验之仪，亦非一器。如观象台旧制，有浑仪、简仪，新局亦有黄赤经纬、象限、弧矢等仪，要皆各适其用。而窥管创自远西，乃新法中仪器之一，所以佐诸仪之所不及，为用最大。此辅臣原题工制一具，待日晷、星晷造完并进御前者也。今奉明旨，敢不详言其用，并臣是日所以独用之故乎？

　　夫此窥管之制，论其圆径不过寸许，而上透星光，注于人目。凡两星密联，人目难别其界者，此管能别之。凡星体细微，人目难见其体者，此管能见之。又凡两星距半度以内，新法所谓三十分，穷仪器与目力不能测见分明者，此管能两纳其星于中而明晰之。是其容半度强者，即此管之度分是也。惟两星相距半度以外，则不能同见。臣请略举一、二。如觜宿三星相距三十七分，不能同见。五车西柱下二星相距四十四分，愈不能同见。则此管之度分为半度强，不其彰明较着乎？

故臣于闰八月二十五夜及九月初一夜同部监诸臣在局仰见木星在鬼宿之中，距积尸仅半度。因木星光大，气体不显，舍窥管别无可测。臣是以独用此管，令人人各自窥视，使明见积尸为数十小星团聚，又能见木星与积尸共纳于一管，则其相犯为不误。礼臣陈六翰所谓"恍见木星之侧有数小星结聚，云系鬼宿中积气者是也"。而魏文魁指为未犯，但据臆算，未经实测。据称初二木星已在柳初，则前此越鬼宿而东度分愈近，岂得不犯而能飞渡乎？且臣报闰八月二十四日，而魁所算在九月初二。相距九日，度分已移。乃执为不犯之证据，殊属舛谬矣。然木星之于积气，匪直此日之犯已也。后此出鬼宿退行时尚一犯焉，既退而顺行时又一犯焉。臣在历言历，屡奉明纶，昼夜讲求。知而不言，是臣之罪也。但台官泥于成法，以众目共见之象，指为原不必有之事。虽有巧器，直瓦砾视之。宜乎以测为未测，颠倒是非，必欲实己之言而后已耳。至内臣王魁，原未目击，并不知有此测法，实无怪其有是言也。且此器鸠工已毕，旦暮进呈，皇上可亲试，中外可谛观，又何烦臣之强为辨说哉？缘系遵旨奏明事理，未敢擅便，谨题请旨。

崇祯七年九月十三日具题

本月十六日奉圣旨："窥管仅仪器之一，佐诸仪所不及，知道了。俟制完进览。礼部知道。"

崇祯七年十月十三日李天经题本

　　督修历法山东布政使司右参政臣李天经谨题，为遵旨奏明事。先该礼部遵旨据实回奏一疏，奉圣旨："五星躔度奉旨互质详查，何得各执己见，徒滋参驳。据称木星退行顺行，当两经鬼宿。依议着李天经、魏文魁先将行度尺寸晷刻奏明，临期公同测验，务求至当，以定历法。仍差司礼监官卢维宁、魏国征监看具奏。钦此。"钦遵。随该臣查得历法一事，取验在交食，即臣等亦兢兢以测验交食为急务。只因交食每不多遇，虽遇之而或为云阴所掩，无从考核，故请并测经纬诸星以试其疏密。则昼夜讲求，非但谓七政所关不得偏废，亦以诸星之行度定而二曜之交食斯可考，诚非历法中不急之务耳。今奉明旨，臣等依法算得木星顺逆两行，其出入鬼宿俱有时日经纬度分可凭，与积尸气相犯亦有分数可据。即临期阴晴不一，而木星行迟，前后一日俱可互验。且八年六、七两月金、火、木、轩辕四星彼此相掩相犯者不下五、六次，容臣另疏奏报。谨将木星行鬼诸数逐一开坐，并具图象，进呈御览。伏乞敕下该部,至期会同监看等官详加测验,据实奏明,统候圣裁。缘系遵旨奏明事理,未敢擅便,谨题请旨。

计开:

崇祯七年木星退行鬼宿日时度分。俱依赤道算,其度分则用百分度之度分,取其便测。

本年十月二十三日丙午,木星退行,从柳初入鬼,一日细行七分。

本年十一月初五日丁巳夜,木星退入鬼宿一度五十五分,与积尸气同度同分,南北相距五十七分,即占书所谓五寸七分也,一日细行一十一分,是日应测。

本年十一月二十日壬申,木星退行入井,一日细行一十四分。

崇祯八年木星顺行鬼宿日时度分。俱依赤道算,其度分亦用百分度之度分。

本年四月十四日癸巳,木星顺行入鬼初度,一日细行一十八分。

本年四月二十三日壬寅夜,木星顺行入鬼宿一度五十五分,与积尸气同度同分,南北相距四十三分,即占书所谓四寸三分也,一日细行一十九分。是日应测。

本年四月二十八日丁未,木行顺行入柳,一日细行二十分。

崇祯七年十月十三日具题

十六日奉圣旨:"知道了。俟临期会同详加测验。该部知道。"

崇祯七年十月二十九日李天经题本

督修历法山东布政使司右参政臣李天经谨题，为遵旨制器告成，恩敕验明用法并议安置，恭进御览事。案照崇祯五年十月十一日，辅臣徐光启一疏，为月食事，内言定时之法，古有壶漏，近有轮钟，二者皆由人力迁就，不如求端于日星，以天合天乃为本法。特请制日晷、星晷、窥筒三器。本月十五日奉圣旨："览卿奏月食先后各法不同缘由及测验二法，考据详悉，朕知道了。即着传示监局官生，依法占测，务求至当，以称朕钦若授时之意。日晷等器如议制成进览。该部知道。钦此。"钦遵。因取石运重，冶铸刻镂，动经岁月。辅臣未臻厥成。臣奉命接管以来，遂督监局供事官生鸠工，依新法制造，今当告成。除支用工价另行奏缴外，臣切惟制器所以明时，而详法乃能利用。诸仪虽已就绪待进，然用法颇为微细。稍有分毫之差，即不便御览。将以有用，疑为无用。臣兹惧焉。敢祈皇上敕令近侍内臣一、二员到局验看，容臣等面与详论所以用之之法，并议所以安置之宜，然后人器相习,方适于用。兹敢先言其略。

一为日晷,砻石为平面,内界线以按节气。冬、夏二至各一线,春、秋二分同一线,其余日行相等之节气,皆同一线。平面之边周列时刻线,从各气节太阳出入为限,时分八刻,刻列十分。若春、秋分平分昼夜,各四十八刻者,准交食所用,以九十六刻为日行之限也。又取准京师北极出地,范为三角铜表置其中。表体之全景以指时刻,表中之锐景以指节气。虽旧法圆晷亦环列时刻,然非地平面,亦无节气出入之限,似未若新法之兼备且准。此日晷之大略也。

一为星晷,冶铜为柱,上安重盘。内盘镌周天度数,列十二宫,以分节气。外盘镌列时刻,中横刻一缝,用以窥星。法:将内盘本节气运合于外盘子正初刻,次从背面转移对照,见得帝星与勾陈大星共在一线之内,即从盘面视锐表所指,即本夜之真时刻。此则古法所未备,而新法独得其传。乃星晷之大略也。

若夫窥筒,亦名望远镜。前奉明问,业已约略陈之。但其制两端俱用玻璃,而其中层叠虚管,随视物远近以为短长,亦有引伸之法。不但可以仰窥天象,且能映数里外物,如在目前。可以望敌施炮,有大用焉。此则远西陪臣[①]罗雅谷、汤若望等从其本国携来,而葺饰之以呈御览者也。

至于日晷宜向南以取日景,星晷宜向北以窥星光,皆须安置得宜,尤必备石预筑台基,以便安顿。又二晷皆重器也,其舆运必须多用人夫,宜从何衙门拨发,统祈皇上敕下内臣验看奏闻,先定安置之所,以便择吉恭进。或临期令臣等率知历官生审定子午方向,如法安置,则庶于皇上治历明时之德意不无小补矣。谨具本预先奏闻。

---

① 《西洋新法历书》本改"陪臣"作"诸臣"。

崇祯七年十月二十九日具题

十一月初三日奉圣旨:"据奏日晷、星晷二器制造已成,即着卢维宁、魏国征到局验看详试用法。其安置处所及筑台基事宜,着该监会同工部酌议速奏,仍择吉拨给人夫恭进。窥筒着先进览。该衙门知道。"

崇祯七年十一月初九日李天经题本

督修历法山东布政使司右参政臣李天经谨题，为遵旨恭进仪器事。先该臣于本年十月二十九日制器告成一疏，奉圣旨："据奏日晷、星晷二器制造已成，即着卢维宁、魏国征到局验看详试用法。其安置处所及筑台基事宜，着该监会同工部酌议速奏，仍择吉拨给人夫恭进。窥筒着先进览。该衙门知道。钦此。"钦遵。除日晷、星晷听监部会议速奏外，臣随于本月初五日会同内臣卢维宁、魏国征到局验看窥筒远镜。其间引伸之法，窥视之宜，臣已与二臣详言之矣。谨将窥筒远镜一具遵旨先进御览，伏乞圣鉴。

计开：

窥筒远镜一具，托镜铜器二件，锦袱一件，黄绫镜帛一具，木架一座。

崇祯七年十一月初九日具题恭进

十二日奉圣旨："知道了。该衙门知道。"

崇祯七年十一月二十四日李天经奏本[①]

督修历法山东布政使司右参政臣李天经谨奏，为谨陈仪器始末并测验情形，以祈圣鉴，以求矜放事。臣一介外吏，其奉旨入都门，已故辅臣徐光启有"历法修正告成，书器缮治有待"一疏，及礼臣三月内复为日食具题。臣屡奉皇上有速催到任之旨，臣是以不敢宁处，竭蹶前来任事，自四月迄今，凡督造仪器、缮写历书者，昼夜勤劬，从未敢支领一分钱粮，办事生儒亦未敢领升斗廪饩。即辅臣在日支领过户工钱粮，题过待臣销算，而臣则分毫未曾经手也。惟知勉完器书以成前人之绪，修正历法稍效一得之愚耳。迩器完待进，所以祈敕内臣验看，并与讲明用法，诚臣一念小心，不敢冒昧上渎宸严，以取轻率之罪也。乃内臣回奏，以为无异古今制用矣。荷皇上圣明，复命礼部以谙晓司官到局，详验有无精确。乃署司主事李焻呈堂手本，大都与内臣

[①] 《西洋新法历书》本未收此篇。

相照应，而且以时值阴云则星晷未如壶漏，时少寅刻则日出无可凭验，无如古制、祖制之详备也。奉圣旨："据奏日、星二晷仅可并存参稽，不若旧法详备，知道了。且李天经前奏木星行犯积尸殊未验，明属疏略。其魏文魁另局所需工器廪薪等项奉旨已久，如何尚未见议覆？着该司官回奏。"臣从邸报见抄，不胜惶悚战栗，当静听处分，曷敢复有陈说。但验器测星二事，臣既不能以虚公回奏得之内外诸臣，而臣复畏触时忌，默不一言，则幽隐下情何由自达于君父之前耶？敢先言进器始末并测星情形，而后及犬马之私情可乎？

盖星、日二晷特定时法也，辅臣曾有疏云，交食要在加时，即古法壶漏，近世轮钟，而调品皆由人力，迁就可凭人意，不若求端于日星，乃以天测天，法为简密。其欲进御前者，不过欲皇上遇交食时一仰观俯察间不待灵台之奏，已乎握玄象于几席之近耳。原非谓历法修改但凭此两器，而两器以外，古法可尽废也。古法自善，然测天者法不厌详，自器不厌多，何诸臣见之未广耶？至如日晷之所以异于旧制者，全取节气线表中尖影，冬、夏二至则自朝至暮皆由曲线行，春秋二分自朝至暮皆由直线行，各节亦如之。皆依新法制造，上合天行，而一一不爽。臣所谓新法兼备者此也。其夏至日出寅正二刻节气线下，业已备书，但因日出地平影未即射于晷面，故但存其刻，不书其时。如夜之亥、子、丑等，影所不至，何用载之？而指为无凭测验，是未晰晷之用法也。星晷则从来未闻有以帝星、勾陈定时刻，不烦推算，一举手即得，而简易明切若是，可以堪舆罗经目之乎？若谓一遇阴霾则未如壶漏在精而用之，不知阴霾云雾则二曜亏蚀已无从见，调壶虽精，亦将安用？无论星晷矣。今岁二月之雪、八月之雨，壶漏何尝不设？亦未闻别有测法也。总之，二晷非经御览无以定其有用与否，何待臣之屑屑兴辨耶？

至如本月初五之测星，臣窃有隐痛焉。登台之际，止容臣带儒士杨之华一人，且以简仪万钧重器，非四、五人不能移动者，欲臣两人运之,是属何心?臣以力所难胜,且以非体辞,乃令灯夫一人佐之华,即用力甚艰,转移进退辄经数刻,而原距之星已密移于上。及测木星,安能合符?所测未符于所算,职是故也。即魏文魁共师生而三,乃两测之数亦各不一。及令天文科五人测之,两测虽同,与所算亦异。夫同此一器也,如可作准,何为每测各自不同?同此测法也,如二人可能,何为台官乃须多力?此非器之不善,是人力之不齐,而测法之未尽也。臣仍请用新法窥筒,以觇积气真形与木星同处、为相去半度之征,而内臣不许也,臣亦无可奈何矣。夫臣所督修,原参用西法者也。其器不备,何以自明?臣木讷书生,既不能为内臣强,惟静默以听其回奏而已。兹因详验仪器,奉明旨谓臣所测未验,明属疏略,则诚疏略也。台上之情景如是,臣安得不以疏略引罪哉?臣虽自信于心,但处孤危之形,当众忌之会,一段苦情不能上达天听,臣窃伤之。况臣夙抱深痼之疾,于初入都门有"微臣到任受事"一疏,曾言臣有犬马私情,此时固未敢言,正以待书器将完方自控请。今二晷已就待进,复写完历书三十册,或尚容恭进,以终未竟之绪,而臣事毕矣。至如臣中外驰驱者二十余年,劳瘵仅存皮骨。去冬复以粮务风雪中巡行河干者月余,寒邪深入肺腑,痰嗽已成痼疾。兼之心劳血枯,耳目昏聩,手足痿痹,将成废物,自愧不能为皇上效修明历法之用矣。如怜臣受事以来未敢靡费钱粮,书器督完亦稍勉竭心力,倘宽其罪,责赐之还里,以稍延残息,则自此有生之年皆仰祝圣明宝历无疆之日也。臣久郁下情,不觉娓娓越格,伏望皇上矜察。

崇祯七年十一月二十四日具题

本月二十七日奉圣旨:"李天经以参证历法任用,正宜详稽互质,以求吻合,何得因所见不符辄思引退?着照旧供职。该部知道。"

崇祯七年十二月初三日李天经题本

督修历法山东布政使司右参政臣李天经谨题，为遵旨恭进历书，并奏缴钱粮事。该臣于十一月二十四日具有谨陈仪器始末等事一疏，接奉圣旨："李天经以参证历法任用，正宜详稽互质，以求吻合，何得因所见不符辄思引退？着照旧供职。该部知道。钦此。"钦遵。臣捧读明纶，不胜感激涕零。臣何人斯，叨此异数？且责以参证互质之后效也。使臣非外感阴阳之患，内惕忧危之情，病势日深，岂敢假托以诳君父？然恭承明命，曷敢不勉结前局，更图新效，以尽臣子报称之万一，而后遂私请乎？除稍痊即朝见任事外，顾臣所谓前局者，辅臣徐光启未竟之绪也。所有原报历书三十卷，辅臣手订及半。臣受事以来，详加较阅。今缮写已完，外加二卷，悉照原题恭呈御览。前后五次所进，共计成书一百三十七卷。其间著定交食、七政各有二百恒年表，可为二百年内推算之法。又有太阳、太阴永表，可为千百年后再算之根。又各有历指，以晰诸行之理，并究旧法所以差谬之原，颇明且尽。如《甲戌、乙亥日躔细行》二册，其节气先后、晨昏出入异于《大统》旧法，可见一端。此书进呈而前局结矣。乃臣以新效自期者，兹蒙圣恩，任以参证历法，又命臣详稽互质，以求吻合，是臣未竟之业也。大概新法与旧法之不同，所当参证者约有二十余款，容臣条列奏夺外，辅臣前后支取过户、礼、工三部钱粮银八百七十三两五钱，皆辅臣取给各项之用。比因疾剧，故疏请待臣销算。臣受事之日，止收册二本，钱粮毫未经手。今书器俱完，合据原册开报。若日、星二晷，辅臣止请发银一百两。及制完，所费不啻倍之。皆臣自捐凑造，而不敢琐屑以仰渎宸聪也。至于局中供事知历生儒，因事例停止，自六年三月至今未支升斗廪饩，而朝夕拮据，多有勤劳，曾蒙皇上允辅臣题叙纪录，容臣另疏请旨。缘系遵旨恭进历书并奏缴钱粮事理，未敢擅便，谨题请旨。

计开：

第五次进呈书目，共三套：

《五纬历指》共八卷，

《五纬用法》一卷，

《日躔考》共二卷，

《夜中测时》一卷。

已上系陪臣①罗雅谷译撰。

《交食蒙求》一卷，

《古今交食考》一卷，

《恒星出没表》共二卷。

已上系陪臣②汤若望译撰。

《高弧表》共五卷，

―――――

①② 《西洋新法历书》本改"陪臣"作"远臣"。

《五纬诸表》共九卷,

《甲戌、乙亥日躔细行》共二卷。

已上系二臣指授监局生儒推算。

奏缴钱粮数目,据太子太保礼部尚书兼文渊阁大学士徐光启册开修政历法用过钱粮,逐一开造于后。

崇祯三年正月收户部事例银一百两,本年九月初九日收工部银三百两。

崇祯四年六月十三日收户部银二百两,本年闰十一月十七日收礼部写历银七十九两五钱。

崇祯五年七月十五日收工部银九十四两。

崇祯六年三月初三等日收户、工二部造进呈仪器银各五十两。

以上共收过银八百七十三两五钱。

一,造仪器钱粮:

象限大仪二架,纪限大仪一架,除取用工部楠木标皮外,用过工料银七十八两三钱八分八厘。

石晷一座,料价、工食、刻字,共银一两八钱二分五厘。

壶漏一具,工料银五两五钱九分四厘。

铜弧矢仪一具,工料银十两零二分。

铁弧矢仪一具,工料银五两三钱。

星晷一座,工料银七钱。

罗经一副,工料银三钱。

象限铜仪一架,铜铁煤炭等工料银三十六两一钱三分。

地平仪一座,铜铁煤炭等工料银一十三两六钱九分五厘。

修整仪器,用银三两四钱六分。

以上共用过银一百五十五两四钱一分二厘。

一，誊写进呈书册纸张工食：

崇祯三年十月起，陆续给过秋官周胤等买泾县呈文连四等纸，共银二十二两四钱。

写稿太史连纸五十五刀，共银二两七钱五分。

刚连纸二十七刀，共银四两五钱六分。

崇祯三年十一月起，陆续给过秋官周胤等誊写进呈书册工食银三十九两四钱八分五厘。

以上共用过银六十九两一钱九分五厘。

一，访取生儒廪给：

儒士陈于阶，二年八月、九月，三年八月至四年八月止，共计十五个月，每月银三两，共给过银四十五两。

儒士张寀臣，二年九月起至四年八月止，共计二十四个月，每月银三两，共给过银七十二两。

儒士祝懋元，三年七月起至六年四月中止，共计三十三个半月，每月银二两四钱，共给过银八十一两二钱。

儒士董思定，三年八月起至四年十月止，计十五个月，每月银二两四钱，共给过银三十六两。

生员邬明著，三年十二月二十五日入局供事以来系自备廪给，未受钱粮。

儒士杨之华，四年正月十六日入局供事，未受廪给。

儒士李遇春，四年二月起至九月止，计七个月，每月银三两，共给过银二十一两。

访举黄国泰，四年七月起至五年十月止，共计十七个月，每月银二两四钱，共给过银四十两零八钱。

生员程廷瑞，四年十一月起至六年三月止，共计十八个月，每月银二两四钱，共给过银四十三两二钱。

原任保章朱国寿,四年十二月起至六年四月中止,计十六个月,每月银二两四钱,共给过银三十九两二钱。

儒士黄宏宪,五年八月起至六年四月中止,计八个半月,每月银二两四钱,共给过银二十一两二钱。

武举魏邦纶,造百分表在局一年,未领工食,量给银十两。

生员孟履吉,五年九月内入局供事以来自备廪给,未受钱粮。

以上共银四百零九两六钱。

一,书办写本局夫厨夫等役工食:

礼部书办邵化鳞,每月工食银九钱。自二年八、九、十月,三年八月至五年六月止,共计二十七个月,给过银二十四两三钱。

常川书办胡纯良,每月工食银一两五钱。自三年八月起至四年十二月止,计十七个月,共给过银二十六两。

写本书办写过本三十四个,给过工食银十两零二钱。

看局夫杨桂,每月工食银六钱。自二年九月起至六年三月止,计四十四个月,共给过银二十六两四钱。

厨夫张达,每月工食银六钱。自二年九月十月三年八月至六年三月止,共计三十四个月,给过银二十两零四钱。

以上共银一百零七两三钱。

一,装钉刻印等工食:

第一次装书工银一两五钱,绫料等银三两三钱三分。

第二次装书工银一两五钱,绫料等银三两五钱四分。

第三次装书工银一两五钱,绫料等银五两六钱七分。

刻板八版工银一两二钱二分。

印书工银一两零七分五厘。

画格心红胶矾共银二钱八分。

以上共银一十九两六钱一分五厘。

一，历局添盖西顺山房二间，工匠瓦砖物料共用过银一十二两一钱三分。

一，自三年十月起，共经日、月食六次，测候饭食银共八两四钱。

一，崇祯六年五、六等月铸造星晷龙柱并下盘铜料工食等项，总用银七十五两五钱三分八厘。

一，日晷平面石并座及星晷座石，工价、运价共用银二十四两四钱三分。

以上通共用过银八百八十一两五钱三分。除收过户、礼、工三部八百七十三两五钱外，多用过银八两零三分，俱系辅臣经手收放。

一，陪臣①罗雅谷、汤若望每月供给银十两，自二年八月起至六年六月止，共四十七个月，共银四百七十两，俱系辅臣自备。

一，制造进呈星屏一架，共用银四十三两五钱，系倍臣②汤若望自备。

一，崇祯七年六、七等月打磨日晷等石及镌字等项，共用银一十三两三钱。

一，铸造日晷铜表、星晷上盘，并铜料打磨工食等项，共用银五十四两零五分。

一，日晷铜表并星晷铜盘镀金，共用银六十一两二钱三分。

一，缮写进呈历书，并装钉绫壳纸张工食等项，共用银二十五两五钱。

一，自本年八月以来，给过生员程廷瑞、儒士杨之华、祝懋元、张寀臣、黄宏宪、原任保章朱国寿等廪给银共七十五两六钱。

---

① 《西洋新法历书》本改"陪臣"作"远臣"。
② "倍臣"当为"陪臣"之误，《西洋新法历书》本改为"远臣"。

而生员邬明著、孟履吉、儒士陈于阶仍系自备廪给,书办胡纯良工食银共一十两零五钱。局夫雷鸣工食银共四两八钱。已上共用过银二百四十一两三钱八分,系臣天经自备。

崇祯七年十二月初三日具题

本月初六日奉圣旨:"历书着留览,造过钱粮着该衙门核销。"

崇祯七年十二月初八日李天经题本①

督修历法山东布政使司右参政臣李天经谨题，为恭遇万寿圣节，敬陈愚悃事。臣自奉旨入京，在居办事，从陛见之后未敢随班朝参者，守藩臣之礼也。兹遇圣节留期，普天同庆，臣既不偕外之两司遥祝于藩府之中，再不随内之百僚嵩呼于殿陛之下，偃蹇私寓中，非臣谊之所能安也。谨当赴鸿胪寺关领朝票，于圣节日敬从进表诸臣后随班行礼，以快瞻天颜之粹穆，仰祝万寿于无疆。臣区区犬马之私诚庶乎稍安矣。谨具本奏闻，伏乞圣览。

崇祯七年十二月初八日具题

本月十二日奉圣旨："是，该部知道。"

————

① 《西洋新法历书》本未收此篇。

崇祯七年十二月初八日李天经奏本

督修历法山东布政使司右参政臣李天经谨奏,为书器告成,叙录宜加,谨照原题查叙在事诸臣,以示激劝事。崇祯六年十月初六日,该已故辅臣徐光启题,"为治历已有成模,课功会应严核,谨将在事臣工分别上请,恳祈恩叙,以光大典事",奉圣旨:"该部知道。"盖因辅臣于病革时,恐未能身终其事,且念在局修历官儒勤敏有加,劳瘁堪录,及其存日,预为陈请,若待书器告成,以绩题期之后人者。臣实接管其事,今书器进矣,若不代为题叙,无论诸臣之成劳未可泯,即恐辅臣之前绪亦未终耳。谨查照原疏所叙,除钦天监左监副戈承科、右监副周胤,辅臣原以勤学可嘉,俟习学完日另叙,今为该监堂上官,臣方与参订异同,待有成绩,取自上裁,臣未敢例叙外,谨分别为皇上陈之。

如陪臣①罗雅谷、汤若望等,译书撰表殚其夙学,制仪缮器摅以心

---

① 《西洋新法历书》本改"陪臣"作"远臣"。

法，融通度分时刻于数万里外，讲解躔度交食于四五载中，可谓劳苦功高矣。说者动以异域视之，不知皇上君临万邦，覆载之下莫非王臣，法取合天，何分中外。臣谓当如原题，查给田宅，以为远人劝者也。

知历生员邬明著、访举儒士陈于阶，贯通象纬，精究理度，缮制已有成效，推测可任方来，所当照纂修办事例优叙者也。

又知历生员程廷瑞、孙嗣烈、孟履吉，监生李次彪、访举儒士杨之华、祝懋元、张寀臣、黄宏宪，原任五官保章、今降天文生朱国寿，或翻译著劳，或缮写效力，昼夜之测验靡宁，寒暑之修葺可纪，所当照纂修效劳例并叙者也。

原任大理寺评事、今带衔光禄寺录事王应遴，武英殿中书陈应登，督率官生，参订讹正，协赞已久，叙录应加。在应遴或开其原俸，应登量加其职级，以示优者也。

若秋官正刘有庆、中官正贾良栋、保章正贾良琦、春官正潘国祥、灵台监候官章必传、博士朱光显、天文生朱光灿、朱光大、周士昌，皆勤力学习，虚心讲究。日躔、月离既窥大旨，恒星、月食亦晓推测，尚有日食、五纬正在讲究。当俟其学习通彻，另疏题叙者也。

内除钦天监堂属各官正在参订学习者尚可待之异日，其历局生儒办事已阅五年，两载未沾半菽。总缘户工事例已停，即题准之特恩俱成虚愿，茹苦纂辑，臣窃怜之。今书器告成，臣若不复申前请，又何以录旧绩而励新功也？伏乞皇上念此成劳，将生员邬明著、程廷瑞等各量加以钦天监职衔，使与学习诸臣研究推测，以共维新法于不堕可矣。

臣非汲汲为此也，之数人者若无微职以系其身，必且奔走衣食于四方。书虽存而人不备，亦将终归废灭，不甚可惜耶？臣所叙述诸人与辅臣之疏有减无增，以防冒滥，其原疏见在御前可覆而按也，伏乞皇上敕下该部复议施行。冒昧控陈，臣无任惶悚待命之至。

崇祯七年十二月初八日具题

本月十二日奉圣旨:"礼部酌议具奏。"

崇祯八年正月十七日李天经题本①

　　督修历法山东布政使司右参政臣李天经谨题，为月食事。臣于崇祯七年闰八月二十三日具题前事，本月二十六日奉圣旨："这所奏月食分秒时刻及起复方位，着监局各官临期公同测验。礼部知道。钦此。"崇祯八年正月初七日，该礼部题差监局生儒邬明著等分往保定、宣府二处测验，听该地方官奏报外，臣谨于本月十五夜率领西洋陪臣罗雅谷及知历生员程廷瑞、儒士黄宏宪前诣观象台，会同礼部札委祠祭司主事李焻、钦天监监正张守登，及本监官生与布衣魏文魁等登台测验。据辅臣原疏定时之法，必以准于天行为本，夜宜测星变时，曾奉明旨。而礼臣以该监未习，即用台上简仪测验。初亏测得丑正二刻内二十分，原推丑正一刻内八十二分七十六秒，先天三十分有奇。食既寅初二刻二十分，原推寅初二刻内四十分四十三秒，后天八

---

①《西洋新法历书》本未收此篇。

十分有奇。食甚寅正一刻,与原推寅正一刻内九十五分三十一秒所差不远。生光卯初一刻四十分,原推卯初一刻内五十分二十一秒,差仅十分有奇。复圆卯正一刻二分,与原推卯正二刻内七分八十六秒所差不满六分。而月体在地平上高二度许全复光明,则与原推不谬。此东台之测也。又是夜该率领学习带衔光禄寺录事王应遴、武英殿办事中书陈应登会同礼部札委精膳司主事颜茂猷、钦天监右监副周胤,同陪臣汤若望及知历儒士祝懋元、学习儒士刘化行,与钦天监学习官贾良琦、天文生朱光大等在局用新法黄赤圆仪及象限仪并高弧表,于初亏测算轩辕大星,用法变时,得丑正一刻内八十六分六十六秒。食既再测轩辕大星,变时得寅初二刻内三十三分三十三秒。生光测角宿南星,变时得卯初一刻内四十六分。而在地平上生光、复圆与原推不异。此西局之测也。按两处之测西局较于原推密合,则以测星变时为本法,而人器相习也。东台之测自食既以迄复圆所差于原推不过分秒,而初亏几差小半刻者,缘于仪上安线测月,待亏后测稍有游移,大都以人力推测天行,不能分秒不爽。是以从来历家谓考算交食同刻者为密合,相较一刻为亲,二刻为次亲,三刻为疏,四刻为疏远。今所差止在分秒,是为同刻,似亦可云密合矣。且按交食以见月体食分为确,今测验新法,月体完全复圆与原推实相符合,较之诸法尤得其准,此殆可为参订新旧异同之本矣。至若魏文魁所算初亏在寅初二刻,既已后天六刻,而所推生光仅见四十二秒,带食入地,不啻十分差九,在诸法中最为疏远,自难遁于圣鉴,又无俟臣言之赘也。缘系月食事理,未敢擅便,谨题请旨。

崇祯八年正月十七日具题

本月二十一日奉圣旨:"这所奏月食测验,前该监依《大统历》所算初亏、食既及《回回历》所算生光俱合,李天经新法所算止复圆不差,何得全称密合?魏文魁所算初亏、复圆俱谬,着他自行回奏。"

崇祯八年二月十八日陈子壮等题本①

礼部署部事右侍郎兼翰林院侍读学士臣陈子壮等谨题，为遵旨测验月食事。祠祭清吏司案呈案查，先该督修历法山东布政使司右参政李天经题为月食事等因，崇祯七年六月三十日奉圣旨："这所奏月食事情，着监局各官临期公同测验。山海、登州遣人验报依议。礼部知道。钦此。"随该本部题差监局生儒前去山海、登州验报，据实回奏，覆奉圣旨："知道了。日月五星躔度还着李天经同监局各官昼夜考测，其交食分数俟后再行详验。钦此。"崇祯八年正月初六日，据督修历法参政李天经揭，称"本年正月十五日丙寅夜望月食，本局分秒时刻已经上闻，而此番月食，职等新法算得紧挨地平见复，《大统》《回回》俱称复圆在昼，魏文魁独称见生光四十二秒，不见复光九分五十八秒。似此各法参差，政宜详加考核。合无遵奉明旨，查照前例，仍

---

① 《西洋新法历书》本未收此篇。

差知历生员邬明著、儒士杨之华前往宣府,知历儒士张寀臣、天文生朱国寿前往保定公同测验"等因。随该本部具题,正月初八日奉圣旨:"是。钦此。"印给咨文,即令生儒邬明著等四名赍文分投宣府、保定参验去后,今二月初二日接准巡抚宣府等处地方赞理军务都察院右佥都御史陈新甲咨称:"准礼部咨前事到院,至正月十五日夜,会同总镇卢抱忠、饷司毕拱辰,并率在镇文武各官及生儒邬明著等亲诣北门城楼高阔处所,安顿测量仪器。候至丑正一刻内,瞻见初亏。用象限仪测得心宿中心高一十二度三十五分,依法推算,得在丑正一刻内八十二分有奇。候至寅初二刻内,瞻见食既,仍测得心宿中星高一十九度五十一分,算得在寅初二刻内四十分有奇。候至卯初一刻内,瞻见生光,测得河鼓中星高三十三度四十五分,算得在卯初一刻内五十分有奇。至复圆分数,委见月光全复始入地平。此城头万目所共睹者。虽本院未习天文,其交食分数未易管窥,而饷司毕拱辰素留心经纬,其为高度时刻依法磨算,俱各精通。自初亏以至复圆,分秒时刻起复方位一一与新法相合,理合据实咨覆。"初六日又准巡抚保定等府提督紫荆等关兼理海防军务都察院右佥都御史张其平咨称:"该本院会同巡按顺天等处监察御史张三谟案行易州道,据保定府呈准本道案验,蒙本院案验,准礼部咨前事等因到府,承此随票行清苑县。正月十五日,率领生儒在于西城台上,同儒士张寀臣,并天文生朱国寿测验。续据该县申称,是夜自初亏至复圆,依测星变时新法,初亏时测得心宿大星在东,高一十一度三十五分,时在丑正一刻;食既时测得心宿大星高二十一度三十一分,时在寅初二刻;生光时测得河鼓中星在东,高三十三度三十分,时在卯初一刻;复圆在地平上,此时太阳将升,无星可见,云气弥漫,而太阴西入。此本县共见者也。"缘由申府呈报到道,转详到院,据此会同巡按拟合咨覆各等因。咨部送司,合行回奏,案呈到部。看得本年正月十五日月食除京师交食分数已经奏报奉旨外,所有宣府、保定二处既经抚臣咨覆前来相应据实闻,为此具本,谨具题知。

崇祯八年二月十八日具题

二十一日奉圣旨:"知道了。前监局各官公同测验,新法独复圆不差。这宣、保二镇所测报称俱合,是否确核,以后还择该监熟谙生儒再行详验具奏。"

崇祯八年四月陈子壮题本①

回奏魏文魁另局疏

题为遵旨查明回奏事。祠祭清吏司看得魏文魁另局自奉旨置局之后，一应所需廪供仪器属各该衙门，臣部惟有奉文督催，至再至三，以奉明旨。如光禄寺衙署，文魁并生徒即已搬住，其汤饭卓廪薪逐月供送，生徒月粮既已造册，照月给发。仪器砌台例催工部，节经回咨工力未能猝办，而业已委官料理，职掌所在，自难迟误。纸札催都察院，亦经回咨当此纸张匮乏以应各衙门俱不给，另局无从设处，正在商策，或宜并责工部设办一起销算。仰遵圣谕查明回奏，案呈到部，既经该司查明，理合据实奏闻。

①本篇据《礼部存稿》补录。

崇祯八年四月十五日奉圣旨:"仪器筑台系测验急需,奉旨已久,如何但以委官料理塞责?纸张数既不多,岂得借匮乏为词,着该管司厅官自行回奏,仍一面严催办给,不得再延。余知道了。该衙门知道。"

崇祯八年四月初四日李天经题本

督修历法山东布政使司右参政臣李天经谨题，为历法告成，恭进乙亥、丙子七政行度，并"参订条议"，仰祈圣明采择，以昭熙朝大典事。先该辅臣徐光启①奉旨修正历法，朝夕讲求，详加测验，勒为成书一百三十余卷，已经辅臣与臣先后进览，大抵皆发明七政所以然之理，并所以求七政之用，而尚未推步成历也。迨臣奉命接管，于崇祯七年九月内，该钦天监遵旨据实回奏一疏，奉圣旨："据奏岁差增损成法自宜变通，着张守登等督率监局各官与李天经测验参订，务求推算画一，以正历法。礼部知道。钦此。"钦遵。臣即　面移文，会同钦天监监正张守登、监副戈承科、周胤、带衔录事王应遴、五官正贾良栋、刘有庆、潘国祥、保章正贾良琦、博士朱光显、天文生朱光灿、朱光大、学习蔡孚一、刘化行等到局参订，备将新旧异同逐款考核。间有疑义

---

① 《西洋新法历书》本改"辅臣徐光启"作"辅臣徐光启、远臣汤若望等"。

可商者，令其人人各自陈说，往覆辨难，必期共相阐明，众论攸同而后已。展转月余，三、四易稿，择可信今传后者约得二十六则。然臣等非臆说，而诸臣亦不肯以耳为目也。除火、土等星奉旨测验俱合外，如金星之在崇祯七年十二月也，旧法载是月二十日夕伏，新法推当见至次年正月初三日始与太阳合。及本月二十一日，臣等公同该监诸臣测之，果西高十八度矣。水星之在本年二月也，旧法是月十八日夕伏，新法推当见至次月初三日始伏。及本月二十三日，臣等公同该监诸臣测之，果西高八度余矣。又觜、参二距星，从古至今度分渐减。旧法谓觜在参前，新法谓觜在参后。及三月初六日，臣等公同该监诸臣测之，果参居前，觜居后。有器可考，有目共见。此则黄赤相交，古今密移，难仍其故，尚可以常法拘乎？内二十六则，惟天行无紫气一段，臣等再四考求，茫无义据。而诸臣谓传来已久，未便删削。则或去或存，无关于理，而亦无害于法。可否应听圣裁，臣等不必争论。此则臣奉旨测验参订事也。

  臣又一面偕该局陪臣①罗雅谷、汤若望，率知历生儒等依法布算乙亥、丙子两年七政、经纬度分，并会合伏见迟留日时，种种与旧法迥异。内乙亥年诸曜躔度旧法用墨书，新法用朱书。两法并列，以备皇上参考。其丙子年诸曜，因监推未完，止依新法录进。而五星迟疾诸行不用初末等字者，缘旧法以段目平分日数，无所取义，而新法则时时不等，故置不用。且顺天行以定序次，故土先木、火之上。其四余躔度，因紫气无确论，故未录。而月孛、罗计诸行已附载经纬度中。因思明旨所谓务求推算画一，以正历法者，意必如是推算，而后不一者能一，不正者可正耳。谨将乙亥、丙子七政行度四册并"参订条议"开坐，恭进御览。伏乞敕下阁部大臣并科道等官，公同会议，再加详

---

① 《西洋新法历书》本改"陪臣"作"远臣"。

核。如果立法无差，或依法改正，或待屡验始行，此又在阁部大臣另行请旨定夺。缘系历法告成，恭进乙亥、丙子七政行度并"参订条议"，仰祈圣明采择，以昭熙朝大典事理。未敢擅便，谨题请旨。

计开：

乙亥、丙子七政行度四册，

"参订历法条议"二十六则。

七政公说①

诸曜之应宜改。日月五星各有本行，其行有平有视，而平行起算之根则为应。应者，乃某曜某日某时躔某宫次之数。今新法改定诸应，悉从崇祯元年戊辰年前冬至后己卯日第一子正为始。

测诸曜行度用赤道仪尚不足，应用黄道仪。太阳由黄道中线行，月、五星各有本道，亦皆出入黄道内外，而不行赤道。若用赤道仪测之，则所得经纬度分须通以黄赤通率表乃可，否则所测经度宿次非本曜天上所在之宫次，盖器与天行不类也。

诸方七政行度随地推算不等。日月东西见食其时各有先后，既无庸疑矣。则太阳之躔二十四节气，与月五星之掩食凌犯，安得不与交食同一理乎？故新法立成诸表虽以顺天府为主，而推算诸方行度亦皆各有本法。

诸曜损益加减分用平、立、定三差法尚不足。加减一法，乃历家之要务，盖以其数加减于平行得视行。第天实圆体，与平异类。旧所用三差法俱从勾股平形定者，似于天未合，即各盈缩损益之数未得其

---

① 此处"七政公说"及以下"恒星""太阳""太阴"等节均为"参订历法条议"二十六则的标题。

真。今新法加减诸表乃以圆齐圆，差可合天。又各曜盈缩，损益大差，累经测验，俱与旧法不同，今悉改定。

随时随地可求诸曜之经度。旧法欲得某日某曜经度，必先推各曜冬至日所行宫度宿次，后乃以各段日度比算乃得。今法不拘时日方所，只简本表，一推步即是。

径一围三非弧矢真法。古历家以直线测圆形，名曰弧矢法，而算用径一围三，谬也。今立割圆八线表，其用简而大。弧矢等线但乘除一次便能得之，非若向之展转商求，累时方成一率者可比。

球上三角三弧形非勾股可尽。古法测天以勾股为本，然勾股乃三腰之形，勾与股交，必为直角，遇斜角则勾股穷矣。且天为圆球，其面上与诸道相割生多三弧形，因以测诸星经纬度分。二者一勾股不足以尽之。

恒星

恒星本行即所谓岁差，从黄道极起算。各星距赤极度分古今不同，其距赤道内外也亦古今不同，而距黄极或距黄道内外则皆终古如一。所以日月五星俱依黄道行，其恒星本行应从黄极起算，以为岁差之率。

古今各宿度不同。恒星以黄道极为极，故各宿距星行度与赤道极时近时远。盖行渐近极，即赤极所出过距星线渐密，其本宿赤道弧则较小。渐远极，即过距星线渐疏，其本宿赤道弧则较大。此缘二道二极不同，故非距星有异行，亦非距星有易位也。如觜宿距星，古测距参二度，或一度半度，又或五分。今测之不啻无分，且侵入参宿二十四分。此非可证之一端乎？

夜中测星定时。太阳依赤道左行，每十五度为一小时，三度四十五分为一刻。今任指一星测之，必较其本星经行与太阳经行得相距若干度分，又得其距子午圈前后若干度分，则以加减推太阳距本圈若干，因以变为真时刻。

宋时所定十二宫次在某宿度，今不能定于某宿度。此因恒星有本行，宿度已右移故。

太阳

太阳盈缩之限非冬、夏二至，此限亦微有行动。旧法以冬、夏二至为太阳盈缩初末之限，即新法所谓最高及最高冲也。盖因测冬至至春分，又测春分至夏至，中间日数不等，觉冬至太阳行疾而盈，夏至行迟而缩焉。今新法亦测得自冬而夏，自夏而冬，或自春而夏，自夏而秋，两测中积非一算，得此限不在二至，已过六度有奇。且年年行动，初无一定之数。

以圭表测冬、夏二至非法之善。二至前后太阳南北之行甚微，则表景长短之差亦微。如冬、夏至前后三日，太阳一日南北行为天度六十分之一。设表长一丈，冬至两日之景约差一分三十秒。夫一分三十秒为一日之差，则测差一秒计刻当为六刻零七分。圭上一秒之差，人目能保不误乎？且景符之光线阔亦不止数秒，一秒得六刻有奇，若测差二、三秒，算几差二十刻，又安所得准乎？今法独用春、秋二分，盖以此时太阳一日南北行二十四分，计一日景差一寸二分，即测差一、二秒，算不满一刻，其差甚微，较二至为最密。

日出入分应从顺天府起算，旧法仍依应天府。诸方北极出地不同，晨昏时刻亦因以异。《大统》仍依应天府推算，是以昼夜长短未能合天，甚至日、月东西带食，所推未如所算，多缘于此。今悉依顺天府改定。

平节气非天上真节气。旧法气策为一十五万二一八四三七五，此乃岁周二十四分之一。然太阳之行有盈有缩，不得平分。如以平数定春、秋分，则春分后天二日，秋分先天二日矣。今悉改定，庶几测算吻与天合。

太阴

朔望之外别有损益分，一加减不足以尽之。旧法定太阴平行一日为十三度有奇，算朔望别有加法、减法，大数为五度有奇。然两弦时多寡不一，此加减法不足以齐之，即《授时》亦言月朔望时一日平行十三度有奇，朔望外平行数不足，似明其理，未著其法。今于加减外再用一加减，名为二三均数，理明而数亦尽。

纬度不能定于五度，时多时寡。纬度难定五度，古今历家俱言之。以交食分数及交泛等测定黄、白二道，相距约五度。然朔望外两道距度有损有益，大距计五度三分度之一。若一月有两食，其弦时用仪求距黄道度五度未能合天。

交行有损益分。罗睺、计都，即正交、中交。行度古定交行一日逆行三分，千百年俱为平行。今细测之，月有时在交上，以平求之必不合算。因设一加减，为交行均数。

天行无紫气。旧谓紫气生于闰余，又曰紫气为木之余气。今细考诸曜，此种行度无从而得，无象可明，欲推算无数可定，欲论述又无理可据。展转商求，则知作者为妄增，后来为傅会，鄙俚不经，无庸置辨。

交食

日月景径分恒不一。日月有时行最高，有时行最卑，因高卑遂相距有远近。盖近则见大，远则见小。又因远近得太阴过景有时厚，或有时薄，所以径分不能为一。

日食午正非中限，乃以黄道九十度限为中限。南北东西差，皆以视度与实度相较而得。则日月之实度俱依黄道，而视度安得不从黄道论其初末，以求中限乎？且黄道出地平上两象限，自有其高也，亦自有其中也。此理未明，则有宜多而少，宜少而多，或宜加反减，宜减反加者。凡日食加时不得合天，皆缘于此。

日食初亏、复圆时刻多寡恒不一，非二时折半之说。视差能变实行为视行，则以视差较食甚前后，鲜有不参差者。夫视差既食甚前后不一，又安能令视行前后一乎？今以视行推变时刻，则初亏、复圆其不能恒为一也明矣。

诸方各依地经推算时刻及日食分。地面上见日月出没，与在中各有前后不同，即所得时刻亦不同。故见食虽一而时刻异，此日月食皆一理。若日食则因视差随地不一，即太阴视距不一，所以见食分数亦因之异焉。

五纬

五星应用太阳视行，以段目定之不得。五星皆以太阳为主，其与太阳合伏也则疾行，其与太阳冲也则退行。且太阳之行有迟有疾，而五星亦各有本行外之太阳迟疾，则合伏日数时多时寡，自不可以段目定其度分。

五星应加纬行。月有白道，半在黄道内，半在黄道外。而五星亦然，则各于黄道有定距度。又土、木、火三星冲太阳纬大，合伏太阳纬小；金、水二星顺伏纬小，逆伏纬大，不可不详考之。

测五星宜用恒星为准则。测星用黄道仪外，或用弧矢等仪，将所测纬星视距二恒星若干度分依法布算，得本星真经纬度分。又绘图亦可免算。

崇祯八年四月初四日具题

初六日奉圣旨："这推乙亥、丙子七政行度并'参订条议'着该部遴委晓历司官同监局各官生儒随时测验，果否差合，核议奏夺。该部知道。"

崇祯八年四月初四日李天经奏本

　　督修历法山东布政使司右参政臣李天经谨奏，为历法业有成局，微臣敬申前请，伏乞转委大臣，以终巨典事。窃照臣之奉命入都门也，缘皇上特允辅臣、礼臣之请，两下速催到任之明旨。臣是以祗遵明命，竭蹶前来任事。乃屡遭谤忌，相驳相扼，无肯秉虚公以从事者，令臣法难明，臣心兹苦矣。乃尚隐忍逾时，未即引退者，以书器虽完，仅毕治历之成模，而参订未详，犹非修正之实着。恐虚皇上责成之盛心，且堕旧辅将完之前绪耳。今于数月间公同钦天监监正张守登、监副戈承科、周胤等，皆虚心察理，不执成见，遵旨参订，颇韪臣言。且监官历科之学习新法，如刘有庆、贾良栋等，皆精心理解，知新法合天，而津津愿学，皆非有所强也。故臣等得与结参订一局，而汇款细推，恭进以尘御览。或下①阁部大臣会议之后，如即赐②改正颁行，固成一代之大典，臣敢必其无所差忒。倘犹欲与异术较疏密，待屡测屡验，人心大同以成信历，则圣主慎重钦若之弘谟亦臣所大愿，此则非岁月之可计也。臣请以在局生儒尽收之钦天监，以便随时推测。将臣等所成新法暂附于《大统》，以便公同考验。使久之而屡测不爽，以天纵圣明如皇上，亦岂容承舜者尚沿乎陋习，而合天者终以故纸置之耶？此事正有待也。然而本局之历则已告成矣，臣之一身可以言去矣。盖臣自去岁四月到京已及一年，藩司薪俸久不沾濡，仕籍姓名向已刊落。论臣子敬事后食之义皆不敢言，但奉命而来，竣事而退，微臣出处之宜明，不当如是耶？伏乞皇上放臣归里，以甦病骨，以避众忌，则所全于臣之身名更大矣。即尚有未完，如监官之学习新法者才得一半，讲解通彻尚须年余；新法之度数旁通尚有多款，经辅臣之已题者，徐待制造。然皆余事也。伏乞转委阁部大臣一员兼摄之，则不烦更置，可以镇群嚣而凝庶绩，贤于孤踪之臣万万矣。伏祈圣鉴下部议覆施行，臣无任惶悚之至。

崇祯八年四月初四日具题

初六日奉圣旨："新法书器虽完，然推测疏密未经考验，且据称度数旁通尚有多款，徐待制造，岂得遽云局历告成？李天经还同该监官虚心详究，务期画一，以裨历法。俸薪久不支给，是何缘故？着即与查补。该部知道。"

---

① 《西洋新法历书》本改"下"作"敕下"。
② 《西洋新法历书》本改"赐"作"敕赐"。

崇祯八年四月二十七日李天经题本

督修历法山东布政使司右参政臣李天经谨题，为遵奉明旨敬申旁通事宜，以便翻译制造事。先该前辅臣徐光启条上旁通十事，奉圣旨："度数旁通有关庶绩，一并分曹料理。钦此。"盖因前此历事未完，工力有限，是以至今未遑措办也。顷该臣奏"为历法业有成局"一疏，奉圣旨："新法书器虽完，然推测疏密未经考验。且据称度数旁通尚有多款，徐待制造，岂得遽云局历告成？李天经还同该监官虚心详究，务期画一，以裨历法。俸薪久不支给，是何缘故？着即与查补该部知道。钦此。"钦遵。除臣一面遵旨任事，会同该监诸臣将新旧七政行度朝夕考验，听礼部类奏外，所有旁通诸务，臣一一与陪臣①罗雅谷、汤若望等逐款商确。然皆目前切要之事，济时适用，有裨急需。第非旦夕可竟之功，讲解著述尚须时日。谨照辅臣原题稍加更正，再

---

① 《西洋新法历书》本改"陪臣"作"远臣"。

行胪列于皇上之前。亦见臣等于考测之暇非敢玩日愒月,而所接续考求者乃历法修正后推广度数之妙用,以仰佐明时急务,而非止言历已也。然之数事者头绪颇多,形质甚广。释义演文与夫较勘制造,翳惟人是赖,似非臣与一、二陪臣^①所能卒业,故不无望于众思群力之助也。如在局知历生儒等,臣曾请以量加职衔,少酬前劳。业蒙皇上下部酌议具奏,但得速为叙录,臣亦可藉手责成。不独日后交食并七政诸历皆须为之推算,即旁通一役必先示以勉励之意,使诸臣薪水无虑,得以一意随分尽职,如明旨所为分曹料理可也。统候圣裁。

计开:

度数旁通十事:

其一,考求七政行度性情,下合地宜,一切水旱、虫蝗、疾疠、兵戎可以约略预知,则凡先事修救,如农家因之勤稼穑,兵家因之备边储,其于民生国计大有利益。

其二,度数既明,精通水法,一切疏浚河渠,灌溉田亩,置闸河以利运艘,造水铳以救火灾,与夫风水轮盘诸器,治水、用水,各利实用。

其三,度数与乐律相通,明于度数即能考正音律,制造器具,于修定雅乐可以相资。

其四,兵家营阵器械及筑治城台池隍等,皆须度数为用。精于其法,有裨边计。

其五,算学久废,官司计会多委任胥吏,钱谷之司关系尤重。度数既明,凡《九章》诸术皆有简当捷要之法,习业甚易。理财之臣,尤所急需。

其六,营建屋宇桥梁等,明于度数者力省功倍,且经度坚固,千

---

① 《西洋新法历书》本改"陪臣"作"远臣"。

万年不圮不坏。

其七，明于度数能造作机器，可以任重致远，一切举重引重诸器皆有利便之法，以前民用，以省民力。

其八，天下舆地，其南北东西纵横相距，纡直广袤，与夫山海原隰，高深广远，皆可用法测量，洞其隐微。

其九，医药之家，宜审运气。历数既明，可以察知日月五星躔次与病体相视乖和顺逆，因而药石针砭，不致差误，大为生民利益。

其十，造作沙、水等漏，以知时刻分秒。若日、月、星晷，依视学制造，不论公私处所，南北东西，觳斜坳突，皆可安置施用，使人人能分更分漏，以率作兴事，屡省考成。

崇祯八年四月二十七日具题

五月初一日奉圣旨："据奏旁通十事亦属利用要务，知道了。生儒量加职衔，该部遵旨议奏。"

崇祯八年八月初九日李天经题本

督修历法山东布政使司右参政臣李天经谨题,为遵旨恭进仪器事。先该臣接得司礼监传奉手本,开称"该御用监把总官周福奏称,奉旨造进窥远镜"等因。崇祯八年七月十二日奉圣旨:"司礼监传与李天经,将窥远镜造二具来进。钦此。"钦遵。臣即督同本局陪臣[①]汤若望、罗雅谷等,将本国携来玻璃星夜如法制造,今已造完。谨将窥远镜二具恭进御览,伏乞圣鉴。缘系遵旨恭进仪器事理,未敢擅便,谨题请旨。

计开:

窥远镜二具,托镜铜器各二件,黄绫镜幂二具,木架二座。

崇祯八年八月初九日具题

本月十一日奉圣旨:"这窥远镜着进览。该衙门知道。"

---

① 《西洋新法历书》本改"陪臣"作"远臣"。

崇祯八年八月二十日李天经题本

　　督修历法山东布政使司右参政臣李天经谨题，为月食事。窃照崇祯九年正月十五日辛酉晓望月食，其食限分秒时刻并起复方位例应先期上闻。除《大统》《回回》二历俟钦天监具题外，所有本局月食臣等用新法推步。谨将诸数逐一开坐，并具图象，进呈御览，伏乞敕下该部，至期令监督等官并臣监局官生如法测验奏闻。其遣人验报奉有再行详验具奏之旨，仍移文河南、山西抚按，务令公同亲测，详加考验速报，不得他委，以虚皇上钦若至意。再照臣局历法已完，尚有各省直北极出地高下并各舆地见食早晏不同，必须多遣员役，躬至其地，用器测量，如尧命羲和，分方考验，蔡注所谓"历既成，而分职以颁布且考验之，恐其推步之或差"。元郭守敬亦仿而行之，遣官一十四员，测验二十七所，总历成以后事。臣历书虽成矣，缘方从事旁通，尚未遑及。姑俟稍有次第，另疏请旨。臣于此尤有说焉。

　　考验交食，全在定时。而定时之法昼固无如测日，夜则无如测星。盖星自东而西，其为先后时刻与日同理。必取准乎此，方可合天。或将臣前所进星、日二晷，移置殿陛之前，以备皇上临期省览。则各法疏密难逃圣鉴，外庭虽欲偏执意见以混时刻，不能矣。其安置之宜但略奠基址，取星晷得见帝星、勾陈，日晷能取分至日景足矣。原无事于高置层台，致远宸居，如同弃物也。此则臣旦夕属望之至情，未审能当圣意否？仍乞严敕该监堂官，是日务令该台整肃从事，听臣与部臣约束，虚公详测。如有仍前怠玩任意迁就者，许臣据实奏闻，其于考验历法未必无小补矣。统候圣裁。缘系月食事理，未敢擅便，谨题请旨。

计开：

崇祯九年正月十五日辛酉晓望月食分秒时刻并起复方位：

月食三分八秒。

　　月未入，见复光六十五秒；

　　月已入不见，复光二分四十三秒。

　　是日日出卯正三刻内五十六分。

　　初亏卯初一刻内五十六分，月在地平上，高一十七度三十三分，东北；

　　食甚卯正二刻内一十三分，月在地平上，高四度二十分，晓刻，正北；

　　复圆辰初二刻内六十六分，在昼，西北。

　　计食限内凡九刻一十分。

食甚日躔黄道娵訾宫二度二分五十二秒，为危宿三度四十五分。

月离黄道鹑尾宫二度二分五十二秒，为张宿一度二十五分。

月离纬度：

　　初亏距黄道南四十六分五十五秒，

　　食甚距黄道南五十分九秒，

复圆距黄道南五十三分二十二秒。

各省直初亏时刻：

京师顺天府，卯初一刻内五十六分。

南京应天府、福建福州府，卯初一刻内八十三分三十二秒。

山东济南府，卯初一刻内八十九分九十九秒。

山西太原府，寅正三刻内九十六分。

湖广武昌府、河南开封府，寅正四刻内五十六分。

陕西西安府、广西桂林府，寅正三刻内三十分。

浙江杭州府，卯初二刻内三十六分六十五秒。

江西南昌府，寅正四刻内九十分。

广东广州府，寅正四刻内二十三分三十三秒。

四川成都府，寅正二刻内一十分。

贵州贵阳府，寅正三刻内三分三十三秒。

云南云南府，寅正一刻内三分三十三秒。

右凡言某刻内者，尚未及本刻实数，而已历过前刻、才交本刻若干分秒。如食甚卯正二刻内一十三分，谓其过卯正一刻后又交二刻内之一十三分，非谓食甚时即卯正二刻也。初亏、复圆俱仿此。

崇祯八年八月二十日具题

二十三日奉圣旨："这所奏月食分秒，至期着监督等官并该监局官生如法测验奏闻。前所进星、日二晷还俟临期省览，各谕整肃从事，毋得少有玩泄。礼部知道。"

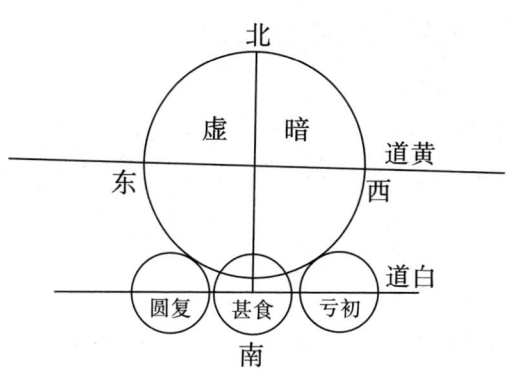

崇祯八年八月二十八日李天经题本

督修历法山东布政使司右参政臣李天经谨题，为恭恳天恩，破格柔远，以励勤劳，以光大典事。先该前辅臣徐光启叙录一疏内开"陪臣①罗雅谷、汤若望等，译撰书表，制造仪器，算测交食躔度，讲教监局官生，数年来呕心沥血，几于颖秃唇焦，功应首叙。但陪臣②辈守素学道，不愿官职，劳无可酬。惟有量给无碍田房，以为安身养赡之地，不惟后学攸资，而异域归忠亦可假此为劝"等因。奉圣旨："该部知道。钦此。"随该臣再申前请，首为陪臣③查给田宅，奉圣旨："礼部酌议具奏。钦此。"钦遵。已经该部札行顺天府行查去后，续据该府报称，查得替僧法宝已故，遗有御赐绝产万寿寺下院香火地二十顷，隆长下院并相连住房共一段，久属游僧隐占，无人承顶，堪以量给。咨呈该部，移会到臣。该臣看得修历一役，仰邀皇上不次之典，已非一端。如臣

---

①②③ 《西洋新法历书》本改"陪臣"作"远臣"。

以一介外吏，而业照京官例关领俸薪矣。在局生儒邬明著等所请职衔，蒙准下部议覆，似亦得叨升斗矣。但臣等所翻译成书、推测合度者实参用西法，而即两陪臣①之法也。臣等猥蒙异数，而陪臣辈殚其所学，拮据六载，历务甫竣，继以旁通，乃戮力尽瘁，以愿效忠于本朝者。顾使之肄业无所，恒产无资，非所以广皇恩，风远人也。纵大官少有所给，乃月仅两余，未供饔飧。而万里孤踪，仕进弗甘，生产又绝，何以为劳臣劝乎？

臣闻繇余西戎之裔，秦用以霸。金日䃅西域之世子，为汉名卿。即马沙亦黑等本回回族类，我太祖设专科以待之，且世其官而存其业。盖苟有利于国，远近何论焉。

臣又按万历三十八年西洋陪②臣利玛窦航海归化，皇祖怜其慕义远来，死之日给以葬地，并其友伴庞迪我等亦居以赐宇，令其依止焚修。此成例具在，则一廛之受，数椽之栖，谅非浩荡之恩所靳也。伏乞敕下礼部，遵前旨议覆，一以收录其成劳，一以勉励其新绩。且使绝域沾被，共仰圣化于无方，仡见宝历昭垂，式贻神谟于万祀矣。统候鉴裁。

崇祯八年八月二十八日具题

九月初一日奉圣旨："该部核议具覆。奏内繇余、日䃅引用不伦，本朝字作庙字，改正行。"

---

①② 《西洋新法历书》本改"陪臣"作"远臣"。

崇祯八年十二月十四日李天经题本

　　督修历法山东布政使司右参政臣李天经谨题，为遵旨测验，据实奏报，恭候圣明裁夺事。先该臣崇祯八年四月初四日恭进乙亥、丙子七政行度并"参订条议"一疏，奉圣旨："这推乙亥、丙子七政行度并'参订条议'着该部遴委晓历司官同监局各官生儒随时测验，果否差合，核议奏夺。该部知道。钦此。"钦遵。除臣督率官生昼夜在局考验外，所有晓历司官该部徘徊日久，实难其人，而祠司一载以来，仅有主事李焜一人，又自言不敢以晓历自任。臣不得已，止公同钦天监堂属等官测过火、木、金、水等星，理合奏报。

　　如本年水星，《大统》载三月十八日晨见，至四月二十一日晨伏，则前此皆见时矣。新法载三、四、五、六等月俱晨不见。臣订于四月十四日会同该监监正张守登、监副戈承科、周胤、灵台郎刘承德、徐源、章必选、李之贵，春官正潘国祥、秋官正刘有庆、保章正贾良琦、博士臧微坎、王烨、张国镕、朱光显等，是日五鼓在局登台测验良久，直至日出，委无水星出见。乃监正张守登犹未敢遽信以为然也，仍订于十七日赴观象台再测。至期臣率陪臣①罗雅谷、汤若望、录事王应遴、中书陈应登及本局生儒邬明著等，齐集该台测验，而该监堂属等官俱到。再三详测，其不见也如故，则是新法所算水星晨不见密合矣。至四月二十三日，则臣所报木星与积尸气同度同分之期，已经移会该监堂属等官，因是日阴雨未测。又《大统》载本年水星八月初七日晨伏不见，至九月二十一日夕见，则前此皆不见时矣。新法载七月二十五日水星晨见，至八月二十三日晨不见。又八月十三日《大统》载木星在张一度，新法算得在张四度，是日子正初刻与轩辕大星同度同分。臣因订八月十三日子时，会同监正张守登、监副戈承科、灵台刘承德、徐源、章必选、李之贵、秋官刘有庆、博士高攀桂、黄子贤等到局，先用黄赤经纬仪登台测得木星果与轩辕大星同在一线，少顷委见水星晨见东方，则是新法所算水星晨见又密合，而木星与轩辕同度亦皆较较不爽矣。

本年八月二十七日，新法算得木、火、月是日寅正二刻俱同在张六度三十三分，《大统》载是日木在张四度，火、月在张三度。至期移会该监堂属等官，因二十六日阴雨未到。臣等在局候至寅正二刻天气清朗，随用黄赤经纬仪测得木、火、月果在同度一线上，则是木、火、月同度，又与新法吻合矣。又如金星，《大统》载九月初九日晨伏，则此后皆不见时矣。新法载八、九等月俱晨见，至十月初三日始晨不见。因订于九月十七日会同该监监副周胤、博士朱光显及在局陪②臣生儒等登台测验良久，直至天晓，委见金星东出，约高八度余。则是新法所算金晨见密合，而旧法已先天二十余日。水星《大统》载九月二十一日夕见，至十月二十四日夕伏不见，则前此皆见时矣。新法载

---

①② 《西洋新法历书》本改"陪臣"作"远臣"。

八月二十六日晨不见,至十月初六日始夕见。臣因订九月二十八日会同该监监副周胤、春官正潘国祥、夏官正左允化、秋官正刘有庆、灵台章必选及在局生儒等是日昏刻登台测验,委无水星出见,则是新法所算水星不见又密合,而旧法后天一十五日。

总之五星之有伏见,犹日月之有交食。交食苦不多遇,而五星则夜夜可测,时时可测者。且本局每测置有印信文簿,令监官随测随书,以昭同然。俱经申呈在部,孰密孰疏,谅难逃于圣鉴。谨一一详报,伏乞敕下该部,将臣前后数测行令钦天监堂属等官曾否测验,果否差合,据实回奏,静听圣明裁夺施行。

崇祯八年十二月十四日具题

十□日①奉圣旨:"这新法所测火、木、金、水等星见伏行度是否密合?钦天监堂属各官曾否公同测验?着该部查明,据实具奏。"

---

① 《新法算书》本作"十七日"。

二三

崇祯九年正月十六日礼部题本

礼部题为测验月食事。祠祭清吏司案呈到部。案查先该臣部回奏，崇祯五年九月十四日夜望月食，云阴不见等因，五年十月十二日奉圣旨："据该监称，月食云阴不见，有无别法考求，着他确议来说。今后每遇交食，该部先将各法异同一并开写来看，临期如法测候，证定疏密，分别具奏。钦此。"又该督修历法李天经题称云云，崇祯八年八月二十三日奉圣旨："这所奏月食分秒，至期着监督等官并该监局官生如法测验奏闻。前所进星、日二晷，还俟临期省览，各谕整肃从事，毋得少有玩泄。礼部知道。钦此。"今照本年五月十五日[①]辛酉晓望月食，该臣先将新旧各法开坐具题睿览外，又该臣部题，差监局官儒潘国祥、黄宏宪前往河南测验，历局供事官陈应登、天文生朱光大前往山西公同抚按亲测验报等因，八年十二月十二日奉圣旨："是。

---

① 此处疑为"正月十五日"之误。

钦此。"查得祠祭司今只主事李焜一人，据本官称一人见闻有限，应选委别司一官同往。随委主客司员外郭之奇同本官率同监局官生届期先诣观象台参验去后，今据主客司员外郭之奇、祠祭司署司印主事李焜呈，称"职等先据钦天监官张守登、督修历法参政李天经、另局修历布衣魏文魁各报本月十五日卯时月食时刻分秒，具奏奉旨测验。随奉堂批委职等同往观象台，一同钦天监官张守登、参政李天经、布衣魏文魁测验。本日子时，职等同到观象台，随委监官黄子贤、刘有庆、贾良琦专守调仪器，两局生儒邬明著、孟履吉、张寀臣、林荫世、徐克孝、蒋所乐专候测验，职等站立台上，专觑月轮。至卯时初一刻零四十三分有奇，月初亏，去极七十九度七十分。至卯正一刻，月食甚，约有四分。至卯正二刻，雾气澹霭，月轮隐现，但觉微露光气，即随不见。盖食体尚存，而渐复微光入地者"等因到部。该臣等看得天文玄微高远，算法甚难。据两家测验，所差亦仅争分抄①。再加考究，历法可得其大概矣。除河南、山西二处抚按咨报到部另行具奏外，既经该司详测开报，理合具本，谨具题知。奉圣旨："据奏测验月食分秒、初亏、食甚及月未入见复光，新法为近。但以十三为雨水，是何说？还着奏明。其魏文魁所推食甚时刻与灵台测验相符，还候河南、山西二处奏报至日再加考究，以正历法。"

崇祯九年正月十六日

---

① 《新法算书》本"抄"作"秒"，正确。

崇祯九年正月十六日李天经题本

督修历法山东布政使司右参政臣李天经谨题,为月食事。该臣于崇祯八年八月二十日,将本局新法所推崇祯九年正月十五日辛酉晓望月食分秒时刻起复方位开坐奏闻,奉圣旨:"这所奏月食分秒至期着监督等官并该监局官生如法测验奏闻。前所进星、日二晷还俟临期省览,各谕整肃从事,毋得少有玩泄。礼部知道。钦此。"钦遵。至本月十四日夜,臣督率陪臣①罗雅谷、汤若望、大理寺评事王应遴,及本局知历生儒邬明著、孟履吉、李次彪、张寀臣、祝懋元等,公同礼部祠祭司主事李焻、主客司员外郭之奇、钦天监监正张守登、并历科灵台等官齐赴观象台测候,而布衣魏文魁亦在焉。先是臣恭绎明纶,无任惶悚。随经移文,与诸臣约,此番月食各法参差,最易辩别,而在事各官政宜虚公恪慎,仰副隆指。其间时刻之先后,分数之多寡,臣

---

① 《西洋新法历书》本改"陪臣"作"远臣"。

悉备为申说，且刊刻图式，与众共见，而诸臣已了了意中矣。候至初亏，台官徐源等用简仪测月，依法得在卯初一刻四十三分，与臣等所推卯初一刻内五十六分者合。又同时用立运仪，测得去极度七十九度七十分，较魏文魁所推七十五度七十六分者似差四度。至食甚别无测法，《大统》推食三分一十五秒，月未入，见食一分五十四秒。《回回》推食一分九十三秒，月未入，见食三十五秒。魏文魁推食四分三十一秒，在天，见食三分八十二秒。是皆未至食甚月已西入地平，而臣局独推食甚月在地平上，高四度二十分，见食三分八秒，月未入，见复光六十五秒。维时用立运仪测得，月果西高四度余，正臣局所推食甚时也。复用简仪测月，依法得在卯正一刻，与臣等所推卯正二刻内一十三分者又合。乃审视良久，至卯正二刻月光渐复。先多而后少，万目共见，即各法亦不得仍执带食之说为是矣。其食分多寡，据臣目力所见约食三分余，据部臣郭之奇目力所见约食四分。总之无器可凭，难以悬断。且月体西下，稍有云气，大概约略计之，独复光少许始入地平，臣法却为密合耳。此当夜测验之情形如此，谨据实奏闻，恭候圣明裁夺。

崇祯九年正月十六日具题

二十日奉圣旨："已有旨了。该部知道。"

崇祯九年二月初六日李天经题本

督修历法山东布政使司右参政臣李天经谨题，为遵旨奏明节气事。崇祯九年正月二十九日准礼部照会内开该本部回奏月食，奉圣旨："据奏测验月食分秒、初亏、食甚及月未入见复光，新法为近。但以十三日为雨水，是何说？还着奏明。其魏文魁所推食甚时刻与灵台测验相符，还俟河南、山西二处奏报至日再加考究，以正历法。钦此。"钦遵。照会到臣，令臣自行奏明。臣谨撮其大要，并具图象为皇上陈之。

案照丙子年新旧七政，《大统》推本年正月十五日辛酉子正二刻雨水，新法推本年正月十三日己未卯初二刻零八分雨水，两法相较，先后几差二日矣。但所以不同之故与所以立法之因，臣岂无说而敢臆为创改乎？盖论节气有二法，一为平节气，一为定节气。平节气者，以三百六十五日二四二五为岁实，而以二十四平分之，计日定率，每得一十五日二千一百八十四分三十七秒五十微为一节气，故从岁前冬至起算，必越六十日八十七刻有奇而始历雨水。旧法所推十五日子正二刻者，此也，日度之节气也。定节气者，以三百六十为周天度，而亦以二十四平分之，因天立差，每得一十五度为一节气，故从岁前冬至起算，考定太阳所躔宿次，止须五十九日二十刻有奇而已满六十度。新法所推十三日卯初二刻零八分雨水者，此也，天度之节气也。何也？太阳之行有盈有缩，日日不等。大抵冬至后行盈，盈则其行疾，一日行天一度有奇。夏至后行缩，缩则其行迟，一日所行不及一度。此非用法加减之必不合天，顾可拘泥气策，以平分岁实乎？

请以春秋分证之。旧法推本年二月十六日巳正四刻春分，新法则推十四日卯正二刻零五分，而旧法亦于本月十四日下注：昼五十刻，夜五十刻矣。旧法又推本年八月二十三日丑初三刻秋分，新法则推二十五日丑初初刻十分，而旧法随于本月二十五日下注：昼五十刻，夜五十刻矣。顾名思义，分者黄、赤二道相交之点。太阳行至此点，昼夜之时刻各等。过此，则分内外，而昼夜遂有长短也。乃昼夜平分在二月十四日与八月二十五日，而春、秋分顾推十六日与二十三日乎？

请又以仪器验之。京师北极高三十九度五十五分，赤道应高五十度零五分。试用仪器于本节前后日午正累测，必至二月十四日、八月二十五日太阳高度始与此数密合，至十六日与二十三日而太阳各高一度弱矣。此经辅臣徐光启与臣先后督率监局官生考验多年，而预信其有必然者矣。故知春、秋分则知各节气，知各节气则知雨水。臣前疏所谓冬、夏二至止差时刻，余则有差至一日二日者。而"条议"中一款谓平节气非天上真节气，正指是也。

再照本年七月日食有京师见多，他处见少者。有同一见少，而各省直分数不等者，亦有全不见食者。假令以京师见食之数概天下以救护，必且骇耳目而乱听闻。朝廷敬授钦若之谓何而可若此乎？伏乞敕下该部，行令两局，备将各省直见食分数时刻上闻，仍附《大统》后通行天下，以备遣官验报，未必非治历之一征也。敢因奏明雨水而并及之，恭候圣明裁夺施行。

计开：

《节气图说》各一幅。

崇祯九年二月初六日具题

初八日奉圣旨："奏内称论节气有日度、天度之异，即以春、秋分为证，着该部择晓历司官同监局各官细心讲求，确核具奏。其七月日食各省直所见分数时刻并着详开进览，以备测验。"

崇祯九年二月十九日黄士俊等题本

礼部尚书加俸一级兼翰林院学士臣黄士俊等谨题，为书器告成，叙录宜加，谨照原题查叙在事诸臣以示激劝事。祠祭清吏司案呈奉本部送礼科抄出督修历法山东布政使司右参政李天经题前事，内称"知历生员邬明著、访举儒士陈于阶，贯通象纬，精究理度，缮制已有成效，推测可任方来，所当照纂修办事例优叙。又知历生员程廷瑞、孙嗣烈、孟履吉，监生李次彪、访举儒士杨之华、祝懋元、张宷臣、黄宏宪，原任五官保章、今降天文生朱国寿，或翻译著劳，或缮写效力，昼夜之测验靡宁，而寒暑之修辑可纪，所当照纂修效劳例并叙"。又称"历局生儒办事已阅五年，两载未沾半菽，总缘户工事例已停，伏乞皇上念此成劳，将生员邬明著、程廷瑞等各量加以钦天监职衔，使与学习诸臣研究推测，共维新法于不堕"等因。崇祯七年十二月十二日奉圣旨："礼部酌议具奏。钦此。"又该参政李天经题，"为遵奉明旨，敬申旁通事宜,以便翻译制造事",内称"在局知历生儒等,臣曾请以量加职衔,少酬前劳。业蒙皇上下部酌议具奏,但得速为叙录,臣亦可藉手责成"等因。崇祯八年五月初一日奉圣旨:"据奏旁通十事亦属利用要务,知道了。生儒量加职衔,该部遵旨议奏。钦此。"查得崇祯六年十月内,原任太子太保礼部尚书兼文渊阁大学士徐光启有"治历已有成摹"一疏,内称"知历生员邬明著、访举儒士陈于阶,思精推测,巧擅绘制,书器方籍前劳,讲解正需后效。知历生员程廷瑞、孙嗣烈、孟履吉、监生李次彪、访举儒士杨之华、祝懋元、张寀臣、黄宏宪等同心绩学,殚术承天。而天文生朱国寿勤学可嘉,俟学习完日另叙"等因。通抄到部送司,行据修历参政李天经手本,回称"案查本局生儒叙录一节业经大学士徐光启与本司先后两疏分别上请,俨然等第其中。且本司再三斟酌,有减无增,安敢冒开。知历生员邬明著、儒士陈于阶应如原题照纂修办事例优叙,生员程廷瑞、孙嗣烈、孟履吉、监生李次彪、儒士杨之华、祝懋元、张寀臣、黄宏宪、原五官保章今降天文生朱国寿应如原题照纂修效劳例并叙。内陈于阶八年四月内差往广、浙搬取旁通书籍,中途抱病,暂回原籍调理,然劳次具在,非空隶名者比,实无碍于叙录也。惟孙嗣烈呈称见系顺天府学附生,有志进取,不愿受职,合无于学政中量示优异"等因前来。八年六月内正在遵旨议叙,间有武英殿中书房办事、今历局效劳儒士蔡孚一赴司屡投禀帖求叙。随查天经题叙二疏并未列名,岂敢溷入。八年六月十二日忽呈"为简举欺君蔑旨,指官嚼民,豪奸大弊事",随经本部将蔡孚一据实题参,于崇祯八年六月十八日奉圣旨:"蔡孚一、邬明著等着刑部题质从公,据实具奏,钦此。"今正月二十二日又据历局访举知历生儒邬明著、程廷瑞等呈,"为覆盆之冤已雪,加衔之旨宜遵,恳简成疏开恩,上请早沾①,以光大典事",内称"著等叙录,两奉俞旨,突遭枭恶蔡孚一求叙不得,诬蔑无端,以致题参法司,株连对质,七阅月矣。孚一正法拟徒,已经回奏奉旨,呈乞速赐题叙,得沾升斗"等情。又准刑部河南清吏司手本,内称"看得邬明著等十人之应题职御②非骤起也,效劳日久,前辅臣徐光启已列名上闻。今日孚一宁得增人,增人之不得而妄噬无辜,以含沙之术为逆取功名之计。孚一不亦愚而拙于计哉?三尺具在,宁容假借。既至屡经对质,孟履吉三百两之贿绝无影响,李次虨、陈于阶千金之赃俱属乌有。即孚一俯首无辞,惟云新进无知,并不晓十人为旧辅之原叙,盖欲借污蔑一着为要求叙录之地耳。总之其变幻闪烁皆市井无赖之情态,而监督李天经一疏尤称详尽也。夫监局何地,治历明时何典,而可容此匪类忝于其间哉?所应照诬告人赃私律拟徒以惩,仍当亟为革斥,以清局署者也。随审邬明著、孟履吉、杨之华各发落肄业"等因。崇祯九年正月二十日奉钦依:"依拟。钦此。"备行到司,案呈到部,看得历局供事生员邬明著供事六载,勤敏可嘉,合无量授钦天监正九品五官司历职衔。生员程廷瑞、孟履吉、监生李次虨、儒士杨之华、祝懋元、张寀臣、黄宏宪、天文生朱国寿等昼夜推测七政躔度,书写进呈御览,劳绩久著。以上八名合无量授钦天监从九品漏刻博士职衔,其儒士陈于阶既以差往广、浙搬取旁通书籍,中途患病回籍,合俟进京之日另行再叙。生员孙嗣烈呈称见系顺天府学附生,有志进取,不愿受职,合行学院奖励,庶历局生儒知所鼓舞,而治历大典亦早籍以告成矣。相应题请,恭候命下,移咨吏部,铨覆施行。缘系云云事理,未敢擅便,谨题请旨。

---

① 日本东京天文台图书室藏《明题疏》抄本此后还有"圣泽"二字,《新法算书》本此后为"圣德"二字。
② 《新法算书》本"御"作"衔",正确。

崇祯九年二月十九日具题

二十二日奉圣旨:"是。邬明著及程廷瑞等八名准各授职衔。"

崇祯九年二月二十四日李天经题本

　　督修历法山东布政使司右参政臣李天经谨题，为遵旨奏明事。崇祯八年十二月二十六日准礼部照会，内开该本部恭报乙亥七政行度测验缘由等事，奉圣旨："这新法星度李天经如何不知会该部遴委司官，公同测验。昨疏又称该司官不任晓历，是何不伴？还着奏明。其丙子年七政行度着先送部，临期知会测验，以凭核奏。钦此。"钦遵。除丙子年七政行度已经缮写送部，仍临期知会测验外，案查崇祯八年四月初四日该臣"历法告成，恭进乙亥、丙子七政行度"一疏，奉圣旨："这推乙亥、丙子七政行度并'参订条议'着该部遴委晓历司官同监局各官生儒随时测验，果否差合，核议奏夺。该部知道。钦此。"随该臣向署部事侍郎陈子壮谆谆以委官测验为请，而子壮语臣云："皇上留意象纬，恭绎晓历二字，须当慎择其人，未便草率。"迨今礼臣黄士俊受事，而臣亦每以为言，乃其慎重之意亦如子壮。维时臣知两臣皆以皇上之心为心，凡所斟酌详审者意得一当，以仰副圣怀。臣如是不敢强矣。但奉有随时测验之明旨,又不敢因是少懈。遂订该监堂属各官在局公同测验,此四月以来不知会之缘故也。未几臣又向署事主事李焞言之,以祠司无别官,测验之责似不容以他委。乃焞则谦让未遑之意情见乎词,臣又曷能强之?寻又传语臣云:"晓历一官必须具题请旨,祠司不得,当于四司中求之,四司不得,当于各部中求之。"言犹在耳,至五月二十五日移取七政行度,复谓晓历司官具题简委,与前传语臣者合,此后不闻祠司别有所示也。臣如是以遴委之权听之该部,以考验之责归之该监,虽诸臣之与臣同测者无不服其密合,而臣心终以不得部委为歉也。故昨申呈中有"晓历司官职实望为同心之助,迄今杳不可得"等语,正此意也。此八、九月以来不知会之缘故也。向使部臣不如是,其难其慎,司臣不如是,逊志未遑,则臣与该监诸臣期会于霜露之余,征逐于星月之下者,已不啻六、七次矣,独何乐而不为该部告也?是则臣区区不获已之苦衷也。伏乞皇上矜察,敕下该部,专委司官一员公同该监堂属各官,将丙子年星度与臣一一考验奏闻,庶真法不致格于情势,而赝鼎亦可无容滥收,则所关于治历明时不小矣。

　　　　　　　　　崇祯九年二月二十四日具题

　　二十七日奉圣旨:"历学原有专门,该部还访有晓历的以便公同测验。"

崇祯九年二月二十六日李天经题本

　　督修历法山东布政使司右参政臣李天经谨题，为月食事。窃照崇祯九年七月十六日戊午夜望月食，其食限分秒时刻并起复方位例应先期上闻。除《大统》《回回》二历俟钦天监具题外，所有本局月食，臣等用陪①臣新法推步才食一分余，与旧法推食三分有奇者不同。谨将诸数逐一开坐，并具图象，进呈御览，伏乞敕下该部，至期令监督等官并臣监局各官公同测验奏闻，仍令应天、湖广二处抚按并前日食一体验报施行。

　　计开：

　　崇祯九年七月十六日戊午夜望月食分秒时刻并起复方位：

　　月食一分二十九秒。

　　　初亏亥正二刻零四十分，东南。

———
①　《西洋新法历书》本改"陪臣"作"远臣"。

食甚子初一刻零一十三分,正南。

复圆子初三刻零八十六分,西南。

计食限内凡五刻四十六分。

食甚月离黄道玄枵宫二十三度五十九分,为虚宿五度三十八分,离赤道虚宿八度一十〇分。

食甚月离纬度距黄道北五十六分三十八秒,在地平上高三十四度。

各省直食甚时刻:

南京应天府、福建福州府,子初一刻零六十六分。

湖广武昌府、河南开封府,子初初刻零一十三分。

浙江杭州府,子初二刻零一十三分。

山东济南府,子初一刻零四十分。

江西南昌府,子初初刻零四十六分。

广东广州府,亥正三刻零八十分。

山西太原府,亥正三刻零五十三分。

陕西西安府、广西桂林府,亥正二刻零八十六分。

四川成都府,亥正一刻零六十六分。

云南云南府,亥正初刻零六十分。

贵州贵阳府,亥正二刻零一十三分。

右应天府初亏亥正二刻零六十六分,复圆子正初刻零一十二分。湖广初亏亥正一刻零四十分,复圆子初二刻零八十六分。相应详开,以备测验。

崇祯九年二月二十六日具题

二十九日奉圣旨:"已有旨了。礼部知道。"

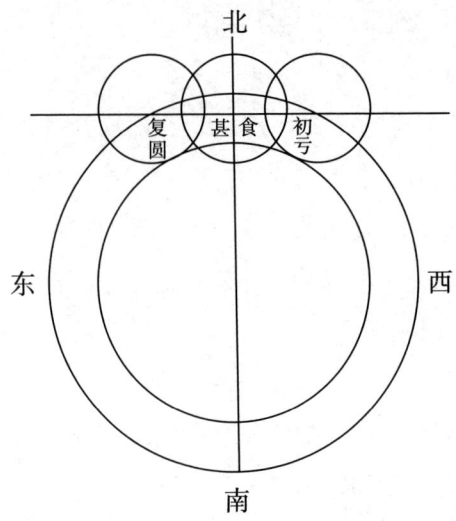

崇祯九年二月二十六日李天经题本

崇祯九年二月二十六日李天经再题本①

督修历法山东布政使司右参政臣李天经谨题，为日食事。窃照崇祯九年七月初一日癸卯朔日食，其食限分秒时刻并起复方位例应先期上闻。除《大统》《回回》二历俟钦天监具题外，所有本局日食，臣等用陪臣新法推步，谨将诸数逐一开坐并具图象，进呈御览。伏乞敕下该部，至期令监督等官并臣监局各官如法测验奏闻。其遣官验报奉有"七月日食各省直所见分数时刻并着详开进览，以备测验"之旨。臣折衷分数多寡，合无移文应天、湖广二处抚按，务令公同多官亲测，备将该省直分秒时刻详加考验奏报，统候圣裁。缘系日食事理，未敢擅便，谨题请旨。

计开：

崇祯九年七月初一日癸卯朔日食分秒时刻并起复方位：

---

① 《西洋新法历书》本未收此篇。

京师见食六分九十六秒。

　　初亏辰正一刻零五十三分，西北；

　　食甚巳初三刻，正北；

　　复圆午初初刻零三十三分，东北。

　　计食限内凡十刻八十分。

食甚日躔黄道鹑火宫九度五分，为柳宿三度二分，躔赤道柳宿六度一十五分。

各省直时刻并见食分数：

　　南京应天府见食四分四十秒。

　　　　初亏辰正二刻零九十三分，

　　　　食甚巳初三刻零八十分，

　　　　复圆午初初刻零六十六分。

　　浙江杭州府见食三分九十二秒。

　　　　初亏辰正三刻零七十三分，

　　　　食甚巳正初刻零六十分，

　　　　复圆午初一刻零四十六分。

　　江西南昌府见食二分八十三秒。

　　　　初亏辰正一刻零八十六分，

　　　　食甚巳初一刻零九十三分，

　　　　复圆巳正二刻。

　　湖广武昌府见食三分八十四秒。

　　　　初亏辰正一刻，

　　　　食甚巳初一刻零五十三分，

　　　　复圆巳正二刻零六分。

　　山东济南府见食五分六十六秒。

　　　　初亏辰正二刻，

食甚巳初三刻零三十三分，

复圆午初初刻零六十六分。

福建福州府见食二分三十六秒。

初亏辰正三刻零六十六分，

食甚巳初三刻零六十六分，

复圆巳正三刻零六十六分。

广东广州府见食一分三十二秒。

初亏辰正二刻，

食甚巳初初刻零八十六分，

复圆巳初三刻零七十三分。

陕西西安府见食五分七秒。

初亏辰初二刻九十三分，

食甚辰正三刻零六十六分，

复圆巳正初刻零四十分。

山西太原府见食六分一十三秒。

初亏辰初三刻〇八十分，

食甚巳初初刻零七十三分，

复圆巳正一刻六十六分。

广西桂林府见食二分三十六秒。

初亏辰正初刻，

食甚辰正三刻零六十六分，

复圆巳初三刻零二十六分。

四川成都府见食二分五十秒。

初亏辰正二刻零六分，

食甚辰正一刻零六十六分，

复圆巳初一刻零二十六分。

云南云南府见食一分二十六秒。

　　初亏辰初二刻零四十分，

　　食甚辰正初刻零四十六分，

　　复圆巳初二刻零五十三分。

贵州贵阳府见食一分一十四秒。

　　初亏辰初三刻零七十三分，

　　食甚辰正二刻零二十六分，

　　复圆巳初初刻零八十分。

琼州府以南全不见食。

朝鲜以东见全食。

崇祯九年二月二十六日具题

　　二十九日奉圣旨："这日食、月食分秒时刻并起复方位，至期着监督等官并监局各官公同测验具奏，其省直分数时刻，行各该巡按选委晓历官员详加考验奏报。礼部知道。"

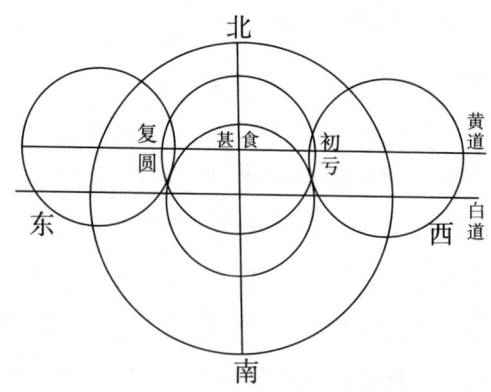

崇祯九年三月十七日李天经题本

督修历法山东布政使司右参政臣李天经谨题，为遵旨回奏，仰乞圣鉴事。崇祯九年三月初五日准礼部照会，内开该本部奏前事等因，奉圣旨："据称各管俱有分属地方，岂无占验？又冬至葭管飞灰，载在册籍，何云专取立春？还着同李天经、魏文魁再加详考，讲求明白具奏。钦此。"钦遵。照会到臣，该臣看得臣所职掌乃推步日月交食、测算五星凌犯，是皆有理可据，有数可凭者耳。即旁通首款曾言事应，亦第谓其考求七政性情，约略预知，初未尝敢以琐屑不经之事牵合傅会。今该监候气一法，其散见于经典者，悉后儒引以注疏律吕者也。故《史记》以前，言律历者未之或及。至《后汉志》则云律可相传，惟有候气，始纪其法，而谓气所动者其灰散，人及风所动者其灰聚。盖按辰以候每月之中气，以定十二律之应与否也。汉臣马防云："圣人作乐，所以宣气致和。"故于岁首发太簇之律。然古谓律首黄钟，其位在子，而宋儒朱子一主其说，云冬至气至，黄钟之管灰飞，大寒以下，随月应焉。是知候非止于一月。明旨所谓"何云专取立春",盖已洞其底里矣。臣历考前代,魏时杜夔制律候气,灰悉不飞。隋开皇间毛爽等依古法候气,有节至即应,有终月不应之异。而牛弘创为衰气、和气、猛气之说,一经隋帝所驳,遂无复置对。宋景佑间李照请下河内取葭莩制玉律,候气以定乐,率不能合。惟北齐信都芳能以管灰候气,每月应律,不爽时刻,而先臣邢云路谓其用机鼓动致然。且自古相传,有谓当以纱縠蒙管端者,有谓葭灰升降有毫忽者,有谓灰用怀州河内县、竹用宜阳金门山者,郑康成有玉管、铜管之别,熊安有大动、小动之征,其说互有异同,法亦不能尽验,然皆止于候气已耳。至若主何占验,作何征应,臣于史册未睹,惟按《大明会典》一款内云:"凡每岁立春前期五日,本监面奏差官二员往顺天府候气,至日回监具呈,依书占奏。"则是明有一书存贮本监,以待占奏。乃该监主占官徐源、直日官章必选俱称《玩占》一书未经登载,何敢臆说?若然,则《会典》所载依书占奏者岂无所据而云然?该监所藏又岂止《玩占》一书而已耶?盖书为该监所收掌,占则灵台之本业。而乃茫无以对,其于职掌何居耶?臣谨详史册所载之大略若此,如诩诩然谬为不经之说,以炫视听,则断断非臣所敢出也,统祈圣明裁夺施行。

崇祯九年三月十七日具题

二十日奉圣旨:"奏内依书占奏,载在《会典》,该监所贮是否止《玩占》一书,还着详查具奏。礼部知道。"

崇祯九年三月二十二日礼部题本

礼部题,为测验月食事。祠祭清吏司案呈,案查崇祯九年正月十五日晓望月食,先该本部差委主客司员外郭之奇、祠祭司主事李煊,公同督修历法参政李天经、布衣魏文魁、钦天监监正张守登,随委监官黄子贤、刘有庆、贾良琦及两局生儒邬明著、林荫世等,是日在观象台公同测验,回奏月食缘因,正月二十一日奉圣旨:"据奏测验月食分秒、初亏、食甚及月未入见复光,新法为近。但以十三日为雨水,是何说?还着奏明。其魏文魁所推食甚时刻与灵台测验相符,还俟河南、山西二处奏报至日再加考究,以正历法。钦此。"钦遵。除十三日为雨水缘由李天经自行奏明外,案查先该督修历法山东布政使司右参政李天经手本,开送历局供事官陈应登差往山西,知历儒士黄宏宪差往河南,仍同钦天监春官正潘国祥、天文生朱光大携带测器以往。随该本部具题,将陈应登、朱光大差往山西,潘国祥、黄宏宪差往河南,公同测验缘因,崇祯八年十二月十二日奉圣旨:"是。钦此。"钦遵。

随给咨文，即令官生陈应登等四员名①赍文分投山西、河南测验去后，今三月初八日接准提督雁门等关兼巡抚山西地方都察院右佥都御史、今降五级戴罪管事吴姓咨，称据山西布政使司呈准钦差历局供事官陈应登等手本，开称"职等奉旨前来山西测验，自正月初六日抵省，奉有公同抚按测验。然抚院在平陆堵剿流寇，地之相去千有余里，测验地方题定太原，欲会抚院，往回必须半月，有误在府测验。于是蒙本司遣役赍咨投院，而职等在省连日测得北极高三十七度四十四分。至本月十五日辛酉晓望，蒙本司会率司道府厅县卫文武多官，于十四日夜先诣本府鼓楼高阔处所，安顿测量仪器。三更时星月尚明，候至寅正二刻内，山烟层叠，云雾弥漫，星月被遮，观测不见，自初亏以至复圆，分秒时刻无从考验。此皆蒙本司同司道府厅县卫共目同见者也，伏乞据实转文抚、按两院，请给咨文，以凭回奏缘由到司，准此拟合呈报缘由到院，据此案查。"

先据该司呈送礼部咨："前事正值本院驻镇河津，于正月十五日晓望行救护礼，时际天阴，黑云密布，无由测验，该本院遵照部咨，会同巡按余御史备行布按二司，公同道府卫县文武各官，会同该监官生陈应登等细加测验，从实呈报去后，今据藩司呈详前来，拟合咨覆。"

同日又准巡抚河南等处地方提督军务、都察院右副都御史陈必谦咨，称"据河南布政使司呈，蒙本院宪牌准礼部咨前事等因，蒙此本司于正月十五日辛酉晓蒙巡按河南监察金御史率属亲诣西南城角楼高阔处所，安顿测星仪器，先以星晷测至勾陈帝星，视垂针所指寅正四刻内，果见初亏。又用象限仪测得角宿南星西高三十七度二十七分，依法推算得在寅正四刻内五十六分。候至卯正一刻内，瞻见食甚，仍测得河鼓中星东高四十度弱，算得在卯正一刻内一十三分，见

---

① "名"疑为"各"之误。

食三分有奇。其复圆时刻因复光未几旋入地平而太阳东出,无从考验。则自初亏以至食甚分秒时刻、起复方位一一皆与新法吻合,此城头万目所共睹者,准此拟合转报"等因到院,会同巡按金御史拟合回复各等因到部,送司通查案呈到部,看得本年正月十五日月食,除京师交食分数已经奏报,今据山西既称时值阴云,无从测验,又据河南所报,自初亏以至食甚,分秒时刻、起复方位一一皆与新法吻合。从此再加虚心考究,而历法渐次可有成绩矣。既经二处抚臣咨覆前来,相应据实回奏,为此具本,谨具题知。

　　　　　　　　　　崇祯九年三月二十二日具题

奉圣旨:"知道了。"

崇祯九年四月初六日李天经题本

督修历法山东布政使司右参政臣李天经谨题，为星度方位昭然，推算疏密立辨，恭恳圣明亲垂睿览，以破游移，以襄大典事。先该礼部回奏臣局测验一疏，奉圣旨："新法、成法虽有不同，星度伏见仰观可据。徐源等既称指示多合，又云不敢扶同，殊属游移。该部还遵旨遴委司官同监局各官生随时测验，仍取准交食，以期吻合。钦此。"臣恭绎纶音，不胜感戴。以为我皇上如此其慎密斯典，而源等犹敢如此其淆乱含糊，而不以实覆也。总之若辈牢不可破之成心，惟欲承舛袭讹，嫉修改为多事，止知护短固位，忌测验为摘发，遂不难支离，巧饰其辞如此耳。独不思测验一事屡奉明旨，命臣率领监局官儒详加考验，则相与会同之际孰疏孰密，臣自不能以一手掩其目，一人钳其口。然于入告之时，合与不合，监官自当据共见之确情，绝浮游之吔语，岂非虚公参订而忠于皇上之职分哉？今该监与臣屡测皆合，即此曹岂无虚心叹服者？乃源等敢于回奏之日故为游移，是臣虽与之时时测而事事合，则彼辈仍不难于面是背非，欲其出一真实之语不可得也，则亦何取于若而人之追随仰观哉！

兹该监之情形既若此，而晓历之访求又未骤得，臣于此时复何望哉？惟有仰望之我皇上而已。目今火星躔度，据《大统》算，从三月二十七日起至五月初八日止，夕退迟留，尝在轸宿十六、十七等度内。而臣等用新法推步，此等日时，火星尝在角宿二、三等度内，逆行不入轸宿。见有本局进呈《七政》可查，是则二法所推三十九日之中恒差二、三度不等。且旧法谓在轸宿，则当恒在角宿大星西。新法推在角宿，则当恒在角宿大星东。彰明较著，莫此为甚，诚如皇上明旨所谓"星度伏见仰观可据"者也。敢恳皇上于万几之暇，每于戌时，不需仪器，窥筒一仰观间自可瞭若指掌。臣非敢冒昧以此琐事上渎圣聪，窃念与其屡测屡覆而屡费天心，不若以乾象之昭著者一质于君父之前，则新旧二法疏密了然，从前所测皆可类推。匪惟可以折该监沿习之故智，而亦可以杜旁挠憎兹之多口。则由此渐底于成绩，而历法亦可藉手告竣矣。

崇祯九年四月初六日具题

初十日奉圣旨："这推算火星躔度知道了，还着礼部遴委司官同监局各官生公同验明具奏。"

崇祯九年四月初八日吏部题本①

　　吏部题，为书器告成，录叙宜加，谨照原题查叙在事诸臣，以示激劝事。文选清吏司案呈，崇祯九年三月初三日准礼部咨开该本部题前事，内开"看得历局供事生员邬明著供事六载，勤敏可嘉，合无量授钦天监正九品五官司历职衔。生员程廷瑞、孟履吉、监生李次彪、儒士杨之华、祝懋元、张寀臣、黄宏宪、天文生朱国寿等昼夜推测七政躔度，书写进呈御览，劳绩久著，及程廷瑞等八名，合无量授钦天监从九品漏刻博士职衔"等因。奉圣旨："是。邬明著及程廷瑞等八名准各授职衔。钦此。"钦遵。备咨到部送司候覆在案。续据督修历法山东布政使司右参政李天经呈称，生员程廷瑞陡于三月初二日物故，不敢开叙外，以上八名相应照覆。案呈到部，看到前项任事各生儒既经该部题奉钦依，咨送前来，又经该司查呈，相应覆请，恭候命下臣部，行

----

① 《西洋新法历书》本此篇仅存最后一页，前一页缺。

令该衙门一体钦遵,照旧供事施行。缘系书器告成,叙录宜加,谨照原题查叙,在事诸臣以示激劝事理。未敢擅便,谨题请旨。

崇祯九年四月初八日具题

十一日奉圣旨:"是。"

崇祯九年四月张守登等奏本①

　　钦天监监正张守登等谨奏，为遵旨据实回奏，仰乞睿②鉴事。先该礼部题为遵旨测验星度据实奏报事，奉圣旨："知道了。其推测异同疏合缘由，还着该监明白具奏。钦此。"抄出到部，行令臣监明白具奏。臣等钦遵，即行该科详叩推测缘由。据天文科五官灵台郎徐源、章必选呈称："臣等于本年四月初十日恭奉明旨，随同部监前至历局，用黄赤经纬仪测得火星在角宿一度内。先是二月初三日昏刻，公同礼部司务张胤佳偕监局官生测得水星夕见西方。司务张胤佳未敢遽信，复订初四日再测，与前吻合。此新法当日公同推测之原也。"又据历科春官正等官潘国祥等呈称，"臣等于本年四月初十日恭奉明旨，

---

①　此篇据《西洋新法历书》本补录，奏疏内未说明上奏时间，现据其中所提事实，定为崇祯九年四月。

②　韩国奎章阁档案馆藏《治历缘起》抄本"睿"作"圣"。

前至历局公同测验火、水二星，俱与新法相合，其推算异同之故缘立法各有所依。伏查臣等遵依《大统历》法，家传世习，不敢妄行增损，按法推算乃用黄道距度。而新法用黄道纬度，则是纬度推算较距度更为详密。此用法疏合之故也。臣等识短才庸，不能臆揣，尚须口授心印，经手推算，再行测候，酌为定式，方敢遵守于将来"等因到监。该臣看得推测各有所司，按法不无新旧。臣监推算各官世守其业，所遵者《大统》旧法也。法久渐疏，自然之理，非敢诿托，良以智不及前人，恐失愈远，是以有异同疏合之分。恭逢皇上设局修改，监官方在讲求，尚未授法经手。异日较正既确，以仰副圣明敬勤之至意，未必无小补矣。既经各官具呈前来，相应据实回奏，仰祈圣明俯鉴。

奉圣旨："据奏测验星度，新法为密。着督率监属官加意考正，以副敬慎授时至意。该部知道。"

崇祯九年□月

崇祯九年四月二十八日李天经题本

督修历法山东布政使司右参政臣李天经谨题,为钦奉明旨恭进旁通书器事。先该臣崇祯八年四月二十七日敬申旁通事宜一疏,奉圣旨:"据奏旁通拾事亦属利用要务,知道了。生儒量加职衔,该部遵旨议奏。钦此。"钦遵。臣一面督率办事各官昼夜在局推测,一面督率两陪臣①将旁通诸务逐一讲求,稍有次第可举。但其中有正在翻译尚未脱稿者,有翻译已竟犹未缮写誊真者,亦有鸠工将及其半,庀材苦于无资者。年来并力,已完得《浑仪书》四卷计一套,浑天仪一具,星球一具。此依陪臣②汤若望法,用以考求七政性情之始基,而占法犹俟再加推衍者也,是第一款中之一端也。又完得运重一具,附有图说。此依陪臣③罗雅谷法,用以升高致远,或挽木石,或利粮艘,力省功多,而大有裨于兴作河渠者也,又第七款中之一端也。至若日月星

---

①②③ 《西洋新法历书》本改"陪臣"作"远臣"。

牙晷二具，体质狭小，便于移置，仰备皇上不时清玩，而制之则陪臣①汤若望也。谨将已完书器数种进呈御览。

再照臣于崇祯七年十二月初三日具疏奏缴钱粮册，开除前辅臣徐光启收过户、礼、工三部银八百七十三两五钱，□□□前后复赔垫过银七百六十二两九钱一分，奉有"造过钱粮着该衙门核销"之旨，似应照原题分派户、工二部如数核补，即以充旁通诸费。仍有不足者，事例已开，容臣遵照题准明旨，陆续移取充用，完日奏缴，庶进呈诸器不致久稽，而旁通亦可刻期告竣矣。统候圣裁。缘系钦奉明旨恭进旁通书器事理，未敢擅便，谨题请旨。

计开：

《浑仪书》四卷一套，

《运重图说》一册，

浑天仪一具并盝，

星球一具并盝，

牙晷二具各有盝，

运重一具。

崇祯九年四月二十八日具题

五月初二日奉圣旨："这所进书器知道了。其垫过银两着户、工二部照数核补，如有不足另行奏夺。该衙门知道。"

---

① 《西洋新法历书》本改"陪臣"作"远臣"。

崇祯九年七月初二日李天经题本①

督修历法山东布政使司右参政臣李天经谨题，为月食事。该臣于崇祯九年二月二十六日将本局新法所推崇祯九年七月初一日癸卯朔日食分秒时刻起复方位开坐奏闻，本月二十九日奉圣旨："这日食、月食分秒时刻并起复方位，至期着监督等官并监局各官公同测验具奏。其奏其省直分数时刻，行各该巡按选委晓历官员详加考验奏报。礼部知道。钦此。"钦遵。除各省直分数时刻听该部移文验报外，先是臣查往例日食，文武诸臣应赴礼部救护。倘定时无法，非所以一听开②。随制地平日晷一座，于六月二十六日咨送该部安置。仍委博士祝懋元、黄宏宪、天文生朱光大等临期在部候时，于本月初一日早督率陪臣罗雅谷、汤若望，办事中书陈应登，司历邬明著，博士孟履吉、

---

① 《西洋新法历书》本未收此篇。
② 据文意，"开"（繁体字"開"）疑为"闻"（繁体字"聞"）之误。

李次彪、张寀臣、朱国寿、访举儒士陈士兰、王观晓、吴邦泰、朱廷枢、周士晋等,会同礼部祠祭司郎中胡敬辰、钦天监监正张守登,并历科灵台等官齐赴观象台,预将各法原推时刻审定日晷,随置窥远镜,用测亏复,界定日体分数图板以定食分。各安顿讫,灵台官亦守定简仪,以报时刻。候至辰正一刻零八十分,瞻见初亏,与臣所推辰正一刻零五十三分者密合。至巳初三刻,乃见食甚,亦与臣等所推密合。而复圆时在巳正四刻有奇,与臣等所推午初初刻零三十三分者又合。其见食分数以窥远镜映照约食六分半,较臣原推六分九十六秒最为亲近。此部监诸臣之所同然,似可无容臣赘者。至初亏之为辰正一刻八十分也,众目共见,众口同辞,礼臣落笔注定矣。及下台后,监官徐源独肆把持,扭称正二刻以合监推,大可异焉。再照晓历司官屡奉明旨,且部访已称得人,伏乞敕下吏部速覆,亦测验之紧要一着也,敢因奏报日食而并及之,统候圣明裁夺施行。

崇祯九年七月初二日具题

初□日奉圣旨:"知道了。奏内初亏、食甚俱相近,复圆分秒尚未尽合,还着详加考究,务期确核以定历,司官着遵旨速覆。该部知道。"

崇祯九年七月十八日李天经题本

督修历法山东布政使司右参政臣李天经谨题，为月食事。该臣于崇祯九年二月二十六日将本局新法所推崇祯九年七月十六日戊午夜望月食分秒时刻起复方位开坐奏闻，奉圣旨："已有旨了。礼部知道。钦此。"又同日疏报崇祯九年七月初一日癸卯朔日食，奉圣旨："这日食、月食分秒时刻并起复方位，至期着监督等官并监局各官公同测验具奏。其省直分数时刻，行各该抚按选委晓历官员详加考验奏报。礼部知道。钦此。"钦遵。除前日食已经验明奏闻外，所有本月十六日夜，臣督同陪臣①罗雅谷、汤若望、司历邬明著、博士孟履吉、祝懋元、黄宏宪、朱国寿、访举儒士陈士兰、朱廷枢等，公同礼部札委仪制司主事李青、钦天监监正张守登及历科灵台等官齐赴观象台测验，又委博士李次彪、张寀臣、天文生朱光大等携带星晷赴中府测时。

———

① 《西洋新法历书》本改"陪臣"作"远臣"。

满拟此番月食，各法大差，正可藉此以定疏密。而不意自十六日夜至十七日早阴雨淋漓，从无开霁。其见食分数时刻无凭测验，理合据实奏闻。缘系月食事理，未敢擅便，谨题请旨。

崇祯九年七月十八日具题

二十日奉圣旨："知道了。"

崇祯九年八月初六日李天经奏本①

督修历法山东布政使司右参政臣李天经谨奏,为丑虏大肆狂逞,微臣徒切杞忧,敬助涓滴,仰祈圣鉴事。慨自逆奴闯入内地,震惊陵寝,攻陷城邑,靡所不至,凡有血性男子恨不灭此朝食。乃臣以燕赵鄙儒,徒事文墨,兼且鞅掌历务,未遑军旅,是上之弗能戮力行间,为朝廷张挞伐之威;次之亦弗能倡率登陴,为国家壮金汤之色。展转思维,臣独何心而敢晏然已乎?忆臣奉命修历以来,蒙恩补给俸薪,自崇祯七年五月初一日起至九年七月终,止计该柴薪银二百八十两,臣仅于八年二月十七日收过银二十两,余则分毫未支也。兹奉有各官未发薪银着查明具奏之旨,臣虽见任与升任者不同,然当此军兴倥偬之时,愿于前项柴银捐八十两少佐军前犒赏,亦聊以以抒好义之忱于万一耳。臣何难尽捐以助军兴,缘臣历局创设,皂役全无,从前一切

---

① 《西洋新法历书》本未收此篇。

费用俱取给原籍。目今贼骑南指，舟车维艰，臣不得不留少许以资薪水。伏乞皇上敕下该部，将臣柴薪查扣八十两充饷，其余亦望敕令该司早赐补给，以纾目前之困，庶于臣之区区一念公私交尽矣。统候圣明裁夺施行。

崇祯九年八月初六日具题

初九日奉圣旨："这捐助银两，着照数查扣，该部知道。"

崇祯九年八月姜逢元等题本①

太子少保礼部尚书兼翰林院学士臣姜逢元等谨题，为遵旨奏明节气事。祠祭清吏司案呈奉本部，送礼科抄出督修历法山东布政使司右参政李天经题前事等具，崇祯九年二月初八日奉圣旨："奏内称论节气有日度、天度之异，即以春、秋分为证，着该部择晓历司官同监局各官细心讲求，确核具奏。其七月日食各省直所见分数时刻并着详开进览，以备测验。钦此。"钦遵。抄出到部送司，除七月日食各省直所见分数时刻已经参政李天经详报圣览备验外，所有本年春、秋二分节气随经呈堂，遴委司官届期前去公同监局官生测验去后，今准修

---

① 中国国家图书馆藏《奏疏》本、韩国奎章阁档案馆藏《治历缘起》抄本、日本东京天文台图书室藏《明题疏》抄本和《西洋新法历书》本此篇内容均有缺失，故不知此篇的上奏时间。据其中内容涉及崇祯九年春、秋分正午太阳地平高度观测，推测此篇当为当年八月二十五日观测之后所上。

历参政李天经手本,开称"春分届期,本司督率陪臣①罗雅谷、汤若望、评事王应遴及在局官生,公同礼部所委司务徐肇律、钦天监监副周胤、夏官正左允化、保章正贾良琦、灵台徐源、章必传、博士朱光显等,于二月十四日午正用象限仪测得太阳高五十度零八分,十五日测得太阳高五十度三十三分,十六日测得太阳高五十度五十七分。迨至秋分之日,本司复督率陪臣②罗雅谷、汤若望及在局各官邬明著,等会同祠祭司郎中胡敬辰、钦天监监正张守登、春官正潘国祥、秋官正刘有庆、夏官正左允化、保章正贾良琦、灵台徐源、博士朱光显等,于八月二十三日午正亦用象限仪测得太阳高五十度三十八分强,二十四日测得太阳高五十度十五分,二十五日测得太阳高四十九度五十二分。先是本司会集多官于堂,及复商之曰:春、秋分者,乃黄、赤二道相交之点,太阳行至此间平分天中,昼夜之时刻各等,过此则为内、外。夫自南往北者高度渐多于赤道度,自北往南者高度渐少于赤道度。如京师北极出地三十九度五十五分,则赤道应高五十度零五分。以春分论,惟二月十四日太阳高度始与此数合,其本日午正测得五十度零八分,依法加地半经③二分,较赤道多五分者,盖原推春分卯正二刻零五分,至是日午正已过春分为二十一刻零五分矣。是时太阳每日纬行二十四分弱,时越二十一刻零五分,则纬行应加五分强。所谓自南往北,高度渐多是也。至十五日,并地半经④已多至三十分,况十六日乎?以秋分论,亦惟八月二十五日始与此数合。其本日午正测得太阳高四十九度五十二分,依法加地半经⑤二分,较赤道少十一分者,盖原推秋分丑初初刻零十分,至是日午正已过秋分为四十三刻零五分矣。是时太阳亦每日纬行二十四分弱,时越四十三刻零五分,则

---

①② 《西洋新法历书》本改"督率陪臣"为"督同远臣"。
③④⑤ 《新法算书》本"地半经"作"地半径差",应正确。

纬行应减一十一分,所谓自北往南高度渐少是也。至二十四日,并地半经①尚多一十二分,况二十三日乎?又复将前所进《节气图》示之曰:内圈分三百六十五度四分度之一者,此日度也。外圈分三百六十度者,此天度也。旧法计日定率,每得十五日二千一百八十四分有奇为一节气,而新法止取天度十五度焉。故自冬至起算,越九十一日三十一刻零六分而始历春分者,日度为之限也,乃天度则已踰限二度余矣。又越二百七十三日九十三刻一十九分而即交秋分者,亦日度为之限也,乃天度所不及者尚有二度。是以春分旧法每后天二日,而秋分旧法每先天二日也。此当日测验讲求之情形如此,即该监堂属各官初不闻别拈一语相商,亦不闻复出一语相驳,谅亦输服于理与数之确有证据,而自知其不得不然者"等因。通查案呈到部,看得节气之准以春、秋二分为程,而二分之验以黄、赤二道所交为则。盖惟宵中星虚之辰日夕行乎同道,而四阴二阳之月昼夜于此平分。过此则有内外之殊,高下之辨矣。然大抵由南而北者,高度渐多于赤道度。由北而南者,高度渐寡于赤道度。两言尽之,乃为之订正其岁差,厘考其袭舛。总之新法独遵天度者近是,而合之纬行之强弱、黄赤道之远近、气候之迟速、太阳之行留,无不灿若列眉,而洞如观火矣。故夫以迹揆之,若新法更精详于旧,而于理核之,即日度自合符于天。今据李天经以器穷象,广众集思,细心讲研,按图测验。因以圭表窥日步之,高限仪稽三日之序而谨候之,所参合其所称天度于春分已踰二度,于秋分不及二度者,自确乎其不可易矣。宜有以帖挈壶之心,而息保章之讼也。既经核议,占验前来,相应奏闻,伏乞皇上敕令本官,秋分中气瞻测既已毕呈,此后步推节候须求印证,俟臣部晓历司官毕拱辰到任之后,公同详加测算,务期悉合天仪,不忒时叙,以仰副圣明

---

① "地半经"当为"地半径差"。

崇祯九年八月姜逢元等题本

授时钦若之至意,则崇天万年之宝历自齐政于平衡,而协用五纪之睿思必成化于观象矣。为此具本谨具奏闻。①

---

① 本奏疏显然没有结束,因为缺少题奏日期和圣旨等内容。由目前所存各本页码可知,本奏疏之后还有一页内容,但各本均缺此页。据崇祯十三年正月二十五日李天经咨礼部文和当年闰正月初二日李天经咨文,本奏疏之后的圣旨内容中应包括"节候公测既明"一句。

崇祯九年九月十六日李天经题本

督修历法山东布政使司右参政臣李天经谨题，为日食事。窃照崇祯十年正月初一日辛丑朔日食，其食限分秒时刻并起复方位，例应先期上闻。除《大统》《回回》二历已经钦天监具题外，所有本局日食，臣等用远臣新法推步。谨将诸数逐一开坐，并具图象，进呈御览。伏乞敕下该部，至期令晓历司官并臣监局各官如法测验，据实奏闻。其各省直分秒时刻仍照例移行该抚按验报，统候圣裁。缘系日食事理，未敢擅便，谨题请旨。

计开：

崇祯十年正月初一日辛丑朔日食分秒时刻并起复方位：

京师见食一分一十秒：

  初亏午正二刻零五十六分，西南；

  食甚未初一刻零八十三分，正南；

  复圆未正初刻零六十二分，东南。

计食限内凡六刻零六分。

食甚日躔黄道女宿初度一十分,依赤道为女宿二度一十六分。

南京应天府见食一分二十二秒:

初亏午正初刻零八十三分,

食甚未初二刻零七十六分,

复圆申初初刻零四十二分。

山东济南府见食二分三十三秒:

初亏午正二刻零七十六分,

食甚未初二刻零五十六分,

复圆未正二刻零七分。

山西太原府不见食。

河南开封府见食一分四十八秒:

初亏午正初刻零五十五分,

食甚未初初刻零五十六分,

复圆未正初刻零二十一分。

湖广武昌府见食一分八十九秒:

初亏午初三刻零三十五分,

食甚未初初刻零六十九分,

复圆未正一刻零六十九分。

陕西西安府见食二十五秒,与不见食等。

浙江杭州府见食四分四十秒:

初亏午正二刻零七分,

食甚未正初刻零三分,

复圆申初一刻零六十九分。

福建福州府见食四分一十二秒:

初亏午正初刻零六十二分,

食甚未初二刻零六十九分，

复圆申初初刻零三十五分。

江西南昌府见食二分二十七秒：

初亏午初三刻零四十二分，

食甚未初初刻零八十三分，

复圆未正一刻零九十分。

广东广州府见食三分九十三秒：

初亏午正初刻零六十九分，

食甚未初一刻零六十九分，

复圆未正二刻零三十五分。

广西桂林府见食一分八十九秒：

初亏午初一刻零四十九分，

食甚午正二刻零七分，

复圆未初二刻零四十二分。

四川成都府见食九十二秒：

初亏午初一刻零六十九分，

食甚午正一刻零二十一分，

复圆未初初刻零五十五分。

贵州贵阳府见食九十五秒：

初亏巳正三刻零七十六分，

食甚午初一刻零八十三分，

复圆午正三刻零二分。

云有①云南府见食一十六秒，与不见食等。

———

① "云有"当为"云南"之误。

朝鲜城都[①]见食三分八十六秒：
  初亏未初初刻零九十分，
  食甚未正二刻零二分，
  复圆申初二刻零八十三分。

崇祯九年九月十六日具题

十八日奉圣旨："礼部知道。"

---

① "城都"疑为"都城"之误。

崇祯九年十一月十五日李天经题本

　　督修历法山东布政使司右参政臣李天经谨题，为恭进《丁丑七政经纬》诸历，仰祈圣鉴，并敕晓历司官验明戊寅历样，以便奏请颁行事。窃照崇祯十年丁丑岁臣依远臣罗雅谷、汤若望新法，督令在局司历邬明著、博士孟履吉、李次彪、杨之华、祝懋元、张寀臣、黄宏宪、朱国寿、生儒朱光大、陈士兰等，推算得七政、经纬各一册，装演成帙，进呈御览。其崇祯十一年戊寅诸历，例应次年二月初一日进样，四月初一日通行天下刊刻。伏乞敕下该部晓历司官毕拱辰，与臣等一面测验，一面将戊寅年七政经纬再加详核，推步成历，恭请圣明颁行，以成昭代大典。盖臣非敢以不确不核之说上荧宸听也。先该臣于崇祯八年四月初四日恭进乙亥、丙子七政、经纬行度并"参订条议"二十六则，奉有"该部遴委晓历司官同监局各官生儒随时测验，果否差合，核议奏夺"之旨。臣即公同部监诸臣，细将所报七政行度逐一考验，迄今两载，所测无不密合。此非臣之臆说也，即该部奏明节气一疏亦亟称"其新法之用天度,自确乎其不可易,宜有以帖挈壶之心,而息保章之讼"。虽该监素善游移者,据其回奏测验一疏,一则谓其《大统》法久渐疏,自然之理;一则谓其测验俱与新法相合,而新法用纬度推算更为详密,尚须口授心印等语。是明以臣等之法为善,而和盘托出,必欲尽得其传之为快。向使立法稍有未当,则畴人子弟恨不力诋其瑕,安肯以相传之世业而反奉他人为主盟乎?总之法取合天,事久论定。考验至此,情面不得不破,旧法不得不更。即守敬诸人而在,恐亦不能胶已成之见而舍征信之从也。然臣所职掌止此有数可求、有理可论者耳,至若神煞之宜忌、干支之生克,上历所注三十事,民历所注三十二事,□□①删改,是在部监诸臣参酌,非臣等所得与闻也。再照臣于崇祯九年五月初六日,准内灵台王魁等送到五月初五日奉上传,着臣局制造星球。臣当移文工部关领应用钱粮,于六月二十九日止领过银二百两,臣已督率在局各官星夜攒造,统俟完日进览,伏候圣裁。

崇祯九年十一月十五日具题

十八日奉圣旨:"知道了。其十一年诸历并着毕拱辰公同详核,星球着攒造进览。礼部知道。"

---

① 《新法算书》本此处作"复加"。

崇祯九年十二月十八日姜逢元题本

太子少保礼部尚书兼翰林院学士臣姜逢元题，为遵旨酌议，参请圣裁事。祠祭清吏司案呈奉本部送礼科，抄出兵部左侍郎加从二品服俸暂署部事王业浩等题覆虏氛①孔棘等事。崇祯九年十一月初二日奉有"罗雅谷、汤若望礼部酌议"之旨。钦此。钦遵。抄出到部送司，奉此查得戎政衙门于虏②逼近郊之日疏荐罗雅谷、汤若望等，料理御前领发神器，奉有"罗雅谷、汤若望等着随营指授，以折狂氛，有功从优叙赉"之旨，"迨虏③退城守有功，一体列名叙录"，内称"罗雅谷、汤若望心游方外，制入彀中。既无服官之荣思，宜从以成高尚。或查赡养之原疏酌给，以示怀柔。"及兵部题覆，奉旨着臣部酌议。案查崇祯六年十月内，该太子太保礼部尚书兼文渊阁大学士徐光启"治历已

---

① 《西洋新法历书》本改"虏氛"作"边氛"。
②③ 《西洋新法历书》本改"虏"作"敌"。

有成墓"一疏,内开"罗雅谷、汤若望等,撰译书表,制造仪器,算测交食躔度,讲教监局官生,数年来呕心沥血,几于颖秃唇焦,功应首叙。但陪臣①辈守素学道,不愿官职,劳无可酬。惟有量给田房,以为安身赡养之资。不惟后学攸资,而异域归忠亦可假此为劝"等因。奉圣旨:"礼部知道。钦此。"又崇祯七年十二月十二日,该督修历法山东布政使司右参政李天经题,"书器告成,叙录宜加"一疏,内开"罗雅谷、汤若望等,译书撰表殚其夙学,制仪缮器摅以心法","可谓劳苦功高矣","当如原题查给田房"等因,奉圣旨:"礼部酌议具奏。钦此。"崇祯八年八月二十日又该天经题"恭恳天恩破格柔远"一疏,称其"修历一役,仰邀皇上不次之典,已非一端。如臣以一介外吏,而业照京官例关领俸薪矣。在局生儒邬明著等所请职衔,蒙准下部议覆,似亦得叨升斗矣。但臣等所翻译成书推测合度,实参西法,而即两陪臣②之法也。臣等猥蒙异数,而陪臣③辈殚其所学,拮据六载,历务甫竣,继以旁通,乃戮力尽瘁,以愿效忠于本朝者。顾使之肄业无所,恒产无资,非所以广皇恩,风远人也。纵大官稍有所给,乃月仅两余,未供饔飧。而万里孤踪,仕进弗甘,生产又绝,何以为劳臣劝乎?""则一廛之受,数椽之栖,谅非浩荡之所靳也"等因。奉圣旨:"该部核议具覆。钦此。"钦遵。前因通查案呈到部,看得兵部题叙领发神器陪臣④罗雅谷、汤若望奉旨酌议一节,为照修历陪臣⑤罗雅谷、汤若望学究天人,思精理数,推测不遗余力,考验具有明征,且撰书制器不一而足,劳苦功多。故辅臣徐光启已经首叙,疏开"两臣守素学道,不愿官职,劳无可酬。惟有量给田房,以为赡养之资"。即历臣李天经亦如前请。近缘城守叙劳,复有或查赡养之原题。

案查两臣九万里来宾,七载于兹矣。饔飧未继大官之养,日止共

---

① ② ③ ④ ⑤ 《西洋新法历书》本改"陪臣"作"远臣"。

领下程银三分，米四合，似亦不堪清苦，故诸臣以赡养之资再三控请。且修历生儒同叙者已邀一命，城守诸臣共事者亦各膺秩级。在两臣固无服官之荣想，然既奉有"有功从优叙赉"之明旨，相应如诸臣前请，将罗雅谷、汤若望各量给房一所，田数顷，以资安养，俾得于历事完日，仍毕力旁通，仰佐国家钦若要务，是亦劝功柔远之一道。然非臣部所敢擅拟也，既经兵部具题前来，相应议覆恭候命下臣部，札行顺天府查给田房，资其朝夕。伏乞圣明裁度施行。

崇祯九年十二月十八日具题

二十一日奉圣旨："罗雅谷等修历演器，著有勤劳，自当从优叙赉。这量给房田果否妥便，还着确议具奏。"

崇祯九年十二月十九日例李天经题本

　　督修历法山东按察使司按察使照京官例正三品支俸臣李天经谨题,为日食各法不一,亏复分秒可验,乞敕灵台如法安置仪器,以便临期证定疏密事。窃照崇祯十年正月初一日辛丑朔日食,本局分秒时刻已经上闻。但臣等所推京师见食一分一十秒,而《大统》则推一分六十三秒,《回回》推三分七十秒,蒋所乐及边大顺等推得止有游气侵光三十余秒。似此各法参差,倘不详加考验,疏密何分?但临期日光闪烁,止凭目力眩耀不真。或用水盆,亦荡摇难定。惟有臣前所进窥远镜,用以映照尺素之上,自初亏至复圆,所见分数界限真确画然不爽。随于亏复之际,验以地平日晷,时刻自定。其法以远镜与日光正对,将圆纸壳中开圆孔,安于镜尾,以掩其光,复将别纸界一圆圈,大小任意,内分十分,置对镜下,其距镜远近以光满圈界为度。将亏时,务移所界分数就之,而边际了了分明矣。但在天之正南,实为纸上之止北方向,乃相反焉。伏乞敕下内灵台临期如法安置,恭请皇上省览，各法疏密自见，其于考验不无少有俾益矣。

崇祯九年十二月十九日具题

二十二日奉圣旨："知道了。着临期如法安置考验。该衙门知道。"

崇祯十年二月初二日姜逢元题本

　　太子少保礼部尚书兼翰林院学士臣姜逢元题，为遵旨酌议，恭请圣裁事。祠祭清吏司案查，先该本部题覆兵部左侍郎加从二品服俸暂署部事王业浩题覆"为虏氛①孔棘"等事，内覆西洋陪臣②罗雅谷、汤若望奉旨酌议等因。崇祯九年十二月二十一日奉圣旨："罗雅谷等修历演器，著有勤劳，自当从优叙赉。这量给房田果否妥便，还着确议具奏。钦此。"钦遵。抄出到部，送司案呈到部，看得陪臣③罗雅谷、汤若望等自应召修历以来，著述独探理窟，制造咸晰天行，功次犁然。况登陴指授，远折狂氛，其一段忠义之气，尤属可风。诚有如圣明所谓"修历演器，著有勤劳"者也。但查两臣婚娶既绝，无心仕进，朝廷论功核赏纵不可縻以好爵，而受廛为氓未必非彼所欲，则量给田房以

---

① 《西洋新法历书》本改"虏氛"作"边氛"。
②③ 《西洋新法历书》本改"陪臣"作"远臣"。

资朝夕是亦爵赏之外别示优异。臣部再四斟酌，似为妥便。合无仍将罗雅谷、汤若望等各给房一所，田数顷，俾其饔飧无匮，用以酬前劳而勉后效，端在是矣。伏乞敕下臣部札行顺天府，或查给入官田房，或另设法措给施行。缘系云云事理，未敢擅便，谨题请旨。

　　　　　　　　　　　　　　　　崇祯十年二月初二日具题

初五日奉圣旨："是。"

祠祭清吏司署司事员郎毕拱辰，主事巩煜、王应华。

崇祯十年闰四月初一日李天经题本

督修历法山东按察使司按察使照京官例正三品支俸臣李天经谨题，为遵旨制器告竣，请乞圣裁，以便恭进事。案照崇祯九年五月初六日准内灵台掌印王魁等送到本月初五日奉上传："着新局造星球一座来进，径过要二尺大，一切星象不可遗漏，应用钱粮于工部支领。钦此。"钦遵。臣当移文该部，关领应用钱粮，督令在局官儒星夜鸠工，如法制造。随一面将故辅原进两陪臣①译撰《恒星经纬表》二卷与臣所进御前屏式再加考测，就中经纬度分务期合天，稍有未妥者无妨更置之。盖此系数百年来创举，臣何敢溺于旧闻，偏执己见，而不仰体皇上钦若之至意乎？迨崇祯九年十一月内，复奉有"星球着攒造进览"之旨，臣敢不兢业从事，毕力勉图，早竣厥事。无奈球体广阔，工致细密，而制圆一法犹巧匠所难。是以冶铸镂刻，动经岁月，有非一

---

① 《西洋新法历书》本改"陪臣"作"远臣"。

人一手所能猝办者。今幸业已就绪,且晚进呈御览,伏乞敕下该衙门拨给人夫舆运,仍乞指定安置何所,以便择吉恭进。臣于此尤有请焉。我皇上事事求真,处处务实。则此勒之金石,登之大内者,其欲传信不欲传疑也必矣。乃臣等所列星座俱皆有器可测,有象可凭,一一依经纬点定,与旧图原自不同。如旧所载天庙称其在张宿下十有四星,所载器府亦称其在轸宿下三十二星等类。今按之实①微渺难窥,匪器可测,臣何敢以漫无可测之星而轻图之也?又如团圆十三之天垒城,今测之仅见其三;团圆十三之军市,今测之亦仅见其五;甚且人星本三也,而旧绘以五;天厩本三也,而旧绘以十。诸如此类,难以枚举,臣又何敢依样葫芦而徇此耳食之见乎?且有昭然显著之星,旧图原未尽载者,兹且悉为测定增入。但缘旧未有名,今亦第以增等别之。然而恭绎明纶,一切星象不可遗漏。臣等再四思维,星球之制但取合天,何嫌同异。且从古及今,天文各家代有更易,何独拘泥成说而疑于今日乎?益以见我皇上大圣人之作用超出前代万万矣。所有用过钱粮,容臣另疏奏销,统候圣裁。

崇祯十年闰四月初一日具题

初四日奉圣旨:"是。着于中正殿安,余知道了。该衙门知道。"内官监启奏,奉圣旨:"进西安门,走玄武门,赴中正殿安制器。"

---

① 《新法算书》本"实"作"实测"。

崇祯十年闰四月二十一日李天经题本

　　督修历法山东按察使司按察使照京官例正三品支俸臣李天经谨题，为遵旨恭进仪器事。先该臣于崇祯九年五月初五日奉上传，着臣局造星球一座来进。臣当督率在局官儒，星夜鸠工庀材，如法造完。随于崇祯十年闰四月初一日题"为遵旨制器告竣"等事一疏，本月初四日奉圣旨："是。着于中正殿安，余知道了。该衙门知道。钦此。"钦遵。行据钦天监择于闰四月二十四日壬戌宜用辰时安置吉，臣即移会内灵台，如期启奏。仍移行工部营缮清吏司，会同内官监拨给人夫舁进。臣谨于是日同两陪臣①督率各官儒恭诣中正殿相度方向，如法安置。臣窃以此星球也，非同前者星、日二晷仅取审定时刻，未免借资星日，固当置于殿陛之前。兹球则列宿森罗，一转移之顷，或昼或夜，而一时之天象灿于目前，自是御用重器，宜安置殿中，庶便皇上

---

① 《西洋新法历书》本改"陪臣"作"远臣"。

之御览,亦免风日之剥蚀,而不宜与二晷并列者也。又因①将前所进《浑天仪说》摘其与本器相关者汇为一册,名曰《星球用法》,按法运仪,以求七政之经纬、群星之出没,于推步占验有大用焉。外此尚有黄赤经纬全仪,为用甚大,需费无多,容臣等如法制造恭进,以与日、星二晷并列东西。庶测量诸器,尽置内庭。而钦若大典,我皇上手握玑衡,非若前代徒托之空文者比也。统候圣裁。

崇祯十年闰四月二十一日具题

二十五日奉圣旨:"知道了。其黄赤经纬全仪着制造进览。该部知道。"

---

① 《新法算书》本"因"作"谨"。

崇祯十年八月初一日罗雅谷、汤若望等奏本①

　　修政历法远臣罗雅谷、汤若望等谨奏,为圣明柔远过渥,微臣图报未遑,谨预辞钦允田房以表忠荩事。臣等躬逢我皇上锐意中兴,厘正钦若敬授之典,博访天下知历之人,原任辅臣徐光启急公念切,谬举及臣,遂蒙皇上赐召陛见。臣等自受事以来,朝夕冰兢,只恐议短才庸,弗能克绍羲和重任,幸尔数载拮据,著书一百四十余卷,恭进日、星二晷并远镜、星球等器,见贮御前,而历法业已报竣,惟俟奉旨颁行。正在料理旁通之际,不意去岁丑虏内犯,戎政暨都察院等衙门以火器需人交荐及臣,奉有"罗雅谷等即着随营指授,以折狂氛,有功从优叙赉"之旨。臣等闻命登陴,即会同京营内外城守、文武诸臣演试御颁神威大炮,并灭虏鸟枪等器,依法改造铳车,出秘指授装放,惟期灭虏以报朝廷。仰藉皇上震世之威,奴即出境远遁,臣等得以竣

---

① 《西洋新法历书》本未收此篇。

役。而总督京营戎政成国公朱纯臣等题"为虏氛孔亟，守御维先等事"一疏，内开臣等"心游方外，制入彀中。既无服官之荣思，宜从以成高尚。或查赡养之原疏，酌给以示怀柔，所当优叙"等因，题奉圣旨："该部该议速奏。"随经兵部署部事左侍郎王业浩题覆，奉有"礼部酌议"之旨。礼部尚书姜逢元查得臣等屡经题叙，不愿官职，遂议各给田房，具疏上请，奉圣旨："罗雅谷等修历演器，著有勤劳，自当从优叙赉。这量给田房果否妥便，还着确议具奏。"复经礼部遵旨确覆，内称臣等"自应召修历以来，著书独探理窟，制造咸晰天行，功次犁然。况登陴指授，远折狂氛，其一段忠义之气，尤属可风。诚有如圣明所谓'修历演器，著有勤劳'者也。但查两臣婚娶既绝，无心仕进，朝廷论功核赏纵不可縻以好爵，而受廛为氓未必非彼所欲，则量给田房以资朝夕，是以爵赏之外别示优异。臣部再四斟酌，似为妥便。合无仍将罗雅谷等各给房一所，田数顷"等因题，奉圣旨："是。"随经礼部札行顺天府，批行两县查给去后业逾半载，各以并无入官田房为难，欲行设法措给，又苦钱粮无出，因查废寺田土以普皇仁。随有善果寺住持僧人本秀等呈称："本寺屡被盗拆霸占，力不能阻，报府缴还朝廷，以免后累。"该县再四查勘，又经南城察院审明，委属废寺，确系无碍，呈府报部，以凭题给在当事诸臣，以为朝廷赐寺地土，仍赐守素学道之人，争一转移之间而费省功酬，莫此为便。臣等循分自揣，本秀为本寺住持尚不能守其故土，而至于缴还朝廷。臣等天涯孤旅，又何敢相望豪强占踞之余？设不预为控辞，日后倘至生端图害，不几有负圣明柔远之洪恩乎？且臣等原无尺寸之功，何敢望恩分外。但缘国典无劳不赏，故蒙屡沛褒纶，而远臣思患预防，控辞实安愚分，伏乞圣明垂鉴下情，俯赐俞允，从此焚修延祝高厚于无既矣。臣等无任惶悚待命之至，为此具本亲赍，谨具奏闻。

崇祯十年八月初一日罗雅谷、汤若望等奏本

崇祯十年八月初一日投通政司,初七日封进

本月二十八日奉圣旨:"该部看议。"

崇祯十年九月周胤奏本①

钦天监监副周胤谨奏，为圣主留神钦若，微臣敬循职掌，敢献一得之愚，以仰佐早襄历法之明旨事。臣世叨国恩，备员监末，其职之所司，惟知历法一事。独念年远数盈，积久渐差，自宜随时修改。无奈才识短浅，成法是遵。虽知有差，不敢妄自损益。延至我皇上龙飞之二年五月朔日食时刻稍差，颁谕切责，臣等措躬无地。随经具呈礼部，恭请修改。伏蒙钦允，敕命故辅臣徐光启督修，参用西法，广集众长，博访知历人等。臣随奉文送局，令与访举诸臣一体讲究立成诸表，缮写进呈。此时因书籍未备，新法意旨尚未窥其藩篱，只见仪式精详，推测简捷。复蒙辅臣徐光启疏请传习，业奉有"督教劝惩等事依议行"之旨。臣即协同臣监历官贾良栋等、在局供事官邹明著等、天文生朱光大等专候学习。嗣因臣监为遵旨回奏一疏，复奉有"该局

---

① 此篇据《西洋新法历书》本补录。

既有新法,着行习学"之旨。臣等敢不勉励以期速成?但缘督修历法李天经本意以为,历法之失传由于习其法而失其所以然之理,必先讲明其理,方授其法。是以年来止讲完日躔、月离两法,果为精密。其五星、交食犹为修正要着,虽验之伏见皆合,臣等尚未经手自行推算。若仍照前讲究,再假岁月尚不能完,何以仰副我皇上早襄历法之旨?据臣愚见,不若容臣公同督修历法臣李天经,率所属官生,先从远臣罗雅谷、汤若望学习其法,使推算应手,然后课其勤惰,具疏上闻。勤者量示优异,惰者即为戒惩。诸法学完之日,即当申报礼部,恭请颁行,庶大典得以刻期早襄,而皇上钦若至意可以仰副矣。臣等职司历法,且因奉旨习学,固不敢溺于旧闻而偏执己见,亦不敢遽以未达而妄意担承,以负我皇上敬慎上天至意。伏乞圣明敕下该局,遵奉速为尽法传习报完,令臣等推算合天,颁布天下,成千秋之旷典,作一代之宏谟,臣等曷胜庆幸。奉圣旨:"该部知道。"

崇祯十年九月□□日

崇祯十年十月二十五日李天经题本

督修历法山东按察使司照京官例正三品支俸臣李天经谨题，为交食届期，测验宜明，伏乞圣明敕令各法同日报进，临期仍冀内廷亲验，以一是非，以定疏密事。臣以一介外吏，荷蒙皇上特简，钦给关防，命臣督修历法事务。其一切历法事宜，臣该得而直陈之。一切言历诸人，臣该得而覆验之。但缘臣以孤子之身，膺兹千秋巨任。故操异议者遂分门角技，借势倾排，无所不至。窥其立意不但欲挠臣局已成之法，并欲驱臣局任事之人，而后可结彼欺诳之局，以塞修完备考之责。至于屡疏诋诬，而臣宁以缄默自守，不屑与较者，非惟自爱其鼎，恃有圣明在上，公论在人，天象昭垂，事久论定，何屑与之角口舌哉？且明知若辈于历法实无所学，终难结局。故尔籍①势影射，横行无忌，冀人一有指摘遂加人以嫉忌之名，而彼得巧卸其欺罔之罪。故

---

① "籍"疑为"藉"之误。

臣自任事以来，惟知埋首著述，推测考验，以图报称，前后共译算过历书一百四十余卷，制过新式仪器十数种，并恭进乙亥、丙子、丁丑三年七政、经纬、凌犯诸新历，见在御前。是臣局历法已于乙亥年告成矣，其颁行事宜，惟俟圣明裁夺。目今正在奉旨制造黄赤经纬全仪，并推译有书数种，可以刻期报竣。其戊寅年七政、经纬等新历已在缮写，不日恭进。昨又于本月二十日准内灵台亲送出本日传奉圣旨："西洋陪臣①进到星球有蛇鸟、小斗等星，有无占验，着灵台官去问。钦此。"除蛇鸟等星性情占验已经移会灵台官回奏讫，臣一面督同陪臣②罗雅谷、汤若望等，细将各星有关征应者著为《天文实用》一书次第进览，以仰副我皇上精心象纬、厘正钦若敬授德意。所有本年十一、十二等月阴阳两食，例应先期上闻。第因另局之蒋所乐等借今岁元旦日食，荐边大顺率领其另局，至期不验而边大顺遂安分引退。今又借夏至日景，荐郭凝之率领其另局，奉有"郭凝之果否淹通历学，并着核验奏夺"之旨。续因部覆复奉有"仍俟交食，公同部司监局等官测验，据实奏夺"之旨，恭绎明纶，是欲于交食之际令各官公同以测验凝之之法，抑令凝之公同各官以为测验之人乎？凝之乃执"公同"两字，疏中每脱卸其推算之责，自许以测验之任矣。此无论于"核验果否淹通"之明旨大不相侔，且既为另局引荐之人，安望有虚中无着之见。是不任算固无以显其所学，而徒任测又何以服臣等之心耶？且臣所惴惴惧者不但此也。今岁元旦日食，另局谓于法实为不食，臣局报食一分有奇。至期臣法果验，百官救护，众目难掩，且续奉有"边大顺等所推日光微侵秒数，测验未符"之旨。而所乐等尚妄奏为云掩日体，大道未明，以滋欺溷。而此番交食，臣又不得不为蒉蒉过虑焉。伏乞圣明敕令另局门人并郭凝之将日月两食各出己法，与臣局同日报部，一齐封

----

①② 《西洋新法历书》本改"陪臣"作"远臣"。

进，以防其依傍那移之弊。临期仍冀皇上将内庭日、星二晷依法测验，以定疏密。倘有不行推算而支吾推诿致羁测验者，即律以欺诳之罪。庶大典不为群议所淆，而真法亦不为影射所挠矣。缘系云云。

崇祯十年十月二十五日具题

本月三十日奉圣旨："该部看议具奏。"

崇祯十年十一月初四日李天经题本①

督修历法山东按察使司照京例正三品支俸臣李天经谨题,为日月交食事。切照崇祯十年十一月十六日庚辰夜望月食,其食限分秒起复方位,并本年十一月初一日乙未朔日食分秒起复方位,例应先期上闻。除《大统》《回回》二历已经钦天监具题外,臣局新法交食时刻分秒因另局门人并郭凝之等俱未报上,不敢轻出,恐其依傍那移,以滋溷扰。故臣于本年十月二十五日具"交食届期,测验宜明,伏乞圣明敕令各法同日报进,临期仍冀内庭亲验"等事一疏,十月三十日奉有"该部看议具奏"之旨。于本月初二日准礼部祠祭清吏司郎中何三省手木②,缘臣题前事,内称"即将所推日月交食缮写一本,俱于初四

---

① 中国国家图书馆藏《奏疏》本、日本东京天文台图书室藏《明题疏》抄本及《西洋新法历书》本均未收此篇。此篇据韩国奎章阁档案馆藏《治历缘起》抄本补录。

② "木"当为"本"之误。

日报部,以凭一齐封进"等因到,臣等用新法推步,谨将所得日月两食诸数逐一开坐,并具图象缮本报部,进呈御览,伏乞皇上于月食之际,命御前近侍诸臣将内庭星晷外盘午正初刻移对内盘冬至第十日上,于斜横一缝内窥视帝星、勾陈同在一线内,而锐表所指即其亏复时刻。于日食之际依臣题准今岁元旦日食测法,用窥远镜觇其亏复食分,明①地平日晷先期点定,考其亏复时刻,而各法疏密自难逃于圣鉴矣。但查往古考验交食,俱称食在一刻以内为亲,二刻内为次亲。而臣等新法历来所报交食不但以时刻吻合为止,尚有载分秒精益求精者,仰体我皇上钦若至意也。盖于立法之初不得不细经屡验,而各家并无分秒,似又不便异同。况测器分秒又难缕析,故今所报时刻之下止别强弱,以便考验。原系日月交食事理,未敢擅便,谨题请旨。

计开:

崇祯十年十一月十六日庚辰夜望月食分秒时刻并起复方位:

京师见食九分七秒。

　　初亏酉初刻②四刻弱,在地平上高约十五度弱,正东;

　　食甚戌初二刻强,在地平上高约三十五度;

　　复圆亥初初刻半,在地平上高约五十三度半,正西。

　　计食限内凡十二刻半强。

食甚月离黄道鹑旨③宫十度二十八分,为井宿十度十五分,离赤道井十度八十分。

食甚月离纬度距黄道北五十三分。

各省直食甚时刻:

---

① "明"疑为衍文。
② "刻"疑为衍文。
③ "旨"当为"首"之误。

南京应天府、福建福州府，戌①戌初三刻弱；

山东济南府，戌初二刻②刻半；

山西太原府，戌初一刻弱；

湖广武昌府、河南开封府，戌初一刻半；

陕西西安府、广西桂林府，申正四刻；

浙江杭州府，戊③初三刻强；

江西南昌府，戊④初一刻强；

广东广州府，戊⑤初一刻弱；

四川成都府，申正二刻半强；

贵州贵阳府，申正三刻强；

云南云南府，申正一刻强。

计开：

崇祯十年十二月初一日乙未朔日食分秒时刻并起复方位：

京师见食六分九十一秒。

初亏午正初刻，在地平上高二十八度半，西北；

食甚未初二刻半强，在地平上高二十四度，正北；

复圆申初一刻弱，在地平上高一十四度强，东北。

计食限内凡十三刻弱。

食甚日躔黄道斗宿二十度二十七分，依赤道为斗宿二十一度六十分。

各省直见食分数并食甚时刻：

———

① "戌"疑为衍文。

② "刻"疑为衍文。

③④⑤ "戊"当为"戌"之误。

南京应天府，见食四分二十九秒，食甚未初三刻；
福建福州府，时刻与应天同；
山东济南府，未初二刻半强，五分五十一秒；
山西太原府，未初初刻强，六分五十七秒；
湖广武昌府，未初一刻强，四分六十五秒；
河南开封府，食甚时刻与湖广同，五分四十二秒；
陕西西安府，午正二刻强，六分九十秒；
广西桂林府，时刻与陕西同，五分八十秒；
浙江杭州府，未初三刻弱，三分六十一秒；
江西南昌府，未初一刻半强，四分十八秒强；
广东广州府，未初初刻三分，九十七秒；
四川成都府，午正初刻强，七分六秒；
贵州贵阳府，午正一刻，五分五十秒；
云南云南府，午初二刻弱，六分八十秒。

崇祯十年十一月初四日具题

本月十三日奉圣旨："这交食分秒亏复时刻，临期按晷考测，知道了。该部知道。"

崇祯十年十一月十一日李天经奏本①

督修历法山东按察使司按察使臣李天经谨奏，为微臣治历有绪，正言见嫉，奸党求和计穷，泼口相加，谨述臣局招谤之因，并部群奸欺罔之欵，以祈圣鉴，再乞罢斥孤臣，以免图害，以无辱大典事。臣以一介外吏，蒙皇上畀以督修历法之任，四载以来惟知埋头纂辑，与人无兢，以尽臣分而已。乃另局蒋所乐等屡借势倾排，擅其威福，参人则降罚，荐人则立用，肆行无忌，业已目无孤踪之外吏，而况臣复有触其大忌者。自魏文魁物故后，另局已无法矣。所乐等四顾彷徨，恐无以饰其虚糜欺罔之罪，先则荐一推算未孚之边大顺，今日已不知其亡。复荐一跃冶多援之郭正中，倚之以立主和议。虽以统会四法为名，而暗地求和，无非欲臣等将已成之法迁就凑合，以昌仰遵画一之旨，以图苟且结局，而臣未之敢许也。既正言驳之，且于祠司回文复畅其

---

① 《西洋新法历书》本未收此篇。

说。而正中等计穷谋阻，遂恨臣深入骨髓矣。及臣有交食期迨一疏，无非欲正中出独得之心法，以凭公测，不当以另局之私人主持测验，亦非甚有苛求于正中者，而正中恨臣。又祈将各法同日进呈，以防依傍那移之弊，无非惩前毖后之思。该局果有成算，何难即同日送部以释嫌疑。乃展转支吾，伎俩尽见，而所乐等更复恨臣。于是合谋相攻，而捏污以十大罪。此微臣招谤之因也。

及阅其各款，正如醉人骂街，不顾道理，又加刁徒健讼，罔尽是非。臣曷难列其罪状，以请正卯之诛，顾臣不屑与交口久矣。若反唇相应，不亦几与同醉比之两造乎？臣实耻之！况已奉有"何得偏执相攻"之明旨，如秦镜高悬，以照彻奸人之肝胆，臣自可以无说。但其参臣诸款正自暴其欺罔之实，不得不一一剖明，伏乞圣明垂察焉。除所矜夸已参降处之毕拱辰，抚院有精通象纬之咨，礼部有博访知历之举，与臣何与？夫从无一疏者谓之贿结，则特疏荐人者贿当何如耶？此不必辨而自明者。如以后宫之列于鹑首也，为臣之罪。据所乐等闻说，紫薇垣内第一星为帝星，第二星为后星，宜共列于鹑火宫，而首造此言以耸皇上暨母后之听闻者，只欲图害于臣，乃自涉其欺罔而不知也。臣按《步天歌》开载，云"大帝之座第二珠，第三之星庶子居，第一号曰为太子，四为后宫五天枢"，其从来矣。今所乐称帝星为第一，后星为第二，不但擅移位分，且将置太子于何地？倘如彼罔说，则太子自不宜居于帝前，而后宫又何得置于庶子之后？总之古人命名取象，各各俱从经纬测定，非可测置，亦非仟人有意于逢迎。乃所乐等不识经纬为何物，故其言如此。此其说谎自暴欺君之罪一。

如谓天狼一星而图绘以五，且芒角可畏，以为臣罪。臣按天文图所载，凡有数星而成一座，俱画线联之。如不相联，俱云新增无名之星。臣前所进星屏、球见在御前，可覆而按，果狼星有线联络五星否。且星体难窥，所见者光也。光自有芒，大小不等。狼星之光几与太白

崇祯十年十一月十一日李天经奏本

等,所绘芒角,取其象耳。即为胡为贼,岂因图画遂骄虏志而乐多胡?以致所乐之畏也。鄙俚之言敢荧圣听。此自暴其欺罔者二。

如天庙、器府等星,臣前"为遵旨制器告竣"等事疏称,凡星之微蔑难窥,匪器可测者,臣不敢依样葫芦而徇耳食之见,已经奉圣旨:"是,着于中正殿安置,余知道了。该部知道。"方敢恭进,正臣小心敬畏,不敢有欺处。且制礼作乐,皇上御世之大权,即绘图制器,有无关涉,而遽作"礼坏乐崩"诸不祥语于圣明之前,是欲诬臣以罪,而自陷于大不敬之罪也。此自暴其欺罔之罪三。

如蛇鸟小斗诸星,自是陪臣等浮舟赤道以南实测不爽,值上传制造星球,随用补南极见界之缺,以成浑全天体之象,岂是臆说?又蒙内灵台传,奉明旨询以占验,臣局约略指陈,且欲进《天文实用》占书以备御览。所乐等遂妒忌横生,先为此言以图抑阻,真夏虫之不可语冰也。其自暴其欺罔之罪四。

历法星图原无明禁,即《步天歌》附载诸星,该监亦通有刻者。臣局绘图非止饰观,经纬度分按图可考刻,盖恐岁久失传,且便于教习耳。如曰星图可禁,天象昭垂,未尝禁人仰观也,何关休咎乎?该局屡屡妄谈灾祥,正于明禁,而乃以罪臣。其自暴其欺罔之罪五。

如木星之犯积尸,乃臣局一大冤案也。当时因推木星行度,偶一点出,及奉旨测验,而诸人遂合谋借以倾臣。登台之际不用臣局之人,不用臣局之器。以万钧铜仪迫臣一人举之,一时势焰分明欲置臣死地,复暇与之讲明犯不犯乎?臣惟听其诬罔,既奉明旨,唯有引罪而终,不敢以欺自任也。况魏文魁改占书之七寸为犯以为七分,则未及一寸,光且相掩,岂止犯乎?文魁之疏尚在御前,可覆而按,此欺罔之大证据也。舍此而欲令臣回奏,则当借势倾臣之本谋益可想见矣。其自暴欺罔之罪六。

至邵龙宇系礼部书役,其随祠司测验时臣仅识其面目,后且究问，有刑部摆站有驿递，与臣何与？且琐屑小人，臣与有何因缘而延为上客？此无异说梦耳。其自暴其欺罔者七。

至如远臣罗雅谷、汤若望，原系奉召来京修历，非潜来者，比其友利玛窦于神宗朝慕义来宾，留京赐宴，生有大官之饩，殁有葬地之予。自此先后诸臣著书立言，其所尊崇者即先圣，所辟斥者则释佛，以克己事天为工夫。所著书约数十余种，并无不经之言，容臣类辑追呈御览。若诬语非系陪臣所载，但摭他人谤书作诬，则何事不可说，何言不可据乎？无非妒臣历法垂成，故藉诋诬先圣以肆中伤为驱逐计，总非为历法起见也。此其自暴欺罔之罪八。

即如查给用房一节，乃戎政等衙门因城守叙劳题，奉有"罗雅谷等修历演器，著有动①劳，自当从优叙赉"之旨，而两臣素学道，不婚不宦，故礼臣请以各给田房以资朝夕，亦即授廛为氓之意耳，业蒙钦允。此出我皇上柔远德意，非臣之罪也。而两臣志甘恬逊，具疏控辞，而圣主尚不忍泯其前劳，犹然敕部另议，以信前旨。乃敢曰有何功劳，是藐明旨而阻皇恩也。此其自暴欺罔之罪九。

如谓臣指三台为轩辕大星，而轩辕乃十六星，若指大星则为近在黄道者之一星，去三台甚远，何得指六星为一星，指三、四等者为巨星乎？职之所学，岂所乐能知？妄诋为一窍不知，固其宜耳。此其自暴欺罔之罪十。

以上诸款，仅据其污蔑渎奏者略为剖陈，其他一切欺罔之甚者，擢发难数，职且姑置勿论。但若辈数年以来不知何所凭借，一拂其意，辙②肆诋诬，即吏、礼、工三部都察院以及礼垣无不被参，而莫敢谁何者，实畏其凶锋辣手。乃举以加臣，恐举朝自有公论，微臣自有生

---

① 据文意，"动"（繁体字"動"）当为"勤"之误。
② 据文意，"辙"当为"辄"之误。

平,难以抹杀也。且闻另局此番交食仍欲踵测木星故智,布置机关,合谋倾陷。臣惟祈皇上敕部委一司官同臣在局测验,不敢再赴东台,以无罪制历之臣徒为群奸鱼肉也,则所全于臣者大矣。

总之所乐所指臣罪逐款已明,臣不任受。然臣亦不能辞罪者,以孤贞虽谅于圣明,而调停不严乎群小,致启谗憎之心,以伤士绅之体,是臣罪也。惟请一面先镌臣职以待看议,一面容臣攒完仪器、七政等书进呈外,束身以待皇上之处分,以谢人言,以息纷嚣,庶不至贻大典之辱矣。谨具奏闻。

崇祯十年十一月十一日具奏

十五日奉圣旨:"治历求准天行,岂容偏辞攻讦?李天经不必求斥。奏内参罚荐用,俱奉明旨,何得以借擅妄讦?殊属未谙,姑不究。该部知道。"

又据另局生儒蒋所乐等妄奏"为正星象有据"等事一疏,十一月二十四日奉圣旨:"蒋所乐等测验疏远,已有旨了,何得更端求胜?且本内毁灭等语全无忌惮,姑不究。该部知道。"

崇祯十年十一月十七日李天经题本①

督修历法山东按察使司按察使臣李天经谨题，为月食事。该臣于本年十月二十五日具有"交食届期，测验宜明，伏乞圣明敕令各法同日报进，临期仍冀内庭亲验"等事一疏，本月三十日奉圣旨："该部看议具奏。钦此。"于十一月初二日准礼部祠祭清吏司郎中何三省手本为前事，内开"各家日月交食分秒时刻缮写一本，俱于初四日报部，以凭汇齐封进"等因到臣，该臣即督同在局官生，将日月两食缮写一本，于初四日投部，随经礼臣于本月初九日封进。十三日奉圣旨："这交食分秒亏复时刻，临期按晷考测，知道了。该部知道。钦此。"钦遵。至本月十六日夜，督同部臣②罗雅谷、汤若望，钦天监博士杨之华、黄宏宪、祝懋元、朱国寿、孟履吉，生儒朱廷枢、王观晓、陈亮采、宋

---

① 《西洋新法历书》本未收此篇。
② "部臣"当为"陪臣"之误。

发、王观明、陈正谏、李昌本等,随带本局星晷等仪,公同礼部祠祭清吏司员外郎顾光祖,钦天监右监副周胤,历科灵台等官徐源、黄道化、高攀柱、张三才、李之贵、刘崇儒、张三省、马惟龙、王烨、章必传、贾良栋、潘国祥、刘有庆、贾良琦、戈舜年、周晓、朱光显,天文生周士昌、李景和、张其淳、周士泰、朱光灿等,暨管理另局山西代州知州郭正中,另局生儒蒋所乐、林荫世、徐克孝、魏象乾、杨国荣、任选、戴复等,齐赴观象台测验。又委博士张寀臣、天文生朱光大等携带星晷前赴中军都督府测时去后,该臣等候至初亏,据灵台官徐源、张三才、黄道兴、高攀柱、王烨等用简仪测至酉初四刻弱,徐源等即报初亏,星晷所测亦同,员外郎顾光祖执笔登纪,与臣等所推初亏酉初四刻弱者为密合。而《回回历》亦次亲,《大统》与郭正中、蒋所乐等俱差五、六刻不等。候至酉正一刻,已食一分弱,忽遇云阴四起,直至戌初一刻外,天稍开霁,见食九分。及至戌初二刻,觇见食甚九分有奇,与臣等所推密合,而《回回历》亦次亲,《大统》各法俱差五、六刻不等。其所食分秒亦与臣合,《回回历》亦近,然于《大统》、郭、蒋三法分秒亦差一、二分不等。稍见退光,而云阴复起,难见复圆。中府所测亦与臣法相符。此当时诸臣所共见者,各法疏密自难逃于圣鉴。此番月食正所为求画一于天,即可为治历改宪之一定案也。

臣等又按,从来推算交食之法,俱以食甚定望为准,减定用分,得初亏,加定用,得复圆。今既初亏、食甚分数皆准,则复圆虽云阴不见亦准可知。且据郭正中前疏所称食在一刻内曰亲,二刻内曰次亲,三刻为疏,四刻为疏远。今止《回回历》在二刻以内,为次亲,而分秒亦近。《大统》与郭正中、蒋所乐俱差五、六刻不等,此又在疏远之外者也。但各家回奏虽欲自文其短,借端支吾,想断难荧于圣听矣。只恐十二月朔日食各家所报俱近,临期易致争阋,且明岁又无交食。倘不于此请乞圣明判断疏密,以定是非,则历之成也何日之有据?此月食其于我皇上钦若大典庶有攸赖矣。敬述当夜测验情实,谨据实奏,伏候圣裁。缘系月食事云云。

崇祯十年十一月十七日具奏

二十日奉圣旨:"这月食时刻新法为近,分秒《回回历》为近,余俱疏远。该部通着看议具奏。"

崇祯十年十二月初二日李天经题本

督修历法山东按察使照京官例正三品支俸臣李天经谨题，为遵旨测验日食，敬陈完历实着，伏乞圣明敕令该监诸臣据实奏明，以仰副早襄历法之明旨事。该臣于本年十一月初四日具有恭报日月交食一疏，本月十三日奉圣旨："这交食分秒亏复时刻临期按晷考测，知道了。该部知道。钦此。"钦遵。除月食已经验明回奏，奉有"这月食时刻新法为近，分秒《回回历》为近，余俱疏远。该部通看议具奏"之旨外，臣于本月初一日督率陪臣①罗雅谷、汤若望、大理寺副王应遴、钦天监博士杨之华、黄宏宪、祝懋元、张寀臣、朱国寿、孟履吉、生儒朱廷枢、王观晓、宋发、王观明、陈正谏、李昌本等，随带臣局窥远镜等器，公同礼部祠祭清吏司主事巩焴、右监副周胤、历科灵台等官徐源、黄道化、李之贵、章必传、王烨、张三才、贾良栋、周晓、陈亮采、吴邦泰、

---

① 《西洋新法历书》本改"陪臣"作"远臣"。

刘有庆、戈舜年、贾良琦、朱光显等、天文生周士昌、李景和、张其淳、周士泰、朱光灿、周士萃、朱南星等，及管理另局山西代州知州郭正中、另局生儒蒋所乐、林荫世、魏象乾、杨国荣、任选、监官安崇吉、章必选等齐赴观象台。又委天文生朱光大携带远镜前赴礼部，公同监官潘国祥、薛永明、左允化等测候。

臣等登台之后，主事巩焴即向在事诸臣申明测验大意，云治历系国家大典，修改数载，亦当结局，诸人宜虚公纪验，运仪测候，两局及该监各用一人，庶无偏倚之嫌。且云测验止凭于天象，断不敢欺君父以欺天下万世。复细阅诸仪，详询测法。臣等公验简仪外盘周分十二时，每时分为八刻，凡初正四刻之下并列初刻者，因四刻已尽，未及一刻，故名为初刻。及测至午初四刻之末，即午正初刻，据台官徐源等报称未几，而陪臣①罗雅谷、汤若望等用远镜照看，随见初亏，众目共睹。巩主事执笔亲纪，是与臣局所推为合。候至未初二刻半，远镜映照见食六分有余，随见食分秒②退，众目皆同，礼臣亦亲笔书纪，是与臣局时刻分秒俱合。候至申初初刻，众报复圆，随亦亲纪，是与臣局所推申初一刻弱者又合。

然此番日食，各家所报俱各参差不一，其中亦有甚相远者。而臣局今岁日月三食俱合，于众论不一之日画一于天，庶几仰副我皇上钦若之至意矣。且臣局七政、经纬诸历已于乙亥年告成，屡验之伏见皆合，惟俟测验今岁交食。今交食前月十六夜月食既验，明岁又无交食，已蒙圣明乾断疏密。倘不于此请乞敕令改定维新，则治历大典终无结局之日。即监局诸臣，各法疏密本心自明，第不肯明以入告者。只因崇祯二年五月朔日食不合，初三日奉圣谕："钦天监推算日食前

---

① 《西洋新法历书》本改"陪臣"作"远臣"。
② 据文意，"秒"当为"少"之误。

后刻数俱不对,天文重事,这等错误。卿等传与他,姑恕一次,以后还要细心推算,如再错误,重治不饶。"且另局复因八年正月十五夜望月食,奉有"魏文魁所算初亏、复圆俱谬,着他自行回奏"之旨。随于回奏疏内自认一时失算,又云丙子、丁丑二年尚有六食,或明验不符,甘蹈妄言之咎,奉有"魏文魁既认推算失误,姑俟再验,以定疏密"之旨。今又屡测疏远,而诸臣未免以惶恐畏咎之心,转而生其更端文罪之想。然而测验疏远,亦非诸臣之罪。如钦天监因其差讹方请修改,疏远故非其罪。而另局诸臣原奉有修定备考之旨,非不欲殚思竭力,以期足堪备考。及至测验多至疏远者,盖由于术业伎俩仅止于此,大抵屡次推算断不能出《大统》范围,又安望其自出聪明以备考测乎故?疏远亦非诸臣之罪。总之,各家修改皆为国家大典。至修正完日,无非传付监官,令其遵守,以尽厥职耳。与其听测验于两局,不若专责成于监官。臣思该监诸臣世守术业,一有差讹辄自修改,不敢自文其短,想断不肯作左右袒以自取罪戾。当今完历实着,惟乞圣明敕令钦天监看详具奏。如果谁法为密,即当遵守谁法,则万年宝历遂可计日告成矣。

崇祯十年十二月初二日具题

本月初□日奉圣旨。

崇祯十年十二月初三日礼部题本①

礼部题，为回奏测验日食事云云，主事巩焴呈，为参验日食事，"照得本月初一日乙未朔日食，本职先蒙堂委，前诣观象台云云。职仰睇日光初亏于午时初刻，食甚未初二刻半，复圆未末申初，约食将及五分。随据灵台各官报称及西洋玻璃远镜所验分秒，初亏于午初四刻，食甚未初二刻五十分，复圆未末申初，约食六分余，理合开报"等因到部，该臣等看得，本月初一日日食时刻分秒已经臣部先期题准睿览，恭候内廷测验矣，各家离合亲疏圣鉴昭然。今据该司及灵台官呈报前来，臣部覆核，以四分有奇为率，众议佥同者也。既经该司参验开报，相应据实具本云云。

崇祯十年十二月初三日具题

---

① 此篇据《西洋新法历书》本补录。

初七日奉圣旨:"这日食分秒时刻,新局为近,其余虽于时刻有一、二稍近,又于分秒疏远,着即看议画一奏夺。"

崇祯十年十二月十五日周胤奏本①

　　钦天监监副周胤谨奏,为奉旨据实奏明事。臣本年十二月十三日准礼部祠祭清吏司手本,内开另局纂修历法魏文魁男生员魏象乾奏,"为感激天恩,剖陈秘法"等事,本月初八日奉圣旨:"魏象乾曾否送揭,着巩焴及钦天监官据实奏明。廪薪不准辞。该部知道。钦此。"钦遵。除部臣自行回奏外,该臣恭述当日在台始末,仰乞圣明垂鉴。

　　本年十二月初一日日食,臣于是日同部臣巩焴及两局官生公同诣台测验。候至日食将及复圆,突见魏象乾袖出一揭,向部臣投递。问其所以,则曰日食分秒时刻。部臣同臣粗略一看,大抵摹拟新法,即对象乾言曰:"凡交食分秒时刻,该监俱于半年前预先题奏,即两局推算本年日月两食亦于前月先期汇齐投部封进,庶便临期考测疏密,

---

① 此篇据《西洋新法历书》本补录。

以服公道。今已将近复圆方行投递，不亦晚乎？"象乾自觉理屈，遂拂然袖去。此当日在台送揭先后情事，微臣不敢隐饰，据实回奏，臣不胜悚息待命之至。

崇祯十年十二月十五日

本月十九日奉圣旨："已有旨了。该部知道。"

崇祯十年十二月十八日李天经题本①

　　督修历法山东按察使司按察使臣李天经谨题,为恭进戊寅年七政、经纬新历,仰祈圣明独断画一,以定历法事。窃照臣于考测缮制之余,督同在局诸臣依新法推算得崇祯十一年戊寅岁七政、经纬新历各一册,装演成帙,进呈御览。伏查臣局新法久已告成,未蒙画一通行者,盖缘我皇上敬慎钦若至意,必欲于推算精详之后,尚须取验于天行。臣即与部监诸臣随时测验,迄今三载,无不密合。此非臣之臆说也,即该部曾于奏明节气疏内亟称"其新法之用天度,自确乎其不可易,宜有以贴挈壶之心,而息保章之讼也"。然该监亦曾丁回奏测验疏内自谓"其测验俱与新法相合,而新法用纬度推算更为详密"等语。且目今日月两食幸蒙圣明洞鉴其臣局新法为近,余俱疏远,见在敕部看议画一奏夺。诚仰见我皇上神圣天纵,手握玑衡,于众议纷纭

----
①　此篇据《西洋新法历书》本补录。

之日而独判疏密于宸衷。是数百年未有之典原自我皇上肇其始,而亿万载永垂之法亦必我皇上考其成。伏乞圣明英断,则阐千古之历元,成一朝之巨典。宝历维新,普天共庆,臣惟日望画一于钦定矣。缘系云云。

崇祯十年十二月十八日具题

奉圣旨:"画一历法已屡有旨了,所进书册留览。该部知道。"

崇祯十年十二月十九日巩焴奏本[①]

礼部祠祭清吏司主事臣巩焴谨奏，为遵旨据实奏明事。本月初九日奉本部送礼科抄出另局纂修历法魏文魁男生员魏象乾奏，"为感激天恩，剖陈秘法，愿揭愚衷仰佐圣明敬授之大典事"等因，崇祯十年十二月初八日奉圣旨："魏象乾曾否进揭，着巩焴及钦天监官据实奏明。廪薪不准辞。该部知道。钦此。"钦遵。臣焴蒙堂札委，于本年十二月初一日同两局及钦天监官前赴观象台测验日食。四家之印图较若列眉，各局之开单灿若指掌。尔时魏象乾亦厕身班行中，闻其家传历学讲求有素，似当先期拟定分秒时刻缮进御览，次投揭臣部堂官，次投揭臣等，上台之初待其测验有准时方可持为左券，以钳盈庭聚讼之口也。乃迟至日亏已完始袖出一揭，臣同钦天监官公看，大抵揭内开载与新法稍觉符合，其为素定猝办俱不可悬揣。况臣未奉明

---

① 此篇据《西洋新法历书》本补录。

旨,未蒙堂批,又日食事已告竣,不敢擅收事后私揭以附会于新法。此本日实情实事也。至于象乾果识精象纬,淹贯历法与否,钦天监官知之必稔,臣不敢悬揣蒙奏也。今奉有"着巩焴及钦天监官据实奏明"之旨,臣即据实奏明,仰祈圣明裁夺施行。

崇祯十年十二月十九日

奉圣旨:"该部一并看议具奏。"

崇祯十一年正月十二日李天经题本①

　　督修历法山东按察使司按察使照京官例正三品支俸臣李天经谨题,为各法疏密已蒙圣判,画一屡旨未见钦遵,再恳圣明独断,早定历法事。窃照治历明时乃国家之首务,而法取合天亦千古之定论。今臣局历法自奉敕修改以来,逐年推测交食五星无不合天,且书器久已告成,惟候画一遵行耳。去冬日月两食荷蒙圣明内庭亲验,两奉有"新法为近,余俱疏远"之旨,屡经敕部画一。而该部诸臣明知新法合天,尚欲曲全另局,欲臣局与之参合会通,移会到臣,业经逐款驳明。所云历法原自浑成,迁就割裂不得。倘一挪移,一差尽差。而部臣犹以甲可乙否,终归纷纭等语模棱具覆,以卸怨尤。随奉有"历法务求画一,前已有旨,该部作速看议具奏"之旨,是圣明已洞烛其疏远者无容与合天者相会通明矣。又于部臣覆疏内,续奉有"历议纷纭,尔部

---

① 此篇据《西洋新法历书》本补录。

须折衷画一,还着遵旨确议速奏,毋再游移"之旨,是圣明亦洞鉴其另局三法自不能一,且又悉皆疏远,曾无寸长,而于备考奚补,似又不待姑俟再验而决者更明矣。煌煌明纶,炳若星日,想部臣自宜仰体。若欲再蹈会通之故套,不惟真伪不分,是非倒置,有误大典,抑且仰遵圣旨之谓何闻?部臣已于去冬十二月内具覆矣,但未审所奏云何,诚恐一时之情面难破,画一之明旨未能钦遵。且闻伪法者乘机渎奏,图逭疏远之愆,百计挠成,罔顾圣明画一之切①。所幸我皇上离照当空,谅宵小终难荧听。惟是十二月朔之日食,臣局所报食甚在未初二刻半者,图疏昭然。郭正中见臣法合天,疏内捏改。臣报未初三刻半,而诳陈之。又巩主事于分秒亲测六分余,书纪见存部疏,又改为四分而诳覆之。种种欺罔,难以殚述。若非我皇上亲验,则臣局新法又几为若辈所朦蔽矣。但新法既经屡测,皆符画一,屡廑圣判,其阻挠而欺罔者尚若是游移而不决者,又若是后即再测不过总此机局,臣于此时倘不请乞圣明大奋乾断,钦定画一,则历法终鲜结局之日,不几有负我圣上屡颁画一之严旨乎?伏查钦天监旧例,如十二年民历应于十一年二月初一日进样,四月初一日颁布刊刻。且今稍一蹉跎,其期遂误,将必以我皇上亲测有不足凭,而画一终无底止,臣所以亟亟叩阍者,此也。总之画一之法惟取合天者而遵用之,今新法既已合天,惟乞圣明敕令该监诸臣以后照依新法推算通行,庶嫉忌消而玄黄息,则敬授大典不致久承讹舛,而万年宝历亦为之焕然一新矣。

崇祯十一年正月十二日具题

十九日奉圣旨:"已有旨了。"

————

① 《新法算书》本"切"作"切旨"。

崇祯十一年三月十八日李天经题本

　　督修历法山东按察使司按察使照京官例正三品支俸臣李天经谨题,为远臣尽瘁身殒,优赉屡旨久虚,恳乞敕部速覆,以酬前劳,以慰忠魂事。切照修历远臣罗雅谷者,系原任督修历法故辅臣徐光启于崇祯三年五月内因远臣邓玉函病故,修历乏人,具疏上请,内称"访得诸臣同学尚有汤若望、罗雅谷二臣者,其术业与玉函相埒,而年力正强,堪以效用"。"伏乞敕下,就便移文敦谕二臣,并行所在官司资给前来,庶令人出所长,早奏厥绩"等因,本月十九日奉圣旨:"历法方在改修,汤若望等既可访用,着地方官资给前来。该衙门知道。钦此。"钦遵。随于本年七月内,据河南开封府知府袁楷具文资给罗雅谷前来,本月初六日故辅臣徐光启题,奉圣旨:"罗雅谷准朝见供事。该部知道。"当经朝见赴局供事,九载于兹,公同远臣汤若望等撰成历法书表一百四十余卷,缮制新式仪器十数种,见在御前。且于数年已来指教台官,呕心沥血。其日躔、月离虽已传授习熟,几于颖秃唇焦,臣与辅臣曾已屡疏列名首叙，叠奉有纪录酌议之旨在部，未经议覆。复于九年七月内因丑虏内犯，戎政及都察院等衙门交荐①，奉有"罗雅谷等即着随营指授，以折狂氛②，有功从优叙赉"之旨，两臣即登陴指授，义切同仇③。嗣因城守叙劳，复奉有"罗雅谷等修历演器，著有勤劳，自当从优叙赉"之旨。兹无论一时同叙之大小文武臣工俱膺擢升秩级，即捐助如吴守义者亦荷敕赐建坊奖励。只因两臣守素学道，不愿官职，已经礼部题准各给房一所，田数顷，钦允在案。而两臣又苦于书役之溪欲难餍、豪强之霸占可虞，为是具疏控辞。复荷圣明不忍泯其前劳，仍敕礼部另议。两臣翘首望恩，已成隔岁。有本局博士等官不忍坐视向隅，乃于今春二月间具呈礼部，堂司已批即题。随经祠祭司郎中何三省循例具稿，"每人每月各给汤饭桌半张，廪米一石，并纂修酒食等项，以见朝供事之日为始，照例补给，向后仍令关支"等因呈堂批行。臣等伏念两臣自任事已来，每日止共领光禄寺下程银三分，米四合，清苦奚堪。且以造历未成如魏文魁者，生叨汤饭，殁邀秩级之外，尚蒙照前补其俸廪，父子沾恩。而谷等造历有成，守城著绩，两奉有优赉之旨，较之自应加优。况若各给田房价值，奚啻数千金。今每人补给汤饭，为数不多，即每月各补一张，在圣恩或弗靳予，岂意复逾一月尚未题覆？至历法名仍"大统"，新局推测屡近，明旨昭然。其所以旁求更正一节曾未见该监虚心商及于臣，仅见其通同妒嫉，仍蹈游移之故辙，而不遵画一之屡旨，尚尔侈言再测，狃旧惮新。正嗟颁布无期，河清难俟，而远臣罗雅谷又以积劳成疾，忽于三月十三日一旦溘然长逝矣。然此臣之忠怀素蕴，学术渊微。推测不惮于燠寒，著作

---

① 《西洋新法历书》本将"因丑虏内犯，戎政及都察院等衙门交荐"删除。
② 《西洋新法历书》本将"以折狂氛"删除。
③ 《西洋新法历书》本将"义切同仇"删除。

奚分乎昼夜。以致年未艾而须发早白，甘贫淡而面鹄形鸠，气息奄奄。既已致身于圣世，而遗骸之埋瘗不无有望于皇仁。伏乞圣明敕下该部，即如所议，速为题覆，俾汤若望之生者得以资其朝夕，而罗雅谷之死者得以充其殡埋。庶我国家泽枯之德与柔远之仁足以远播于遐陬，而两臣修历与城守之微劳亦不致终归泯灭矣。

臣于此又有请焉。伏查臣局历法书器久已告成，业蒙圣明判断画一，将疏远者散遣回籍，差误者准令更正，独留新法之推测屡近者存监学习。今罗雅谷虽已物故，而交食七政经纬与夫气节晦朔望等项臣局各官俱素娴推算，然教习台官不无赖于远臣汤若望也。此臣历学专门，精深博洽，足以办此。但苦一人之精力有限，又有本等道业，诚恐指授与旁通两事难以独肩自称。若望同学见有汪尔斐者，推测素谙，年力正壮，堪以访用。伏乞圣明敕下，容臣移文所在官司资给前来，共襄大典，其于治历明时不无小补矣。至若远臣罗雅谷殁于王事，万里孤魂不堪归衬①。见有利玛窦之例可援，其《会典》亦有成例可考。优恤特典出自圣裁，非臣之所敢擅议也。

崇祯十一年三月十八日具题

二十四日奉圣旨："该部看议速覆。"

——————

① 《新法算书》本改"衬"（繁体字"襯"）作"槺"（繁体字"櫬"），应正确。

崇祯十一年四月二十二日礼部题本

礼部题,为遵旨酌议,恭请圣裁事。祠祭清吏司案呈,案查先该本部题覆修政历法远臣罗雅谷等奏,"为圣明柔远过渥,微臣图报未遑,谨预辞钦允田房以表忠荩事"等因,崇祯十年九月十七日奉圣旨:"罗雅谷等奏辞田房,不必再行查给,该部还另议具奏。钦此。"钦遵。抄部送司,随准督修历法山东按察使李天经手本,开称"城守叙录,谷等幸叨优叙。但缘两臣不愿官秩,题准查给田房,具疏控辞。既蒙敕部另议,可不亟为另行措处,给与两臣自行构置,仍一面比照乡民吴守义等见行事例,题请建坊奖励"等因在案。又经移文历局,备查两臣来京修历日期去后,续据李天经手本,内开"陪臣①罗雅谷自崇祯三年七月初六日见朝供事,陪臣②汤若望自崇祯三年十二月初二日见朝供事,迄今已及八载,每日止领光禄寺下程银三分,米四合,似未足供

----

①② 《西洋新法历书》本改"陪臣"作"远臣"。

日用,清苦堪念"。既奉另议之旨,相应题请回复前来,正在查议题覆间,又该督修历法山东按察使司按察使照京官例正三品支俸李天经题"为远臣尽瘁身殒等事云云,非臣之所敢擅议也"等因,崇祯十一年三月二十四日奉圣旨:"该部看议速覆。钦此。"钦遵。抄出到部送司,所据陪臣①罗雅谷已经物故,请乞优恤一节即已行查主客司,今据手本,内称"备查卷案无凭,稽考回复前来"。随经移文历局,确查前疏所引远臣利玛窦等恤典成例系于何年月日题覆,备录过司,以凭议覆去后。续据修历按察使李天经手本,开称"该本司备查利玛窦优恤原疏系万历三十八年四月二十三日本部署部事左侍郎吴道南、主客司郎中林茂槐等题给葬地,奉圣旨'是'。随经署府事府丞黄吉士查给阜城门外二里沟籍没私创佛寺三十八间,地基二十亩,付窦茔葬。此前疏所引之成例也。复查《大明会典》内一款,凡夷②使病故,如系陪臣③,未到京者本部题请翰林院撰祭文,所在布政司备祭品,遣本司堂上官致祭,仍置地茔葬,立石封识。到京病故者,行顺天府给棺,祠祭司谕祭。今罗雅谷正与典例相符,且系奉召来京,又兼修历演器,屡著勤劳,两奉有优赉之旨,未及叩恩而身先物故,例应破格优恤。但据达臣④汤若望呈称,'望等俱系守素学道之人,生既不敢萌服官之荣想,死亦不敢邀逾分之荣施,惟乞题补汤饭酒食银两,俾生者得以资其朝夕,殁者得以充其殡埋',令彼自行茔构,仍冀比照吴守义见行事例,敕赐匾坊,听其自行置办,则见我国家一字之褒荣踰华衮,庶于劳勋酬而泽枯柔远之仁渥矣"等因。通查案呈到部,看得西洋陪臣⑤罗雅谷、汤若望城守效劳,部院题叙,奉有"罗雅谷等修历演器,著有

----

①③⑤ 《西洋新法历书》本改"陪臣"作"远臣"。
② 《西洋新法历书》本改"夷"作"外"。
④ 据文意,"达"当为"远"之误。

勤劳，自当从优叙赉"之旨，随经本部议给无碍田房，又经两臣具疏控辞，奉有"田房不必再给，另议具奏"之旨。臣等再四思维，各部寺钱粮关正额者无容议，惟阴阳事例银虽交兑在户部，与臣部相表里，然支给之间殊有未便，所未敢轻议，酌无可酌。随据博士杨之华等呈称，"陪臣①罗雅谷、汤若望修历在局供事，迄今两名每日止领光禄寺下程银三分，米四合，不足资其朝夕"。覆看得光禄寺汤饭一节，在朝廷于远人既有大官饩赡之典，而来宾者祇受有名，比照魏文魁例查补以优异之。随经移查朝见供事日期去后，在魏文魁修历未成业蒙恩赐，两臣以万里梯航，殚精步算，测验多合，用襄钦若大典，且其抉秘指授，远折狂氛，而归忠尽瘁，功尤足纪，按数补给诚不为过，此臣等之初议也。随经督修历法李天经开载，罗雅谷、汤若望朝见供事俱在崇祯三年间。臣等更屈指扣算，未免岁计有余，积少成多。若得按数补给，则浩荡出于皇仁，使之仰戴中国圣人之高厚，而慕义颂德于无穷矣。利玛窦优恤一节，万历三十八年曾经赐给坟地，据若望等自称不敢邀逾分之荣，其学道守素，相应允从，不必另议恤也。旁求参考更正在督修与钦天监俱当遵奉明旨，无滋诿卸可耳。汪尔斐协同推测，李天经既身任督修历法之责，所举应不谬妄。合无听李天经行文所在官司支给前来供事，统候圣明裁定，敕下臣部遵奉施行。缘系云云，谨题请旨。

崇祯十一年四月廿二日具题

二十六日奉圣旨："是。汤饭着按数补给，不许再延。考正学习前旨已明，该监如何不遵？汪尔斐不必行取。"

----

① 《西洋新法历书》本改"陪臣"作"远臣"。

崇祯十一年五月初三日李天经题本[①]

督修历法山东按察使司按察使照京官例正三品支俸臣李天经谨题，为历法既经画一，更正似难久羁，再乞圣明严敕该监钦遵明旨，以新万年宝历事。崇祯十年十二月二十七日该礼部一本，为遵旨看议具奏等事。十一年正月十九日奉圣旨："钦天授时大典奉旨画一，该部何得一味游移。这历法着遵《会典》，仍旧行《大统历》。如交食、经纬、晦朔弦望，因年远有差误者，准张守登等傍求参考更正。新局推测屡近，着照回回科例存监学习。李天经等议叙，郭正中速赴州任，仍赏银二十两，纻丝二表里。蒋所乐、魏象乾各赏银二十两，纻丝一表里。其余的各赏银十两，俱散遣回籍。魏文魁历过俸廪作速查给。该衙门知道。钦此。"钦遵。臣既奉命督修，即宜有所条奏，以图速正舛讹，上合天道。盖缘明旨原以更正责成该监，想该监诸臣自能仰遵

---

① 此篇据《西洋新法历书》本补录。

屡旨,尽捐成心,将数年测验之实征,多人学习之新业,依新法与臣等商求更正,庶可仰副我皇上早襄历法之盛心,尽臣子修政之职分。讵意奉旨四月有余,该监并无一语商及于臣。只见帖下臣局各官,其中语意与明旨大相违悖,而狃旧憪新之故智与夫妒贤嫉能之情形尽皆显露于笔端。各官未敢擅拟,具呈到臣,随经移文部监回复去后,复从邸报中见该监一本,为传奉等事,借端保留疏远散遣之郭正中,欲与商究历法,漫图更正等因,奉有"张守登等何又借端擅请改授,显属通同,姑不究"之旨。煌煌天语,洞烛奸欺,其党邪通同之情弊不待指发而自彰明较著于天下矣。臣惟静听该监之速图更正以自赎,不意复延至四月二十六日,续奉有"考正学习前旨已明,该监如何不遵"之旨,犹然未见钦遵。臣虽识微才短,不足以充该监商求之末。但谬叨纂督之任,一切历务自宜与闻。乃今一则帖下各官,一则疏荐疏远,目中已无督修久矣。臣又安能坐视其抗玩游移而不一请圣明之乾断耶?

臣查修历一役,缘崇祯二年五月朔日食监推差误,特颁圣谕:"钦天监推算日食前后刻数俱不对,天文重事,这等错误。卿等传与他,姑恕一次,以后还要细心推算。如再错误,重治不饶。"钦遵在监。随据该监夏官正戈丰年等呈请修改,礼臣特举故辅臣徐光启专敕开局。该臣相继督修缮制考验,十载于兹,逐年推测交食、五星、节气、经纬,一一合天。无论部监之奏疏小①据,且钦奉之明旨昭然。即如去冬日月两食,各法俱又差至五、六刻不等,食分亦差至一、二分不等。幸蒙圣明亲验,两奉有"新法为近,余俱疏远"之旨。复蒙宸语独断画一,敕令更正。是各法疏密业蒙圣判,而考正学习盖已有年,该监又何难遵奉明旨而一更正之?如曰未经学习,何由更正,且数年以来多官就

---

① 《新法算书》本"小"作"可"。

讲者非一朝，习熟日躔、月离者非一事。岂前此功力尽为无用乎？如曰尚须再验，且无论前此之公测可为确据，而圣明之亲验与夫乾断之赫严反为不足凭乎？总之监官亦知新法推测屡近，急宜更正而遵用之。乃一段隐情，诚恐一更新法，并其人俱更。故未免以怀禄顾位之私，而致误国家钦若敬授之典。殊不知臣局各官数载勤劬，仅叨一秩。且以一人而兼数科之事，以博士而办五官正等官之职。屡苦于事烦禄薄，不能移亲就养。虽奉有纪录议叙之旨，乃或以乞归田里为辞，或以请改外任控诉。而臣之未准其控诉者，盖谓此数臣精通理数，洞彻本源，可为该监他山之一助。且该监诸臣之中仅知推算者不过二、三人，然不能明其历理，即令精心学习新法，恐未能如臣局各官之通透谙练也。今各官久奉有议叙之旨，尚未题覆，是敢吁恳圣恩，伏乞敕下该部，查照去年纪录原题，俱迁以推算应得职级，公同该监旧官共推新法，以襄大典，则该监之疑根自释矣。伏乞圣明再敕该监诸臣，如交食、经纬、晦朔弦望与夫节候、凌犯等项，已后俱依新法之推测屡近者推算遵用。臣等亦一面尽法传授，庶大典得以克期维新，而臣等亦不致有负厥职。惟在圣明之乾断，诸臣之遵奉已耳。原系云云。

崇祯十一年五月初三日具题

本月□□日奉圣旨①。

———

① 此后疑佚圣旨内容。

崇祯十一年五月到七月间王一中等题本[①]

光禄寺卿臣王一中等谨题，为遵旨补给银米事。五月二十六日奉礼部札付，内开该本部题修历陪臣[②]罗雅谷、汤若望补给汤饭等因，奉圣旨："是。汤饭着按数补给，不许再延。考正学习前旨已明，该监如何不遵？汪尔斐不必行取。钦此。"钦遵。备札到寺，随行典簿厅查算。据该厅册报，汤饭半卓每月该折银五两五钱，又饭食每月该折银二两六钱一分五厘。汤若望自崇祯三年十二月初二日供事起算，至十一年六月终，止除折素扣荤外，净共该银七百五十二两九钱零八厘二毫，饭米一百五十三石二斗九升六合九勺，酒米一十三石八斗二升六合八勺，以后仍按月关支。罗雅谷自崇祯三年七月初六日供事起，至十一年三月十三日身故止，除折素扣荤，净共该银七百六十三

---

① 本篇上奏日期不明，据内容推定为崇祯十一年五月到七月之间。
② 《西洋新法历书》本改"陪臣"作"远臣"。

两八钱八分九厘八毫云云,饭米一百五十五石三斗九升三合,酒米一十四石一升一合五勺。各开报到臣,该臣等看得,汤若望等补给汤饭八载,特恩一朝总计,积少成多,遂有此数,业经该部具题,奉有"按数补给,不许再延"之旨。臣等敢不祗承?但念臣等迩年以来各部借欠频仍,库存无几,月之经费既不可缺,外之解纳更复愆迟,不无匮乏可虑,臣等夙夜兢兢不敢不务为撙节者也。但奉旨补给,出自圣恩,臣等又当仰体而恪遵者。谨据数上闻,恭候命下臣等钦遵给发施行。缘系遵旨补给银米事理,臣等未敢擅便,谨题请旨。

崇祯十一年七月初九日奉圣旨:"着遵旨补给,该部知道。"

崇祯十一年七月十七日顾锡畴题本①

礼部署部事左侍郎兼翰林院侍读学士臣顾锡畴等谨题,为遵旨议叙事。祠祭清吏司案呈,案查先该本部题为遵旨看议具奏事等因。崇祯十一年正月十九日奉有"新局推测屡近,着照回回科例存监学习,李天经等议叙"之旨。又该李天经题为"历法既经画一,更正似难久稽,再乞圣明,严教该监钦遵明旨,以新万年宝历事"等因。五月初六日又奉有"李天经等该部即与议叙"之旨。钦此。案查崇祯十年六月二十五日,该本部题为"遵旨制器告成,诸臣劳瘁堪录,恳乞圣明,俯赐优叙,以励人心,以鼓后效事"。祠祭司案呈,奉本部送礼科抄出督修历法李天经题前事,内称"臣自奉传制器以来,朝夕冰兢"云云。如远臣罗雅谷、汤若望等,立法指授,诀秘符天,功应首叙,且两臣原奉有"修历演器,著有勤劳"之旨云云。叙遵在卷,通查案呈到部,看

---

① 本篇据《熙朝崇正集》补录。

得修正历法一事，凡数百年一举，典至重也。历臣李天经在局任事，业已数载，宣力成绩，斑斑可纪。昨蒙圣明睿照新法为近，即奉有"李天经等议叙"之旨，随经臣部将李天经移咨吏部，听其议叙外云云。如远臣汤若望，创法立器，妙合天行，今推步前劳已著，讲解后效方新，功宣首叙。乃道气冲然，力辞田房之给，理当先给匾楔，以示褒异，俊历成之日，另议酬庸之典。其次则博士杨之华、黄宏宪，据督修历法臣李天经原题称"推测诸艺兼长，绘制悉符天度，所当优叙"。今杨之华、黄宏宪拟加二级，量带光禄寺录事职衔，仍管博士事。至于历成之日，合局诸臣另行优叙，在圣明自有浩荡特恩，在诸臣倍当黾勉拮据，仰副授时大典，而非臣等所敢预拟者也。伏乞命下臣部，移咨吏部，铨覆施行。

崇祯十一年七月十七日具题

二十二日奉圣旨："是，吏部知道。"

礼部撰给匾楔署曰

历局按语[①]

　　修政历法远臣汤若望等奉召入都,陛见任事,历年著书阐理,创法制仪,悉已恭进内庭,幸蒙皇上亲测新法屡验,愈审旧法差讹。望等每奉议叙特恩,每思辞免。嗣因丙子岁奉命登陴指授城守叙功,部题各给田房,以供朝夕。复又具疏控辞,更蒙圣明不忍泯其前劳,敕部另议,部覆照例请补纂修酒饭银米以资赡养,仍请钦给匾额旌奖,悉荷钦依,而酬劳之特典优且渥矣。谨从疏稿中撮述其概,以纪一时之隆遇云。

[①] 此案语据《西洋新法历书》本补录,应为历局编纂时所加,作为对以下一组题本的引言。

崇祯十一年十月二十八日吏部覆礼部疏[1]

崇祯十一年吏部覆礼部升授新旧官职疏，为遵旨议叙事。文选清吏司案呈，崇祯十一年七月二十五日奉本部送吏部抄出礼部署部事左侍郎兼翰林院侍读学士顾锡畴等题前事，内开祠祭清吏司"案呈到部，看得修政历法一事，凡数百年一举，典至重也。历臣李天经在局任事，业已数载。宣力成绩，班班可纪。昨蒙圣明睿照新法为近，即奉有'李天经等议叙'之旨，随经臣部将李天经移咨吏部，听其议叙外，其修历官生杨之华等，臣部正在察照历臣原题，分别议覆间，今复奉新纶，即与议叙。臣等恪遵屡奉明旨，相应复核胪列上请。如按察司李天经，功赞羲和，劳勋懋著，允宜优叙，伏乞敕下吏部，察照故辅原题，改授京秩，速为议覆，以励劳臣者也。如远臣汤若望，创法立器，妙合天行，今推步前劳已著，讲解后效方新，功宜首叙。乃道气冲

---

① 此篇据《西洋新法历书》本补录。

然,力辞田房之给,祗愿给匾褒异,相应允从,俟历成之日另议酬庸之典。其次则博士杨之华、黄宏宪,据督修历法臣李天经原题,'推测技艺兼长,绘制悉符天度,所当优叙'。今杨之华、黄宏宪拟加二级,带光禄寺录事职衔,仍管博士事。又次则博士朱国寿、祝懋元,据原题称鸠制殊为勤敏,任事不避劳怨,当并优叙。拟加一级量带鸿胪寺署丞职衔,仍管博士事。又次则大理寺寺副王应遴、司历邬明著、博士李次虨等云云。至于历成之日,合局诸臣另行优叙,在圣明自有浩荡特恩,在诸臣倍当黾勉拮据,仰副授时大典,而非臣等所敢预拟者也。伏候命下臣部,移咨吏部铨覆施行"等因具题。崇祯十一年七月二十二日奉圣旨:"是。吏部知道。钦此。"钦遵。抄出到部送司,随该本部将"山东按察司李天经加光禄寺卿职衔,仍支正三品俸管理历局事,俟事竣之日缺补"等因具覆,十一年八月十九日奉圣旨:"李天经修历著劳加衔支俸,仍管局务,俱依议。钦此。"钦遵。抄出到部送司,案呈到部,看得授时明政,国家第一大典。历臣李天经奉旨议叙,改授京秩,奉有允旨,则共事诸臣亦应酌量其劳勚而并叙者。今礼部将各官议叙前来相应具覆,察得杨之华等既经礼部具题,该司察呈前来相应伏请,合无将杨之华、黄宏宪各量带光禄寺录事职衔,仍管钦天监博士事;朱国寿、祝懋元各量带鸿胪寺署丞职衔,仍管钦天监博士事;王应遴量加大理寺右寺正职衔,仍在局供事;张寀臣量加升钦天监五官司历,仍在局供事;朱光大、朱光灿、周士昌、朱廷枢、王观晓量授钦天监博士,仍在局办事;汤若望听礼部给匾,破格优异。恭候命下臣部,行令各官钦遵供事,俟历成之日,听礼部另行优叙施行。缘系遵旨议叙及奉明旨事理,未敢擅便,谨题请旨。

崇祯十一年十月二十八日上

十一月初四日奉圣旨:"是。"

崇祯十一年十一月吏部咨礼部文[①]

吏部为遵旨议叙事。文选清吏司案呈，崇祯十一年十一月初七日奉本部送吏科抄出本部覆礼部题前事等，因十一年七月二十二日奉圣旨："是。吏部知道。钦此。"钦遵。抄部送司，随该本部覆请"将杨之华、黄宏宪各量光禄寺录事职衔，仍管钦天监博士事；朱国寿、祝懋元各量带鸿胪寺署丞职衔，仍管钦天监博士事；王应遴量加大理寺右寺正职衔，仍在局供事；张寀臣量加升钦天监五官司历，仍在局供事；朱光大、朱光灿、周士昌、朱廷枢、王观晓各量授钦天监博士，仍在局办事；汤若望听礼部给匾，破格优异。恭候命下臣部，行令各官钦遵供事，俟历成之日，听礼部另行优叙施行"等因具覆。十一年十一月初四日奉圣旨："是。钦此。"钦遵。抄部送司，察得汤若望给匾优异事隶礼部相应移咨案呈到部，拟合就行，为此合咨贵部，烦为察照

---

① 此篇据《西洋新法历书》本补录。

给匾优异施行须至咨者。

右咨礼部。

崇祯十一年十一月廿四日对同都吏沈季蕙,文选司署司事员外郎柴挺然看讫。

崇祯十一年十一月二十八日礼部祠祭清吏司咨文[①]

礼部祠祭清吏司为遵旨议叙事。照得修历远臣汤若望修历守城,两著成劳。昨经本部议叙,题给匾额褒异,已奉钦依在案。又经吏部题覆,应听礼部给匾,咨会前来。奉堂定名"钦褒天学"四字,今照匾额本部置造已完,相应订期迎送,合行知会,为此合用手本前去。

修政历法光禄寺录事杨处呈明,修政历法光禄寺正堂李即于次月初三日恭设香案,候本部迎送匾额,施行须至手本者。

崇祯十一年十一月二十八日

---

① 此篇据《西洋新法历书》本补录。

崇祯十一年十二月初八日汤若望等奏本

　　修政历法远臣汤若望等谨奏，为敬献微尘，仰报圣恩万一事。臣由原任督修历法辅臣徐光启疏荐修历，奉召来京，荷蒙皇上豢养隆恩，每思无从图报，日夕跼蹐未宁。嗣因丙子岁丑虏①内犯，戎政及都察院等衙门以善知火器谬荐及臣，奉有"着即随营指授，以折狂氛，有功从优叙赉"之旨。臣等当即登陴，将铳车规制并治药演放之法一一指授。事平叙录，复奉有"修历演器，著有勤劳，自当从优叙赉"之旨。礼部题请各给田房，业奉俞旨。臣等随即具疏控辞，以表忠悃。礼部复比照魏文魁成例，请补汤饭酒食等项，奉有"着按数补给"之旨。昨经光禄寺查照魏文魁成例，按数补给，又蒙钦准赐给匾额。种种殊恩，捐糜莫报。窃念臣等缘系守素学道之人，苟于布衣蔬食之外不敢过为妄费，是将钦补银两构置数椽，恭奉造物大主，朝夕祝颂圣寿，以

---

① 北京大学图书馆藏《西洋新法历书》本将"丑虏"二字删除。

图报称，所有赢余愿输芹曝之献。顷见丑虏①复尔狂逞，臣等义切同仇，恨不灭此而后朝食。无奈臣只孑然一身，比在奉旨传授新法。今幸法已传完，臣等目击时艰，仰见君父宵旰于上，臣等宁敢寝食自安。乃于传习新法之余日，同在局诸臣译有臣乡《坤舆格致》一书，专言开采锻炼之法。倘能依法采取，可以大裕国储。正在绘图缮写，俟完日另疏恭进御览，少慰圣怀。敬捐钦补酒饭银二百两，少献蚁悃，伏乞圣明俯鉴愚忠，敕令该衙门照数查收，庶远臣得报圣恩于万一矣。

崇祯十一年十二月初八日具奏

□□日奉圣旨："汤若望等酒食饭银不必捐助。该部知道。"

---

① 北京大学图书馆藏《西洋新法历书》本将"丑虏"二字删除。

崇祯十一年十二月二十六日李天经题本[①]

督修历法加光禄寺卿支正三品俸管历局事臣李天经谨题,为报完传习新法并恭进己卯年七政、经纬新历,以竣大典事。切照治历明时,系国家之首务,自不宜久袭舛讹。向因日食不合,特奉圣谕,专敕修改。今开局已历十载,书器久已告竣。去冬荷蒙皇上内庭亲验,奉有"新法为近,余俱疏远"之旨,钦定画一,敕部议覆。于今岁正月十九日奉有"如交食、经纬、晦朔弦望,因年远有差误者,准张守登等旁求参考更正。新法推测屡近,着照回回科例存监学习"之旨。该臣随移文,会同钦天监堂属各官,于六月初三日开讲学习。即率同远臣汤若望等,将新法交食七政推测法数一一尽法传授已完。其监局学习堂属官生勤敏可嘉、积劳已久者,容臣听该监遵旨自为更正后,另疏分别题叙,以示激劝。所有己卯年新法七政、经纬行度,该臣局官生

[①] 此篇据《西洋新法历书》本补录。

于学习之余推算缮写，恭进御览。但查该监推算七政皆历科五官正等官职业，而臣局官生原系奉旨照例存监者，今犹然以司历博士而办五官正等官之事，未免有事繁禄薄之苦。及查回回科例，于该监内另立一科，设有秋官、灵台、挈壶等官。臣以为各官既已见在历科开俸办事，似不必另立一科。惟乞敕令该部，将臣局推算官生各加推算应得职级，公同历科各官共推新法，以襄巨典，庶治历得人，而臣工知所勉矣。事关历法，敢因报完传习，进呈七政，而并及之。臣不胜惶悚待命之至。

崇祯十一年十二月二十六日具题

崇祯十二年四月二十三日李天经题本①

督修历法光禄寺卿李天经谨题，为月食事。窃照本年五月十五日辛未夜望月食，其食限分秒并起复方位例应先期上闻。除《大统》《回回》二历已经钦天监具题外，谨依新法推步所得诸数逐一开坐，并具图像，进呈御览。再照臣局新法业于崇祯十年冬日月两食已蒙圣明内庭亲验，新法为近，余俱疏远，钦定画一。是各法疏密圣鉴洞然，可无再验。且此番月食旧法偶与新法时刻分秒亦甚相近，惟听该衙门自行观候奏闻，以免嚣纷。缘系月食事理，未敢擅便，谨题请②。

计开：

崇祯十二年五月十五日辛未夜望月食分秒时刻并起复方位：

月食九分三十秒。

---

① 《西洋新法历书》本未收此篇。
② "请"字后疑脱"旨"字。

初亏戌初三刻弱，正东；

　　食甚亥初二刻弱；

　　复圆夜子初一刻弱，正西。

　　计食限内凡一十四刻。

食甚月离黄道析木宫二十四度三分，为尾宿十三度七十五分。

食甚月离赤道析木宫二十三度四十七分，为尾宿十七度五十二分。

食甚月离纬度黄道北五十分。

各省直食甚时刻：

　　南京应天府、福建福州府，亥初二刻；

　　山东济南府，亥初二刻强；

　　山西太原府，亥初初刻强；

　　湖广武昌府、河南开封府，亥初一刻弱；

　　陕西西安府、广西桂林府，戌正三刻半；

　　浙江杭州府，亥初二刻半；

　　江西南昌府，亥初一刻强；

　　广东广州府，亥初初刻强；

　　四川成都府，戌正二刻强；

　　贵州贵阳府，戌正三刻强；

　　云南云南府，戌正一刻强。

　　　　　　　　　　　　崇祯十二年四月二十三日具题

二十六日奉圣旨："知道了，该部知道。"

崇祯十二年五月十六日李天经题本①

督修历法加光禄寺卿仍支正三品俸臣李天经谨题,为月食事。该臣于四月二十三日恭报本月十五日辛未夜望月分②食分秒时刻,依新③推算月食九分三十秒,初亏戌初三刻弱,食甚亥初二刻弱,复圆夜子初一刻弱。随奉有"知道了,该部知道"之旨。复经礼部题覆,奉圣旨:"是,着该监局临期观候具奏。钦此。"部札到臣,该臣于是日率同修历远臣汤若望,钦天监学习官生五官保章正贾良琦,博士陈亮采、贾良庆、刘有泰、王茂实,生儒陈正谏,历局办事加光禄寺录事杨之华、黄宏宪,五官司历张寀臣,加鸿胪寺署丞朱国寿、祝懋元,博士朱光大、朱廷枢、王观晓、朱光灿,生儒宋发、李昌本、朱南星等赴局登台

---

① 《西洋新法历书》本未收此篇。
② "分"疑为衍文。
③ "新"字后疑脱"法"字。

观候。但查新法所推本日日入分在戌初二刻弱，故日入之后月出地平，未几即见初亏。当用新法黄赤经纬仪测角宿南星，用星晷测勾陈、帝星，俱得戌初三刻弱初亏。候至亥初二刻弱，见食九分余。未及夜子初一刻，觇见复圆。此番月食时刻，旧法偶与新法亦甚相近，惟分秒则九分有余，新法尤为吻合，自有皇上内庭亲验，与万目之所共睹者也，相应据实具奏。其该监官生奉旨学习新法，业又传完，报部以凭提督司官自行奏报，惟听圣明敕令该监之参考更正者矣。缘系月食事理，未敢擅便，谨题请旨。

崇祯十二年五月十六日具题

本月□□日奉圣旨。

崇祯十二年七月初二日李天经题本①

　　督修历法加光禄寺卿李天经谨题，为代献刍荛，以裕国储事。微臣蒿目时艰，措饷为急，每欲于生财一节仰佐司计一筹。乃一切屯田鼓铸与夫盐法水利，在廷诸臣言之详矣，乌容复赘。惟于修政历法之余，同修历远臣汤若望等遵旨料理旁通诸务，以图报称。简有西庠《坤舆格致》一书，窥其大旨，亦属度数之学。于凡大地孕毓之精英无不洞悉本源，阐发奥义。即矿脉有无利益，亦且探厥玄微。果能开采得宜，煎炼合法，则凡金、银、铜、锡、铅、铁等类，可以取充国用，亦或生财措饷之一端乎？第开采一事向者费巨而利微，且建议者别有肺肠，以致明主所厌闻，乃言利者事不典雅，又为士人所羞道。使此书而为一人之臆说，或空言而无据，臣曷敢冒昧以荧圣听耶？诚闻西国历年开采皆有实效，而为图为说，刻有成书，故远臣携之数万里而来，

———
① 自此篇始，除特别说明者，各篇均据《西洋新法历书》本补录。

非臆说也。且书中所载，皆窥山察脉，试验五金，与夫采煅有药物，冶器有图式，亦各井井有条，而为向来所未闻，亦是或一道矣。去冬臣与远臣汤若望及办事历局加衔光禄寺录事杨之华、黄宏宪等正在商议翻译恭进，比值□□□①，臣遂奉旨坐守朝阳门，弗获躬任其事。而远臣汤若望等感恩图报，芹曝急公之义正不在臣后，故曾于"敬献微尘"疏内业已题明。随因奉旨再为该监官生传授新法，遂不能专意绘制。迩者传习已完，燃膏继晷，谨先撰译缮绘，得《坤舆格致》三卷，汇成四册，敬尘睿览。尚有《煎炼炉冶》等诸法一卷，工倍于前，匪能一朝猝办。如蒙圣明俯采，一面容臣督同远臣汤若望及局官杨之华、黄宏宪等昼夜纂辑续进，一面敕发各镇所在开采之处一一依法采取，自可大裕国储，其于措饷不无小补。再按远臣原系守素学道之人，不过据理研究，依经纂辑，用摅忠悃于万一已。

崇祯十二年七月初二日具题

本月初六日奉圣旨："这《坤舆格致》书留览，余书着纂辑续进。该部知道。"

_____

① 南京图书馆藏《坤舆格致》抄本中本奏疏此处为"丑跳梁"三字。

崇祯十二年八月二十三日李天经题本

督修历法加光禄寺卿仍支正三品俸臣李天经谨题，为遵旨制器告竣，乞敕择吉舁运以便恭进事。该臣于前岁恭进传制星球之时，题明本局"尚有黄赤全仪，为用甚大，需费无多，容臣等如法制造，以与日、星二晷并列东西。庶测量诸器，尽置内庭。而钦若大典，我皇上亦且手握玑衡，非若徒托之空言者比也"等因具题，奉圣旨："知道了。其黄赤全仪着制造进览。该部知道。钦此。"钦遵。臣即督同修历远臣汤若望等及令在局官儒庀材鸠冶，但此仪设有南、北二极，极用龙柱高擎，枢从颔珠而出，中载子午一圈，圈中络以黄、赤二道，下施窥测，上合天行，或昼或夜，可以随时运旋而不息也。其详悉载本仪用法中，统俟同日恭进御览。惟是仪体重大，冶铸固难猝成，镌度动经岁月，又兼奉旨传授该监官生学习新法，与夫纂辑利用旁通，远臣等在局指授拮据，未免因而作辍。兹幸新法传习已完，听其遵旨更正，此仪业已就绪，旦晚可以进呈。伏乞敕下该衙门择吉拨给人夫，舁运恭进。缘系云云事理，臣等未敢擅便，谨题请旨。

崇祯十二年八月二十三日具题

二十九日奉圣旨："是。该衙门知道。"

黄赤全仪

  大龙柱高四尺九寸五分，

  小龙柱高二尺，

  子午圈及黄、赤道二圈全径俱广三尺四寸五分，

  其经圈紧居黄、赤道圈内，全径广三尺□分□寸[①]，

  时盘径广一尺，

  石座南北长六尺九寸，阔三尺二寸，厚七寸。

---

 ① 《新法算书》本"□分□寸"作"二寸三分"。

崇祯十二年九月二十三日李天经题本

督修历法加光禄寺卿支正三品俸臣李天经谨题,为月食事。窃照本年十一月十六日己巳夜望月食,其食限分秒并起复方位例应先期上闻,除《大统》《回回》二历已经钦天监具题外,谨依新法推步诸数,逐一开坐,并具图像,进呈御览,临期惟听该衙门照前自行观候奏闻。缘系月食事理,未敢擅便,谨题请旨。

计开:

崇祯十二年十一月十六日己巳夜望月食食限分秒时刻并起复方位:

月食三分四十八秒;

 初亏酉初二刻强,东北;

 食甚酉正三刻弱,正北;

 复圆戌初三刻半,西北;

 计食限内凡九刻。

食甚月离黄道实沈宫一十八度一十八分，为参宿初度九十分；

食甚月离赤道实沈宫一十六度五十七分，为毕宿一十五度三分；

食甚月离纬度距黄道南八十一分。

各省直食甚时刻：

　南京应天府、福建福州府，酉正三刻；

　山东济南府，酉正三刻；

　山西太原府，酉正一刻强；

　湖广武昌府、河南开封府，酉正二刻弱；

　陕西西安府、广西桂林府，酉正初刻半；

　浙江杭州府，酉正三刻半；

　江西南昌府，酉正二刻；

　广东广州府，酉正一刻半；

　四川成都府，酉初三刻强；

　贵州贵阳府，酉正初刻强；

　云南云南府，酉初二刻强。

崇祯十二年九月二十三日具题

二十六日奉圣旨："这月食推步法，即着该衙门临期照详观候具奏。"

崇祯十二年十一月十六日月食图：

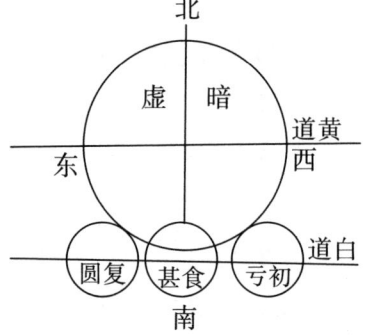

崇祯十二年十一月十七日李天经题本

督修历法加光禄寺卿支正三品俸李天经谨题，为月食事。该臣于本年九月二十三日恭报本月十六日己巳夜望月食分秒时刻，依新法推算月食三分四十八秒，初亏酉初二刻强，食甚酉正三刻弱，复圆戌初三刻半等因具题，随奉有"这月食推步法，即着该衙门临期照详观候具奏"之旨。"钦此。"臣谨遵前此题明自行观候例，于是日会同修历远臣汤若望督率钦天监学习官生刘有庆等赴局登台观候，至酉初二刻有奇觇见初亏，因星体尚在隐见之间，当用新法黄赤全仪以测月体，得酉初二刻强初亏。少顷星体灿然，复用本仪以测毕宿火星，亦与前推步相合。嗣测娄宿距星及月体，俱得酉正三刻弱食甚，见食三分余。仍如前窥测至戌初三刻余，觇见复圆，其时刻分秒与臣局推步之法一一相符。此当夜测验情形，相应据实奏闻。再照钦天监推算及观候各官凡遇交食必先期开列职名，移送内灵台，听其至期奏请酒饭。今新法已蒙圣明钦定画一，其本局推算观候各官亦应照例奏请。除已将各官职名移送内灵台一体启奏外,理合一并题知。缘系月食事理,未敢擅便,谨题请旨。

         崇祯十二年十一月十七日具题

二十三日奉圣旨:"礼部知道。"

崇祯十二年十一月二十八日李天经题本

　　督修历法加光禄寺卿仍支正三品俸臣李天经谨题，为遵旨恭进仪器事。先该臣于前岁恭进传制星球时题明"本局尚有黄赤全仪，为用甚大，容臣等如法制造，以与日、星二晷并列东西。庶测验诸器，尽置内庭。而钦若大典，我皇上亦且手握玑衡，非若徒托之空言者比也"等因具题，奉有"黄赤全仪着制造进览。该部知道"之旨。"钦此。"臣即会修历远臣督率在局官儒如法制造已完，随于崇祯十二年六月内为遵旨制器告竣等事题，奉圣旨："是。该衙门知道。钦此。"钦遵。臣惟仪体重大，兼之晷短途遥，必须先期舆运，相度另日安置，庶不致有误吉时。行据钦天监择于本年十一月初八日辛酉卯时舆运，暂贮内官监。本日随赴中正殿相度方向，预砌台基，十一日甲子宜用午时安置吉。除臣抄录用法会知内灵台，并移行工部营缮清吏司，至期拨给人夫舁进外，仍即移行内官监预为启奏。臣于初八日会同内官监及修历远臣督率在局官儒恭诣中正殿相度方向，至十一日仍如前会同安置，敬将《黄赤全仪用法》录成一册，附尘御览。则于交食时刻与夫七政躔度及列宿相距度分，俱可按仪窥测，上合天行，庶克仰副我皇上留神钦若敬天勤民之至意矣。缘系云云事理，未敢擅便，谨具题知。

　　计开：

　　《黄赤全仪用法》一册，并套。

崇祯十二年十一月二十八日具题

崇祯十二年十二月二十八日李天经题本

　　督修历法加光禄寺卿支正三品俸臣李天经谨题，为恭进庚辰年七政、经纬新历，仰祈圣明鉴察，敕部一并议覆，以定历法事。窃照臣于考测缮制并传习新法之余，督同在局诸臣依新法推算得崇祯十三年庚辰岁七政、经纬新历各一册，装演成帙进呈御览。但其中躔度经纬、气朔置闰一一皆依天度推步，故种种与旧法迥殊。今书器俱已告竣，亦可以仰副圣明留神钦若之至意矣。该臣正在督率推步之际，于十月内准礼部手本，开称诰敕房加衔大理寺右寺正王应遴条陈历议八款，奉有"奏内事情着该部查议具奏"之旨。随经礼科参看得"若昊天①，帝王盛轨，我皇上惓惓治历明时，亦既先后同揆矣。今据王中书历议八款，其所言讹舛有至一日、二日者，及以数十刻计者，即一款而

---

① 《新法算书》本"若昊天"作"钦若昊天"，应正确。

余款可知。向来钦天监所司何事，且考之历法，亦从无至数年①而可执不变通者，抄出速之"等因，移会到臣。该臣查得修历一事，缘因旧法差讹，敕谕修改。幸蒙我皇上内庭亲验新法为近，余俱疏远，钦定画一，敕令学习更正。臣亦不过修订成书，尽法传授，以结臣局。至于更正一节，原奉有"如交食、经纬、晦朔弦望，因年远有差误者，准张守登等旁求参考更正"之旨，已两载矣，应否更正，该监自当仰遵，非臣所得而强也。且经科臣抄参到部，更正自难再延。今历局书器已完，传习复经报毕，奉旨精通，又逾半载。倘不于此时再请圣明独断，敕部据实查覆，则历法无更正之期，修历无结局之日，而蹉跎岁月，虚縻廪禄，尤非臣谊之所安也。所有本局已完事宜，容臣另疏奏缴。缘系云云事理，未敢擅便，谨题请旨。

计开：

　　七政、经纬新历一套。

崇祯十二年十二月二十八日具题

十三年正月二十一日奉圣旨："这新历即着该部据实查奏。"

————

①　"数年"疑为"数百年"之误。

崇祯十三年正月二十五日李天经咨礼部文①

  督修历法加光禄寺卿李天经,为恭进庚辰年七政、经纬新历等事。准祠祭清吏司手本开称该本寺题前事等因到寺,为照治历明时,国家首务,实无至数百年而可执不变通者。即斟酌古今,代有更改。如汉历五改,魏至隋十三改,唐至五代十六改,宋改十八次,金元改三次。自唐尧迄今七十余改,其中创法者十有余家。独我朝二百七十余年未经修改,仍袭用元《授时历》法,且经纬凌犯犹取资于《回回》,终成缺典。查《授时历》系郭守敬所造,以至元八十②年历成,越于八③年为大德三年八月已推当食而不食,大德六年六月又食而失推。当时尚尔如此,况复浸循数百年以至于今乎?且我朝之中外臣僚明知

---

① 此篇据韩国奎章阁档案馆藏《治历缘起》抄本补录。
② "八十"当为"十八"之误抄。
③ "于八"当为"十八"之误抄。

旧法差讹，疏请修改者，如郑世子载堉①、员外郎范守己等不可胜数。即钦天监监正周濂、周相、周子愚，俱皆先后疏请修改。延至今上龙飞二年己巳五月朔日食差误，致蒙严谕切责，监官戈丰年等自认旧法年远数盈及岁差增损诸事，致差之因非一，呈请修改。贵部奉俞旨专敕修改，开局十载，著成历书一百四十余卷，半言交食七政通行大旨，半为推算立成诸表，使后之学者一见了然，亦且俾人人兼通理数，可以随时改革损益，不致积久成差。制有新法式诸仪，恭进内庭，以验推测符合。

且递年奏②旨，公同贵部司务徐肇律、张胤佳③、祠司陈六翰、胡敬辰、顾光祖、郭之奇、李焵、毕拱辰、巩焴，监官张守登、周胤、贾良栋、潘国祥、刘有庆、贾良琦、周晓等测验交食七政，一一悉与新法相符，俱有部监回奏题疏在案，不暇缕悉详述。如测验新法七政躔度伏见，贵部于九年正月内"为遵旨测验事"题奏，有"星度伏见，仰观可据"，徐源等既称指示多合，又云不敢扶同，殊属游移之旨。钦天监监正张守登等亦于九年内为遵旨回奏事题，奉圣旨："据奏测验星度，新法为密。着督率监属官加意考正，以副敬慎授时至意。该部知道。"此皆五星伏见躔度旧法差至一、二十日，新法与天吻合，当更者也。至如日月交食，于十年冬业蒙圣明内庭亲验，特奉有"新法为近，余俱疏远者，即看议画一奏夺"之旨。贵部题覆，复于十一年正月蒙圣明独断，特奉有"如交食、经纬、晦朔弦望，因年远有差误者，准张守登等旁求参考更正。新法推测屡近，着照回回科例存监学习"之旨。是交食等

———

① "堉"当为"堉"之误抄。
② "奏"疑为"奉"之误抄。
③ 据崇祯九年四月张守登奏本，"张胤佳"当为"张胤佳"之误抄。

项旧法差设①当更，新法合天宜用，圣明之独断不啻详且尽也。其节气交官②，九年正月内贵部题为测验月食一疏，随奉有"据奏测验月食分秒，初亏、食甚及月未入见复光，新法为近。但以十三日为而水③，是何说？还着奏明"之旨。随该部本寺题覆奏，有"奏内称论节气有日度、天度之异，即以春、秋分为证"之旨，嗣经贵部题覆疏，云"其所称天度于春分已逾二度，于秋分不及二度者，自确乎其不可易，宜有以贴挈壶之心，而息保章之讼也"等因，奉有"节候公测既明"之旨。是节气交官④，所关甚重，自不宜久承舛讹，所当亟为更正，以前民用者也。节候既差，则闰余亦自错。旧法原以无中气者为闰月，此亦理之有据者也。

以上诸款，如交食、经纬、晦朔弦望及节气交宫、岁差、闰余、日出日入，与夫昼夜长短时刻，毋论新法逐年推测合天之当用，即该监之有议者亦未执言旧法之⑤也。该监亦曾于九年九月三十日为遵旨回奏一疏题，奉有"据奏岁差增损成法自宜变通"之旨。是该监亦知旧法之当更也明矣。兹又因本局自修历已来，照依崇祯八年起至今岁庚辰年止，每年恭进新历一事，奉有"这新历即着该部据实查奏"之旨矣。切思据实之法不难一言而决，如谓新法原经钦定画一，且推测合天，屡奉明旨在案。疏远者尚且遵行，符天者似难弃置。或将明岁交食、七政、经纬等项即着该监依本寺每年进呈御览式样逐年推步进呈，以副圣明留神钦若、屡敕画一更正至意。倘新法后有不验者，本局并任其咎。如该监犹然狃旧惮新，即请皇上收回修历成名⑥，仍用

---

① "设"疑为"误"之误抄。
②④ "交官"当为"交宫"之误抄。
③ "而水"当为"雨水"之误抄。
⑤ "之"字后疑有脱文。
⑥ "成名"当为"成命"之误抄。

旧法推步。已后旧法与天不合,则该监自难辞国宪之绳。庶葛藤立断,而大典即竣。似亦毋庸面质为矣。既经祠司移文前来,相应行前去,烦请查照屡奉明旨内事理——据实覆施行。

　　右咨礼部。

崇祯十三年正月二十五日

崇祯十三年闰正月初二日李天经咨文

　　督修历法加光禄寺卿李天经为恭进庚辰年七政、经纬新历等事。据本局办事官儒等呈称，"职等于正月三十日奉礼部提督杨行令职等，即将庚辰年正月、四月备查某月有中气、无中气，各自推算某月当闰，具文前来，以凭呈堂回奏施行"等因，行查到局。该职等逐一详查，新旧推步原有日度、天度之异。如旧法之用日度者，以太阳自今岁冬至起至来年冬至止行三百六十五日二千四百二十五分而满一周天，则名为岁实；以此岁实用二十四平分之，得一十五日二千一百八十四分三十七秒五十微为一气策；以本年冬至为主，累加气策，即得一年二十四节气。殊不知日行有盈缩，一岁之中盈缩递换，岂可刻舟而求？如冬至行盈，太阳一日行一度有奇，故自冬至迄夏至，旧节气恒后天一、二日不等。夏至行缩，则一日不及一度，故自夏至以迄冬至，旧法节气恒先天一、二日不等。则旧法之用日度者自不合于天也明矣。如新法则用天度逐日推步太阳细行，视满十五度方交一节，实为在天之真节气。其历日之多寡均不论也。故盈缩始平,而时叙不舛。且崇祯九年间曾经本局回奏雨水一疏,奉有"奏内称论节气有日度、天度之异,即以春、秋分为证"之旨。复经本部于九年内为回奏测验节气一疏,亦云"其所称天度于春分已逾二度,于秋分不及二度者,自确乎其不可易。宜有以贴挈壶之心,而息保章之讼也"等因具题,随奉有"节候公测既明"之旨。是旧法节气之差递年公测题疏历历在案,且屡奉之明旨炳若日星,天语煌煌,谁敢蒙溷?此亦理之确有的据者也。至若置闰之法,新旧俱以无中气者为闰月。盖所为中气者,一岁有十二月,每月各有一节,各有一气。如立春正月节,雨水正月中;惊蛰二月节,春分二月中;清明三月节,谷雨三月中;立夏四月节,小满四月中是也。如一月之中止有一节而无中气,即为闰月。按今岁庚辰年,旧法推正月后一月止有惊蛰一节,而无春分中气,故为闰正月也。即以彼法考之,旧法原有四正定气,论四正定气该在正月后一月之二十八日交春①分。既交春分,是有中气;既有中气,何为闰月?此用旧法详考,亦不当闰正月,此理之有据者一。凡言春、秋分,即昼夜平,三尺童子皆能习知。今旧法推定闰正月二十八日昼五十刻夜五十度②,是昼夜平矣,而复定春分于二月初一。夫二十八日昼夜既平,即真正春分,岂有先二日昼夜平而后始如交春分之理?此依旧法详考,亦不当闰正月,此理之有据者二。依新法推算,天正春分已在又正月之十八日,惟于四月之后止有芒种一节而无夏至中气,则当闰四月而不当闰正月,此理之有据者三。矧新旧节气,原奉明旨,即以春分、秋分为证。今春、秋分既差,则闰月自忒,此理之有据者

---

① 下文"分。既交春分,是有中气"一直到"但监官亦知旧法差错,新法吻合于"《西洋新法历书》本缺,据韩国奎章阁档案馆藏《治历缘起》抄本补齐。

② "度"疑为"刻"之误抄。

四。缘奉部文备查相应据实开报，伏乞采择，具文回覆等因到寺，该本寺看得旧法差讹不止一端，前次回文甚悉所有旧法节气闰月之差，即以彼法考之，历历可据，节气既差，闰月故自舛错，则不当闰正月实当闰四月之说本局官生呈开甚详，此本寺前文所云旧法原以无中气者为闰月，此亦理之有据者此也。但监官亦知旧法差错，新法吻合于天，而不肯明言者，恐一认差讹而罪罚随之，又奚暇保其爵禄哉？故未免以惶惧畏咎之心，而坚其嫉忌挠阻之志。殊不知旧法之差在法，原不在人。倘不差讹，何烦专敕修改为哉？然差而不修，积差日远。修而不改，修之何益？今本寺书器俱已告竣，修订业已成历。至于用与不用，惟在贵部之据实回覆，以结此局耳。既经本局官生具呈前来，相应具文回覆，为此合用手本前去，礼部提督杨处烦为查照来文，并屡奉明旨内事理，呈堂速覆施行。

崇祯十三年闰正月初二日

崇祯十三年二月一十日李天经题本①

督修历法加光禄寺卿仍支正三品俸加俸一级臣李天经谨②,监蠹挟私狂诋,微臣据疏剖明,以祈圣鉴,并求罢斥,以全臣节事。臣于岁前恭进本年七政躔度新历,其闰月等项之与旧法不同者,乃臣局新法悉依天度,惟知推衍以请圣裁,奚肯迁就以消众忌,且非欲必争今年之闰以乱人耳目也,业蒙敕部据实查奏。乃钦天监监副戈近亨等遂尔逞愤相驳,其于历奉之明纶藐若罔闻,请改之监疏佯为不觉,"学习已通之度数"诬为不用,昧心强驳。岂以皇上天纵之聪明为可以泼口夺耶?臣安得默默而处于此?按近亨据历科贾良栋等呈词辩折置闰之法,述《尧典》天度之数娓娓言之。然《尚书》是臣本经,其于《尧典》置闰之法业已童而习之,固为历法鼻祖。然天运密移,积久愈差,当

---

① 此篇据韩国奎章阁档案馆藏《治历缘起》抄本补录。
② 据文意,"谨"字后疑应有"题"与"为"二字。

四仲考验之中星至今已移其度。尧时列宿之当冬至日躔者,昔为虚、危,今为箕四度,已移过两宫矣。使可执而不变,固宜行之千万世而无敝者。何自唐尧迄今改历者七十余次,其中创法者十有三家,皆未尝拘泥成法,而有以感①乱天下罪之者,乃独疑于今乎?

且我国朝二百七十余年未经修改,仍袭用元时郭守敬《授时》旧法,且经纬凌犯犹取资于《回回》,终成缺典。即郭守敬所造《授时历》,以至元十八年历成,越十八年六月之食而失推。当时尚已如此,况浸循数百年以至于今,乃任其积差日多,护持不变,固缘世守之旧业忌人指摘,不念朝廷之大典可容差谬乎?加②旧法果无差讹,何以中外臣僚请修改者如郑世子载堉③、按察使邢云路、员外范守己等不可胜数。即该监监正周濂、周相、周子愚俱皆先后疏请修改,岂彼皆不遵《会典》,别有心肠,独近亨为守敬忠臣耶?当皇上龙飞二年己巳岁五月朔日食,监推差误,特颁圣谕:"钦天监推算日食先后时刻俱不对。天文重事,这等差误。卿等传与他,已后还要细心推算。如再错误,重治不饶。"煌煌明纶,尚自谓纤毫不差,欺孰甚焉。又蒙钦允礼臣题请修改,故辅臣徐光启奉有专敕。臣亦给有关防,与远臣汤若望等推数明理,著成全书。正循天度之自然,步二曜之会合。经纬之行度,理备法真。业蒙我皇上内庭亲验,洞鉴新法为近,余俱疏远,钦定画一,又可谓纤毫不差乎。且监官戈丰年等自认旧法差讹,呈请修改,亦曾于九年九月内为回奏一疏题,奉有"据奏岁差增损成法自宜变通"之旨。即监正张守登等于九年又一疏,为遵旨回奏事题,奉有"据奏测验星度新法为密,着督率监属官加意改正,以副敬慎授时至

---

① "感"当为"惑"之误抄。
② "加"疑为"如"之误抄。
③ "堉"当为"堉"之误抄。

意"之旨。而监副胤①于十年九月内奏,为圣主留神钦若等事,内称"衹②见新法仪式精详,推测简捷,年来讲完日躔、月离两法,果为精密。其五星交食,验之伏见皆合"等因,奉旨下部,随经礼部照会到臣,尽法传授。然已众论佥同,何独近亨偏执若是,悖旨而百计挠阻又若是也?

慨自臣等奉命修历已来,监局悉秉虚公,曾无异议。惟近亨任南都时亦曾具疏妄言时政,业蒙圣明责以浮沉诞肆。降罚来京,辄尔妄生嫉忌。峻有"更正事关大典"一疏,奉有"李天经前奏尽法传授,这本内又称坚执不吐,殊属嚣争。以后还着同心讲求,再有这等的治罪不宥"之旨。乃近亨悍然无忌,屡恣嚣争而不已也。抑臣于九年正月内题覆雨水一疏,奉有"奏内称论节气有日度、天度之异,即以春、秋分为证"之旨,嗣经礼部题覆臣法疏,云"其所称天度于春分已逾二度,于秋分不及二度者自确乎其不可易。宜有以贴挈壶之心,而息保章之讼也"等因,奉有"节气公测既明"之旨矣。以上明旨昭然,而近亨敢于一笔抹杀,乃谓新法止以春、秋分论太阳行度,不知盈虚之理。岂臣法无头无尾,止从春、秋起算,有此历法否?且臣法传授该监时,其日躔内之加减诸差正从盈缩立数,而节气,而晦朔弦望,皆以一贯之,正与该监置闰不准盈缩真度,惟用岁实平分之死数,致二分前后各差两日者迥乎不同。及谓臣之不知夏虽不可语冰,近亨固无足怪,如贾良栋等既学新法,业已通晓,而心悦诚服者,今亦同声附和,厚诬新法,欲请剿除,真杀羿之逢蒙,人间之怪事矣。其余诬罔之言不足置辩者,如谓臣不明理数,则祈皇上召臣与近亨,面问以理数之所以然,则敷奏之下,明暗见矣。又谓礼部策试监官由臣送部,则请问礼

---

① "胤"字前疑脱"周"字。
② "衹"疑为"只"(异体字"祇")之误抄。

臣策试之题是否礼部臣自拟，或出臣送，则闰月之说可不辩而自明也。

独可叹者，修历之役原为该监而设，是以屡廑明纶，责参考，杜纷嚣，无过欲修明历事，以备一代典章。臣与汤若望等苦心十有余年，恭进历式，亦不过愿效一得，以尽职分。乃近亨信口谩骂，不谓欺天惑世，毫无可采，且欲剿除驱逐，并杀其身。嫉忌肺肠，尽吐笔端。即曾奉有治罪不宥之严旨，亦且毫无畏惮，尚望其虚心考正，以副明旨，此必不可得之数矣。既无望其参考，自无关于更正。筑舍难成，葛藤不断。臣孤踪之身，徒供监臣之刀俎，恐亦圣明所不忍也。恨祈我皇上速赐罢斥，以全臣晚节。臣即跧伏草野，亦佩皇恩于不朽矣。除置闰本法与旧法迥绝，并节气七政等项，逐年公测新旧密疏，原疏恐其冗长，不敢入疏密①。臣抄录汇集，另疏进览，统乞圣鉴。

崇祯三②年二月一十日具题

三十日奉圣旨："屡旨已明，李天经不必又行剖辩，该部知道。"

---

① "疏密"疑为衍文。
② 按疏文内容，"三"当为"十三"之误抄。

崇祯十三年六月初二日李天经题本

督修历法加光禄寺卿仍支正三品俸加俸一级臣李天经谨题，为遵旨续进《坤舆格致》以裕国储事。臣报国有心，点金无术。因于旁通十事内采择西庠《坤舆格致》一端，成书三卷，于去岁七月内恭尘御览，随奉圣旨："这《坤舆格致》书留览，余书着纂辑续进。该部知道。钦此。"钦遵。窃思今天下之言开采者比比而卒无一效者，其法未详也。盖开采不惟察寻地脉有法，试验有法，采取有法，即煎炼炉冶其事较难，其法较密，前所进书虽备他法，而煎炼炉冶之法书尚未成。既奉明旨纂辑续进，微臣曷敢少缓。因即督同远臣汤若望及在局办事等官次第纂辑，务求详明，昼夜图维，于今月始获卒业。为书四卷，装演成帙，敬尘御览。倘蒙鉴察敕发开采之臣，果能一一按图求式，依文会理，尽行其法，必可大裕国储。所有远臣汤若望于此格致等书译授局官既费心精，觅工图绘亦捐资斧，盖感沐皇恩，沥诚报效，此亦其一也。伏祈圣明采纳施行。

再按臣局供事官生杨之华等，向因递年推算交食七政著劳，题奉明旨下部，业经礼部于去年三月内将杨之华等六员名比照钦天监五官正品级，对品改加外衔，覆请纪录，随奉有"杨之华等俟学习完日果系术精劳著，准照例加衔"之旨。嗣于去年五月内部监公同试验，吻合不差，题明在案学习，亦于八月内部疏报竣。且供事十载，积有成劳，缮制书器，列名御前，正与术精劳著之明旨相符。恳乞圣明将杨之华等敕下吏部，遵奉照例加衔之旨，察照礼部原题，俯赐加衔，庶明旨不致久虚，而诸臣之劳绩亦加劝勉矣。念系臣局缮书制器人员翘首望恩已逾一载，故于进书而并及之。谨题请旨。

计开：

《坤舆格致》四卷，共一套。

崇祯十三年六月初二日具题

初六日奉圣旨："这续进《坤舆格致》书留览，余着该部议覆。"

崇祯十三年七月十三日李天经题本

　　督修历法加光禄寺卿支正二①品俸臣李天经谨题,为遵奉圣旨造进日晷事。本年三月二十八日,内灵台传奉圣旨:"着历局李天经等照先进的小牙日晷样造一铜的来进,做细制着。钦此。"钦遵。臣遂督同远臣汤若望等鸠工范铜,分线镂刻,镀以金液,载以檀架,造完日晷共一套二具,星晷一具,恭进御览外,窃照先进牙晷形质稍小,因限于物料,今稍加长阔者,庶便于各节气下详载昼夜时刻。且前晷中列止可以定节气时刻,今则添曲线以定本时太阳距地平之几许高。虽制式稍增,而绘法则无异也。兹又外添一具者,亦名地平日晷。则界分二至,用实线定本日时刻,虚线以定本时距日出之几许刻。且各将用法镌之后面,皆测验之器所急须也。又将星晷即附在日晷后面,兹因铜质稍重,倘仍附载于后,似难擎仪仰观。特又另造一具,后镌用

---

① "二"当为"三"之误。

法，以便分测，日星各有专用也。但仪式虽小而成制必藉多人，法贵精密而较验必历时日。矧巧匠无几，未免耽延，惟冀我皇上鉴察之。

臣更有请者。历法一事久奉有"着该部督令监局各官虚心详加考正，务求至当，以成一代良法"之旨，臣局业于三月二十五日会同钦天监堂属并礼部提督司官，虚心据理，已有成议。又各具参考情形，手本送司，以凭具覆。今已数月矣，部覆杳然，屡催如故。诚知典礼殷繁，无暇及此。然治历明时，亦似非末务。况转盼当进七政之期，倘及今仍不速请钦定，而徒咎臣以言之不早，臣宁任受乎？是以仰望天语之一申饬之也，臣万不得已之情，谨因恭进日晷而并及之，伏乞圣明敕部速覆，以早定千秋大典施行。缘系遵奉圣旨造进日晷事理，未敢擅便，谨题请旨。

计开：

地平日晷二具，

紫檀架二具，

黄绫糊饰套盝二个，

星晷一具，

紫檀套盝一具。

崇祯十三年七月十三日具题

十四日奉圣旨："这造进日晷、星晷着留览。历法参考既有成说，礼部作速看议具奏。"

崇祯十三年十二月二十六日李天经题本

督修历法加光禄寺卿支正三品俸臣李天经谨题，为恭进辛巳年七政、经纬新历，仰恳圣明钦定，以成一代良法事。该臣督同在局诸臣依新法推算得崇祯十四年辛巳岁七政、经纬新历各一册，装演成帙，进呈御览。伏察臣局新法修定成历业已六载，递年公同部监诸臣随时测验，无不密合。如测验节气，礼部疏称"新法之用天度者，自确乎其不可易。宜有以贴挈壶之心，而息保章之讼"。随奉有"节候公测既明"之旨。如测验五星，该监回奏疏内自谓"俱与新法相合，而新法用纬度推算更为详密"。随奉有"据奏测验星度，新法为密"之旨。如日月交食，荷蒙圣明内庭亲验，钦定画一，奉有"新法推测屡近，余俱疏远"之旨。是臣所董修之历不但修订已完，亦且一一符天也明矣。惟俟该监遵旨一更正之，但缘该监诸臣既不能修，又焉能改？故尔蹉跎复逾三载。即部臣又且升迁不常，又安望其洞悉本源、深明历数者一折衷之？故每于回奏疏中屡请两法并存，夫岂圣明肇举修改之本旨乎？假令旧法不甚差讹，该监宁肯呈请修改？又何烦专敕督修为哉？差而不修，积差日远。修而不改，修之何益？倘旧法未可尽弃，就中更易数端便可速结其局，乃耽延日久，徒贻旷时之愆者，盖臣局修正为该监耳。故测验数载，徒较彼疏而此密，乃更正由彼，未肯舍己以从人，况就中若茹若吐情形，未敢遽渎天听耳。昨又奉有"务求至当，以成一代良法"之旨，该臣详考两法疏密判然，实不能迁合傅会以结局。但既不能迁此以就彼，惟有舍疏以用密。如交食、经纬、晦朔弦望及节气七政，当遵旨以更新。如神煞宜忌月令诸款，宜仍用旧。庶可备一代之良法，立万世之章程。惟祈圣明钦定遵守，是数百年未有之典原自我皇上肇其始，而亿万载永垂之法亦必我皇上考其成。则阐千古之历元，成一朝之巨典，宝历维新，普天共庆，臣惟日望乾断于圣明矣。

崇祯十三年十二月二十六日具题

十四年正月初四日奉圣旨："这所进十四年经纬新历知道了。李天经还着细心测验，不得速求结局。本内交食节气等项用新，神煞月令诸款用旧，务求折衷画一，以归至当。即着礼部详确看议来说。"

崇祯十四年二月二十六日李天经题本

　　督修历法加光禄寺卿仍支正三品俸臣李天经谨题，为月食事。窃照本年三月十六日辛卯夜望月食，其食限分秒并起复方位例应先期上闻。除《大统》《回回》二历已经钦天监具题外，谨依新法推得诸数，逐一开坐，并具图像，进呈御览。

　　再照新旧交食已蒙圣明亲验，新法为近，余俱疏远，钦定画一，是各法疏密，睿鉴洞然，可勿再验。但此番月食时差四刻，且新法所推月出地平业已亏食一分有奇。仍祈内庭详验，则疏密愈见矣。至若更正一事，该臣题奉有"交食节气等项用新，神煞月令诸款用旧，务求折衷画一，以归至当。即着礼部详确看议来说"之旨。臣惟静听部议，不敢有所越陈。盖臣曾奉有"还着细心测验"之旨，所有测过节气理宜奏闻。伏察去岁十一月初九日冬至，旧推在辰，新推在午。该臣至期公同礼臣黄家瑞、远臣汤若望及监局官生各用本法测验，旧法用圭表测得本日午景长一丈六尺七寸五分，依旧法详考本日午景应长一丈五尺九寸余，今推测悉乖，又安问其辰刻之不差乎？新法用象限仪测得午正日高二十六度三十三分，因京师北极高三十九度五十五分，则赤道高五十度五分，冬至日距赤道南二十三度三十二分，减于赤道高，应得本日午正高二十六度三十三分，若在辰刻，则午正应不止于三十三分，是推在午初二刻者悉合也。又十四年二月春分，旧推十二，新推初十。至期仍前公同部监，测得初十日午正日高果五十度五分，准交赤道，实为天正春分。当日部臣黄家瑞面询监臣，俱称果是初十春分。测算既合，法自宜更新。夫一天岂有两春分之理？臣思敬授民时，关系匪轻。节气一差，闰余乖次，则耕耘种植俱失其时。倘不大加厘正，则舛讹将何极也？统乞圣明鉴定施行。缘系月食事理，一并奏闻，谨题请旨。

计开：

崇祯十四年三月十六日辛卯夜望月食分秒时刻并起复方位：

月食八分二十一秒。

月未出已食一分七十一秒，

月已出见食六分五十秒，

  初亏酉正一刻强，

  食甚戌初三刻半，

  复圆亥初二刻强，

  计食限内凡十三刻。

食甚月离黄道大火宫五度三十三分，为亢宿六度十三分。

食甚月离赤道大火宫三度四十分，为亢宿五度三十一分。

食甚月离纬度距黄道南六十分。

各省直食甚时刻：

  南京应天府、福建福州府，戌初四刻弱；

  山东济南府，戌正初刻；

山西太原府，戌初二刻；

湖广武昌府、河南开封府，戌初二刻半；

陕西西安府、广西桂林府，戌初一刻强；

浙江杭州府，戌初二刻半；

江西南昌府，戌初三刻；

广东广州府，戌初二刻强；

四川成都府，酉正四刻强；

贵州贵阳府，戌初一刻强；

云南云南府，酉正三刻强。

崇祯十四年二月二十六日具题

三月初五日奉圣旨："据奏月食、冬至、春分等项新旧法种种不合，若复承讹袭舛，何以治历授时？着便会同监局等官虚心推测，大加厘正，不许仍前彼此争执，致误协时正日之典。这本即着礼部从长一并确议具奏，不得瞻延。"

崇祯十四年三月十七日李天经题本

督修历法加光禄寺卿支正三品俸臣李天经谨题，为月食事。该臣于二月二十六日恭报本月十六日辛卯夜望月食分秒时刻。依新法推算，月食八分二十一秒，月未出已食一分七十一秒，月已出见食六分五十秒，初亏酉正一刻强，食甚戌初三刻半，复圆亥初二刻强。三月初五日奉圣旨："据奏月食、冬至、春分等项新旧法种种不合，若复承讹袭舛，何以治历授时？着便会同监局等官虚公推测，大加厘正，不许仍前彼此争执，致误协时正日之典。这本即着礼部从长一并确议具奏，不得瞻延。钦此。"钦遵。该礼部尚书林欲楫、左右侍郎王锡衮、蒋德璟、郎中黄闰中、员外黄景明、主事黄家瑞于十四日亲赴观象台，十五日赴局详询各法，审定仪器，以俟临期测验。该臣于十六日会同礼臣王锡衮、蒋德璟、黄景明、黄家瑞、远臣汤若望、监正张守登、监副贾良栋率领监局官生刘有庆等赴观象台测候，但察新法所推本日日入在酉正三刻，初亏在酉正一刻，故月出地平已见亏食，当用黄赤经纬、简仪等器。测得酉正四刻余，果见食四分有奇，月已高四度矣。仍用本仪候至戌初三刻余，见食八分有奇。候至亥初二刻，觇见复圆。时刻分秒及带食诸数一一悉与新法相符，此礼臣、台官之所目击亲验者。旧法时差四刻，食少二分，且门尚未合，业已亏食，则所推一更一点者更大差谬。倘不遵旨大加厘正，其舛错将何极耶？盖礼臣之亲验详测，正所以仰体我皇上治历授时之德意。伏乞敕部一并议覆，以成一代良法，以完协时正日之典。缘系月食事理，未敢擅便，谨题请旨。

崇祯十四年三月十七日具题

五月□□日奉圣旨："礼部复议具奏。"

崇祯十四年八月二十日李天经题本

督修历法加光禄寺卿仍支正三品俸臣李天经谨题，为日月交食事。窃照本年九月十四日丁亥夜望月食，其食限分秒并起复方位，十月初一日癸卯朔日食，其食限分秒并起复方位，例应先期上闻。除《大统》《回回》二历已经钦天监具题外，谨依新法推步所得诸数，逐一开坐，并具图像，进呈御览。再照臣于本年二月内题，为月食一疏，内报公同测过节气情形，据实上闻。三月初五日奉圣旨"据奏月食、冬至、春分等项新旧法种种不合，若复承讹袭舛，何以治历授时？着便会同监局等官虚公推测，大加厘正，不许仍前彼此争执，致误协时正日之典。这本即着礼部从长一并确议具奏，不得瞻延。钦此。"钦遵。随该礼部侍郎王锡衮、蒋德璟、员外黄景明、主事黄家瑞遵旨公同监局诸臣亲测过本年三月月食，今八月十七日复委司务范方公测秋分。是一岁日月交食并四正定气俱以公测，而各法疏密礼臣业已目击亲验矣。所是所非，理宜据实入告，大加厘正，庶不误协时正日之典。

若复承讹袭舛,瞻延不决,何以治历授时?不几有负我皇上敬慎钦若之德意乎?伏乞皇上敕令礼臣,于此番交食公测后将从前测过交食节气各法疏密胪列上闻,用疏用密,以听圣裁,庶千秋大典永定于一朝矣。缘系日月交食事理,未敢擅便,谨题请旨。

计开:

崇祯十四年九月十四日丁亥夜望月食分秒时刻并起复方位:

月食六分九十六秒;

　初亏丑初二刻弱,东南;

　食甚寅初初刻强,正南;

　复圆寅正二刻强,西南。

　计食限内凡一十二刻强。

食甚月离黄道降娄宫二十五度三十五分,为奎宿八度一十一分。

食甚月离赤道降娄宫二十四度六分,为娄宿初度三十八分。

食甚月离纬度距黄道北六十三分。

各省直食甚时刻:

　南京应天府、福建福州府,寅初初刻强;

　山东济南府,寅初初刻半;

　山西太原府,丑正二刻半;

　湖广武昌府、河南开封府,丑正三刻强;

　陕西西安府、广西桂林府,丑正二刻强;

　浙江杭州府,寅初一刻弱;

　江西南昌府,丑正三刻强;

　广东广州府,丑正三刻弱;

　四川成都府,丑正一刻弱;

　贵州贵阳府,丑正一刻半;

　云南云南府,丑初四刻弱。

崇祯十四年十月初一日癸卯朔日食分秒时刻并起复方位：
日食八分五十五秒；

　　初亏未初初刻强，正西；

　　食甚未正一刻半；

　　复圆申初三刻弱，正东。

　　计食限内凡一十刻半。

食甚日躔黄道大火宫一十一度六分，为氐宿一度一分；

食甚日躔赤道大火宫八度三十三分，为氐宿初度八十八分。

各省直食甚分秒时刻：

　　南京应天府，九分八十一秒，未正三刻弱；

　　河南开封府，九分一十八秒，未正一刻弱；

　　福建福州府，八分八十六秒，未正三刻弱；

　　山东济南府，九分三十秒，未正一刻半；

　　山西太原府，八分二十三秒，未初三刻强；

　　湖广武昌府，九分五十秒，未正一刻弱；

　　陕西西安府，八分九十一秒，未初二刻半；

　　广东广州府，八分六十六秒，未正初刻半；

　　广西桂林府，九分三十秒，未初三刻强；

　　浙江杭州府，九分八十一秒，未正二刻弱；

　　江西南昌府，九分，未正二刻弱；

　　四川成都府，九分六十六秒，未初一刻强；

　　贵州贵阳府，八分八十六秒，未初二刻；

　　云南云南府，八分六十六秒，午正四刻弱。

　　　　　　　　　　　　崇祯十四年八月二十日具题

二十三日奉圣旨："礼部察议具奏。"

崇祯十四年九月十六日李天经题本

督修历法加光禄寺卿仍支正三品俸臣李天经谨题，为月食事。该臣于本年八月二十日恭报本月十四日丁亥夜月食分秒时刻，依新法推算月食六分九十六秒，初亏丑初二刻弱，食甚寅初初刻强，复圆寅正二刻强。八月二十三日奉圣旨："礼部察议具奏，钦此。"钦遵。该臣于本日会同礼部主事李含乙、远臣汤若望、署钦天监事左监副贾良栋、右监副周胤，率领监局官生刘有庆等齐赴观象台测候，用简仪测至丑初二刻，果见东南上初亏，台官随报礼臣登记在案。又测至寅初初刻强，见食有七分弱，候至寅正二刻余，觇见复圆，随用立运仪见月体高有二十四度余，此番亏食时刻分秒与新法推算一一吻合。若《大统》所推，每先天二刻，而《回回》则后天不啻五、六刻矣。是夜天宇清彻，人役严肃，台官调器，部臣秉笔，所测历历分明有如斯者，是可以审疏密而定历法矣。伏乞敕谕该部将先今月食遵奉圣旨，据实复议，以襄大典，历法幸甚。缘系月食事理，未敢擅便，谨题请旨。

崇祯十四年九月十六日具题

二十三日奉圣旨："御前亲测，即用新法黄赤仪器，极准刻数，着礼部复议来行。"

崇祯十四年九月二十五日李天经题本

督修历法加光禄寺卿仍支正三品俸臣李天经谨题，为日食事。该臣于本月十六日恭报，十四日同礼臣监局诸官测得月食时刻分数奏闻，于本月二十三日奉圣旨："御前新①测，即用新法黄赤仪器，极准刻数。着礼部复议来行。钦此。"钦遵。臣不胜额手称庆，钦仰我皇上留神钦若，御前亲测，且用臣所进新法之黄赤仪测定，极准时刻，即古先帝王尧舜之命羲和察璇玑敬授民时者无过于是，诚度越百王，而夐只千古矣。圣旨所谓"极准时刻"，诚为极准，而非外庭测验敢望其万一，惟有静听部议，以凭乾断施行。但数日内即遇十月之朔，复有日食，则臣新法之黄赤仪当必再尘御览矣。臣忆进黄赤仪之次日，臣局远臣汤若望并官生人等偕内灵台诸臣俱进大内，以罗经小器不足得天上之真子午，而别悬挂浑仪定方铜仪等器，细加测定，方合子午

---

① "新"当为"亲"（繁体字"親"）之误。

真度,用以测时方准,若经稍有动移,必仍如法审度而后可。否则毫厘或差,刻数难定矣。今距日食止有数日,乞敕内台诸臣传远臣汤若望等,仍携原器,将黄赤仪并地平日晷等再一审定安妥,临期兼用新法望远镜以窥太阳亏甚复圆分秒,当复有一极准时刻,以仰副皇上睿览矣。臣无任惶悚待命之至。

崇祯十四年九月二十五日具题

二十七日奉圣旨:"是。着即传在事诸臣,仍携原器如法安妥,以候测验。该衙门知道。"

崇祯十四年十一月初八日李日宣、李兆题本

吏部题,为恳乞遵旨速覆,以便责成,以光大典事。文选清吏司案呈,崇祯十四年二月十五日奉本部送准督修历法光禄寺卿李天经呈前事,内开"窃照治历明时乃国家之首务,从古迄今不但重其事,亦且兼重其人。其往代成例不暇枚举,即如我朝之元统与李德芳争言岁实消长,而元统遂以博士擢升监正。近如修葺效劳之左允和,因数月之工亦以博士而升通政司经历。本局官生推测十载,成绩昭然,递年列名御览七政、经纬书册,业经礼部比照钦天监五官正品级,对品改加外衔,题请纪录,随奉有'准照例加衔'之旨。昨该本寺题催,复奉有'该部议覆'之旨。目今奉旨测验,伏乞察准照例加衔之旨,改加五官正对品外衙门职级,速赐题覆,庶皇泽不致久悬,而大典亦得藉众手告成"等因,到部奉堂批司,察原疏速覆。

奉此案察崇祯十三年六月十二日奉本部送吏科抄出礼科外抄督修历法加光禄寺卿仍支正三品俸加俸一级李天经题,为遵旨续进《坤

舆格致》以裕国储事,内开"臣报国有心,点金无术。因于旁通十事内采择西庠《坤舆格致》一端,成书三卷,于去岁七月内恭尘御览,随奉圣旨:'这《坤舆格致》书留览,余书着纂辑续进。该部知道。钦此。'钦遵。窃思今天下之言开采者比比而卒无一效者,其法未详也。盖开采不惟察寻地脉有法,试验有法,采取有法,即煎炼炉冶,其事较难,其法较密。前所进书虽备他法,而煎炼炉冶之法书尚未成。既奉明旨纂辑续进,微臣曷敢少缓。因即督同远臣汤若望及在局办事等官次第纂辑,务求详明,昼夜图维,今月始获卒业。为书四卷,装演成帙,敬尘御览。倘蒙鉴察敕发开采之臣,果能一一按图求式,依文会理,尽行其法,必可大裕国储。所有远臣汤若望于此格致等书译授局官既费心精,觅工图绘亦捐资斧,盖感沐皇恩,沥诚报效,此亦其一也。伏祈圣明采纳施行。再按臣局供事官生杨之华等,向因递年推算交食七政著劳,题奉明旨下部,业经礼部于去年三月内将杨之华等六员名比照钦天监五官正品级,对品级改加外衔,覆请纪录,随奉有'杨之华等俟学习完日果系术精劳著,准照例加衔'之旨。嗣于去年五月内部监公同试验,吻合不差,题明在案。学习亦于八月内部疏报竣。且供事十载,积有成劳,缮制书器,列名御前,正与术精劳著之明旨相符。恳乞圣明将杨之华等敕下吏部,遵奉照例加衔之旨,察礼部原题,俯赐加衔,庶明旨不致久虚,而诸臣之劳绩亦加劝勉矣。念系臣局缮书制器人员翘首望恩已逾一载,故于进书而并及之"等因。崇祯十三年六月初二日具题,初六日奉圣旨:"这续进《坤舆格致》书留览,余着该部议覆。钦此。"钦遵。抄出到部送司。又准督修历法加光禄寺卿李天经手本,为移送职名以凭题覆事,内开"如原疏开载,则有光禄寺录事杨之华、黄宏宪、鸿胪寺署丞祝懋元、朱国寿、博士朱光大、儒士宋发、李昌本七员名内,杨之华、朱国寿俱已物故,应听除名。希将各官儒对品即改加各衙门职级,仍管历法事务,速为题覆施行"

等因。到司案呈到部，看得典莫大于治历，法莫妙于推算。在局官儒术精劳著，优加职衔或亦朝廷鼓舞小吏之微权也。该寺疏称历局供事光禄寺录事黄宏宪、鸿胪寺署丞祝懋元、博士朱光大、儒士宋发、李昌本以录事等官而办五官正等官事，且递年推算交食七政著劳，业经礼部题准加衔，则照五官品级改加外衔，正与往例相符，所请似当允从者。及察礼部题，准首次叙黄宏宪等照钦天监五官正等官职级对品改加外衔。察五官正系正六品，但各官原加职衔与供事年月悬殊。今加品级应分差等，合无将首叙黄宏宪、祝懋元，量改加光禄寺大官署署正职衔；次叙朱光大，量改加通政使司经历职衔，宋发、李昌本应加钦天监博士职衔，俱仍管历法事。既经礼部光禄寺卿具题，该司察呈前来相应覆请，恭候命下臣部，行令遵奉各供事施行。缘系恳乞遵旨速覆，以便责成，以光大典，及奉明旨事理，未敢擅便，谨题请旨。

崇祯十四年十一月初八日吏部尚书李日宣、文选清吏司郎中李兆具题

　　本月十六日奉圣旨："是。"

崇祯十四年十二月礼部题本

礼部题,为谨遵屡旨查议具覆,恭请圣裁事。祠祭清吏司案呈案察崇祯十三年九月内该本部题,为遵旨考正历法据实恭报一疏,业奉圣旨:"历法原期画一,何至今尚无成议。这所奏置闰旧法不差,太阳躔度旧法于春、秋二分各差二日,及冬至所推同日时刻互异,通着监局诸臣恪遵明旨,各虚心再加考正,并律吕候气,依法测验具奏。钦此。"随经行文监局钦遵外,节准礼科抄出督修历法加光禄寺卿李天经题,为恭进辛巳年七政、经纬新历,仰恳圣明钦定,以成一代良法事等因,崇祯十四年正月初二日①奉圣旨:"这所进十四年经纬新历知道了。李天经还着细心测验,不得速求结局。本内交食节气等项用新,神煞月令诸款用旧,务期折衷画一,以归至当。即着礼部详确看议来说。钦此。"

---

① 据崇祯十三年十二月二十六日李天经题本,此处疑为"正月初四日"。

又该李天经奏，为恭绎责成之明旨，敬陈部监之情形，恳乞圣明申饬以便折衷，并及微臣职业，以图报称事，内称敕令与臣细心考究，以便折衷等因，十四年正月十二日奉圣旨："该部看议具奏。钦此。"

又该李天经题，为月食事，内称"伏察去岁十一月初九日冬至，旧推在辰，新推在午。该臣至期公同礼臣黄家瑞、远臣汤若望及监局官生各用本法测验，旧法用圭表测得本日午景长一丈六尺七寸五分，依旧法详考本日午景长一丈五尺九寸余，今推测悉乖，又安问其辰刻之不差乎？新法用象限仪测得午正日高二十六度三十三分，因京师北极高三十九度五十五分，则赤道高五十度五分，冬至日距赤道南二十三度三十二分，减于赤道高，应得本日午正高二十六度三十三分，若在辰刻，则午正应不止于三十三分，是推在午初二刻者悉合也。又十四年二月春分，旧推十二，新推初十。至期仍前公同部监，测得初十日午正日高果五十度五分，准交赤道，实为天正春分。当日部臣黄家瑞面询监臣，俱称果是初十春分。测算既合，法自宜更新。夫一天岂有两春分之理？臣思敬授民时，关系匪轻。节气一差，闰余乖次，则耕耘种植俱失其时。倘不大加厘正，则舛讹将何极也"等因。十四年三月初六日①奉圣旨："据奏月食、冬至、春分等项新旧法种种不合，若复承讹袭舛，何以治历授时？着便会同监局等官虚心推测，大加厘正，不许仍前彼此争执，致误协时正日之典。这本即着礼部从长一并确议具奏，不得瞻延。钦此。"

又该钦天监监正张守登等题，为仰遵明旨据实回奏节气，恭候睿鉴事，内据历科夏官正等官左允化等呈，称"职等不敢不虚心考正，谨按郭守敬之法所推太阳行度，春分亦开在本年二月初十日，正值昼夜平分之日。职等公随礼部提督黄家瑞并在局官生，测得赤道平分亦

---

① 据崇祯十四年二月二十六日李天经题本，此处疑为"三月初五日"。

与新法相同，历法所注可考也。惟于十二日为春分者，按《大统》立法，冬至日行盈，积八十八日有奇，当春分前三日，交在赤道，实行一象限而适平；夏至日行缩，积九十三日有奇，当秋分后三日交在赤道，实行一象限而复平。正气盈朔虚、积余生闰之法，所以与新法不同。若以太阳十五度为一气，则无积余之数，无积余凭何生闰？新法所谓庚辰闰四月，正坐此也。臣等再四虚心考正，不敢偏执，犹不敢不求至当，以仰副圣明钦若至意"等因。十四年五月十五日奉圣旨："礼部核议具奏。钦此。"

又该李天经题，"本年三月十六日辛卯夜望月食，依新法推算月食八分二十一秒，月未出已食一分七十一秒，月已出见食六分五十秒，初亏酉正一刻强，食甚戌初三刻半，复圆亥初二刻强"。"该臣于十六日会同礼臣王锡衮、蒋德璟、黄景明、黄家瑞、远臣汤若望、监正张守登、监副贾良栋，率领监局官生刘有庆等赴观象台测候，但察新法所推本日日入在酉正三刻，初亏在酉正一刻，故月出地平已见亏食，当用黄赤经纬、简仪等器，测得酉正四刻余，果见食四分有奇，月已高四度矣。仍用本仪候至戌初三刻余，见食八分有奇。候至亥初二刻，觇见复圆。时刻分秒及带食诸数一一悉与新法相符，此礼臣、台官之所目击亲验者。旧法时差四刻，食少二分，且门尚未合，业已亏食，则所推一更一点者更大差谬。倘不遵旨大加厘正，其舛错将何极耶"等因。十四年五月十六日奉圣旨："礼部复议具奏。钦此。"

又该李天经题，为日月交食事，内称"随该礼部①遵旨公同监局诸臣亲测过本年三月月食，今八月十七日复委司务范方公测秋分。是一岁日月交食并四正定气俱以公测，而各法疏密礼臣业已目击亲验矣。所是所非，理宜据实入告，大加厘正，庶不误协时正日之典。若

―――――

① 据崇祯十四年八月二十日李天经题本，此处"礼部"后疑漏掉一行文字。

复承讹袭舛,瞻延不决,何以治历授时?不几有负我皇上敬授钦若之德意乎?伏乞圣明敕令礼臣于此番交食公测后,将从前测过交食节气各法疏密胪列上闻,用疏用密,以听圣裁"等因。十四年八月二十三日奉圣旨:"礼部察议具奏。钦此。"

又该李天经题,报九月十四日丁亥夜望月食分秒时刻,"该臣于本日会同礼部主事李含乙、远臣汤若望、署钦天监事左监副贾良栋、右监副周胤,率领监局官生刘有庆等齐赴观象台测候,用简仪测至丑初二刻,果见东南上初亏。台官随测随报,礼臣登记在案。又测至寅初初刻强,见食有七分弱。候至寅正二刻余,觇见复圆,随用立运仪测见月体高有二十四度余。此番亏食时刻分秒与新法推算一一吻合。若《大统》所推,每先天二刻,而《回回》则后天不啻五六刻矣。是夜天宇清彻,人役严肃。台官调器,部臣秉笔,所测历历分明有如斯者,是可以审疏密而定历法矣"等因。十四年九月二十三日奉圣旨:"御前亲测,即用新法黄赤仪器,极准刻数。着礼部复议来行。钦此。"

又该李天经题,"十月初一日癸卯朔日食,臣于本日会同礼臣李含乙、监副贾良栋、周胤,并监局官生刘有庆、朱光大等,测得是日阴云蔽天,日体于薄云中时隐时见,日晷等器难以取影,惟台上简仪可以线对日体,针指时刻,为可定焉。候至未初二刻,日于云薄处果见初亏,不待初三矣。于未正二刻已见退动,则食甚在正一可知,食约八分有余,又去申初远矣。及至申初二刻五十分,已见复圆,正所谓三刻弱,于新法又合矣。本日远臣蒙礼部传赴本部同测,即同本局官生祝懋元等、监官贾良琦等测至未初二刻时仰见初亏,即报救护。又用悬挂浑仪,于未正一刻半测看日食八分有余。又用原仪远镜测看,复圆乃申初三刻也。此时凡在礼部救护朝臣所共见者。若皇上于大内亲测,用黄赤仪之影圈以上对日体,其所测时刻必有更准于外庭者,想在睿鉴中矣"等因。十四年十月初八日奉圣旨:"御前测验,这次日食时刻分秒西法近密，礼部知道。钦此。"

又该李天经奏，为交食屡测可验，明旨久稽未覆等因，同日奉圣旨："新法已有旨了，着作速复议来行。该部知道。钦此。"钦遵。各抄到部送司，卷查崇祯十二年十二月内，该诰敕房办事大理寺右寺正王应遴奏，"为欣逢颁历之恩荣，加惊愧修历之局未了，直陈钦天监未遵制旨、阻挠历事缘由，恳乞圣明乾断，容造新法历样，仰候鉴裁，立完历局事，并历议八款：定气候、正日躔、核太阳、酌朔望、规年辰、删月令、削冗尾、附交食"等因，奉圣旨："本内事情该部查议具奏。钦此。"钦遵。在案相应察议具覆，案呈到部，看得古今治历之家多矣。其最精者，汉雒下闳①《太初历》以钟律，唐一行《大衍历》以蓍策，元郭守敬《授时历》以晷景，皆称推验之精，而晷景为近。然用之既久，皆不能无差。盖天与日月星辰其体皆动，而其最不可测者尝在于秒忽之间。推移盈缩，圣智不能尽穷。故虽以时分刻、刻分秒，非不致细，而差之半秒，积以岁月，则躔离朓朒皆不合原算，此治历之所以难言也。我皇上因监法小差，特置西法一局，令旧阁臣徐光启领其事，随允寺臣李天经、远臣汤若望等与钦天监张守登诸臣觌面讲求，逐年推较。十余年来，如日月交食、五星伏见之类，臣等历经会同观测，又恭遇御前亦用黄赤仪器亲自临验，奉有"西法近密"之旨，则新法视监为善固昭然不待辩者。守敬成历时尝言天体难测，须每岁测验修改，庶几可使如三代日官世专其职。高皇帝精于观天，虽用守敬历而特令刘基召集天下律历名家者赴京详议，复自置观星盘、天文分野诸书，且革回回监而别为一科，盖其慎也。当时博士元统、成化中丘浚、正德中郑善夫、嘉靖中华湘、万历中邢云鹭②诸臣，皆以差讹疏请更正，

————

① "雒下闳"即"落下闳"，为避明光宗朱常洛讳而改。
② "邢云鹭"当为"邢云路"之误。

今得西历与之较验，而旧历之不能不差，则守敬固已自言之矣。臣部尚书林欲楫向与臣等详察经纬新历，诚如所言"交食节气用新，神煞月令诸款用旧"未为不可，而再四商确，有不得不郑重者。旧法用日度计日定率，西法用天度因天立差。旧法用黄道距度，西法用黄道纬度。虽微有不同，然其黄赤仪与守敬简仪、仰仪、候极、景符、玲珑、立运等仪亦皆相似，特守敬而后其徒沿习不察耳。自古历法辄数十年一改，远不具论，如汉凡三改历，唐七改历，宋则十八改历。本朝自洪武至今，沿守敬历，行之殆三百余年矣。小差者惟日月交食时同刻异，无大悬绝。至置闰之差起于春、秋分所差二日，而西历定分之日即旧历所注昼夜各五十刻之日也。在今日西法较密，在异日亦未能保其不差，则一番更改，良不易言。据天经原疏，曾请将在局生儒尽收之钦天监，以便随时测验，将新法暂附《大统》以便公同考证。钦奉前旨，亦令监官张守登等于交食、经纬、晦朔弦望、年远有差误者旁求参考，又以新法推测屡近，着照回回科例收监学习，实为得之。似宜请旨敕下，另立新法一科，令之专门著习。遇交食、节气、经纬同异，据法直陈，以俟测验大定而后徐商更改，庶有当乎？其寺臣李天经及远臣汤若望、中书王应遴、新局官生光禄寺署正黄宏宪等累年所进历书一百四十余卷，日晷、星晷、星球、星屏、窥筒诸器，多历学所未发，专门劳绩，积有岁年，似宜量加叙录。而该监官生学习则有《会典》按月按季课试、严行赏罚之例，所当重加申饬者也。

乃臣等区区之愚，犹有进焉。历为敬天授民设也，敬天者顺时布令，观变警心，其所重莫如刑赏；授民者东作西成，南讹朔易，其所重莫如桑农。故尧舜之历以厘工庶绩为钦天，而成周之历以《无逸》《豳风》为月令，非徒如保章、挈壶之流，斤斤于时刻分秒之末而已。凡历数始于河图，五十有五以十乘之为五百五十，以五乘之为二百七十有五。自洪武元年戊申距今壬午二百七十五年，实为河图中候，宜修明礼乐,先德后刑,劝民农桑,敦崇仁厚,以昌扶国脉,肇万年有道之长,其斯为治历之本务乎!汉儒言明王谨于尊天,慎于养人。故立羲和之官以节授民事,奉顺阴阳,则日月光明,风雨时节,灾害不生。我皇上敬天勤民,同符二祖,知自有敬授精义,非臣等迂陋所能测识万一也。伏乞圣明裁察施行,所有原奉御前发下七政、经纬新历一套相应进缴。

崇祯十四年十二月具题

十五年十二月奉圣旨:"另立新法一科专门教习,严加申饬,俟测验大定徐商更改,亦是一议。李天经等着量加叙录。本内遵天养民为治历本务,知道了。该衙门知道。"

崇祯十四年十二月二十八日礼部题本①

历法疏 _{崇祯辛巳十二月}

礼部为历法事。祠祭司案呈云云,该臣等看得古今治历之家多矣,其最精者,汉雒下闳②《太初历》以钟律,唐一行《大衍历》以蓍策,元郭守敬《授时历》以晷景,皆称推验之精,而晷景为近。然用之既久,皆不能无差。盖天与日月星辰其体皆动,而其最不可测者尝在于抄③忽之间。推移盈缩,圣智有不能尽穷。故虽以时分刻、刻分抄④,

---

① 本篇据《蒋氏敬日草》补录。
② "雒下闳"即"落下闳",为避明光宗朱常洛讳而改。
③④ "抄"当为"秒"之误。

非不至细，而差之半抄，积以岁月，则缠①离朓朒皆不合原算，此治历之所以难也。我皇上因监法小差，特置西法一局，令礼臣徐光启领其事，而寺臣李天经、陪臣汤若望等与钦天监张守登诸臣觌面讲求，逐年推较。十余年来，如日月交食、五星伏见之类，臣等历经会同赴观星台占测，而御前亦用黄赤仪器亲自临验，西法比监实为密近，固昭然不待辩者。守敬成历时尝言天体难测，须每岁创验修改，庶几可使如三代日官世专其职，未尝自以为足也。高皇帝精于观天，虽用守敬历而特令刘基召集天下律历名家者赴京详议，复自制观星盘、天文分野诸书，且别立回回一科，亦未尝以守敬之历为足也，盖其慎也。当时博士元统、成化中丘浚、正德中郑善夫、嘉靖中华湘、万历中邢云鹭②诸臣，皆以差讹疏请更正，今得西历与之较验，而旧历之不能不差，则守敬固已自言之矣。臣部尚书林欲楫向与臣等详察经纬新历，诚如所言"交食节气用新，神煞月令诸款用旧"未为不可，而再四商确，有不得不郑重者。旧法用日度计日定率，西法用天度因天立差；旧法用黄道距度，西法用黄道纬度。虽微有不同，然其黄赤仪器与守敬简仪、仰仪、候极、景符、玲珑、立运等仪亦皆相似，特守敬之徒沿习不察耳。自古历法辄数十年一改，而守敬之历行之已三四百年矣，小差者惟日月交食时同刻异，无大悬绝。至置闰之差起于春、秋分所差二日，而西历定分之日即旧历所注昼夜各五十刻之日也。在今日西法较密，在异时亦未能保其不差，则一番更改，良不易言。

据天经原疏，曾请将在局生儒尽收之钦天监，以便随时测验，将新法暂附《大统》以便公同考证。而前奉明旨，亦令监官张守登等于交食、经纬、晦朔弦望年远有差者旁求参考，又以新法推测屡近，着照

---

① "缠"当为"躔"之误。
② "邢云鹭"当为"邢云路"之误。

回回科例收监学习,实为得之。似宜敕下另立新法一科,遇交食、节气同异,据法直陈,以俟测验而后徐商更改,庶有当乎?其寺臣天经及远臣汤若望、中书黄应遴①、新局官生黄宏宪等累年新进历书一百四十余本,日晷、星晷、星球、星屏、窥筒诸器,多历家所未发,专门劳绩,积有岁年,似宜量加叙录。而该监官生学习则有《会典》按月按季课试、严行赏罚之例,所当重加申饬者也。

乃臣等区区之愚,犹有进焉。历为敬天授民设也,敬天在顺时布令,观变警心,其所重莫如刑赏;授民在东作西成,南讹朔易,其所重莫农桑。故尧舜之历以厘工熙绩为钦天,而成周之历以《无逸》《豳风》为月令,非徒如保章、挈壶之流,斤斤于时刻分抄②之末而已。凡历数始于河图,五十有五以十乘之为五百五十,以五乘之为二百七十有五。自洪武元年戊申距今壬午,盖二百七十有五年矣,实为河图中候,宜修明礼乐,先德后刑,劝民农桑,敦崇仁厚,以昌扶国脉,基万年有道之长,其斯为治历之本务乎!汉儒言明王谨于尊天,慎于养人。故立羲和之官以节授民事,奉顺阴阳,则日月光明,风雨时节,灾害不生。我皇上敬天勤民,同符二祖,知有敬授精意,非臣等迂陋所能测识万一也。伏乞圣明裁察施行。

崇祯十四年十二月二十八日

圣旨:"另立新法一科专门教习,严加申饬,俟测验大定徐商更改,亦是一议。李天经等着量加叙录。本内遵天养民为治历本务,知道了。"

---

① "黄应遴"当为"王应遴"之误。
② "抄"当为"秒"之误。

自上海徐公玄沪奉命治历,于西法甚精。每遇日月交食,上于宫中置器水亲验,深言西法宜行。而钦天监官生护短,连疏争之,十余年不决。璟在礼部,偕大宗伯林公平庵、左堂王公素公屡奉旨在观星台及历局诸处考究,稍为折衷。及林公奉使在南,有旨严趣题结。在新法即欲改《大统历》,而《大统》系高皇手定,谁敢擅改?在钦天监则力诋其非,而不知株守之误,破绽实多。因议另立新法一科,二局不复争论。

崇祯十四年十二月二十八日李天经题本

督修历法光禄寺卿支正三品俸臣李天经谨题，为恭进壬午年七政、经纬新历事，该臣督同在局诸臣，依新法推算得崇祯十五年壬午岁七政、经纬新历各一册，装演成帙，进呈御览。臣谨按本局所推新法诸历，悉依天度起算。其节气交宫与夫伏见行度等项，皆在天真正之实行度也。所有置闰之法，首论合朔后先，次论月无中气。除十三年臣局依天度所推本年四月有闰，已蒙圣明洞鉴新法合天，众心允服矣。兹臣恭进十五年新历，而十月与十二月中气适交次月合朔时刻之前，所以两月间虽无中气，而又不该有闰。盖新法置闰专以合朔为主，若中气适在合朔时刻前者，是中气尚属前月之晦，则无闰。若在合朔日时后者，则前月当有闰而无疑也。今臣等预察得崇祯十六年正月后有闰，因正月后止有惊蛰一节，而春分中气在次月合朔之后，是十六年当闰正月而无疑矣。

臣惟一代之兴必有一代之历，臣自奉命修改，数载已来，诸曜皆蒙圣明内庭亲测，新法吻合似难枚举。即如本年日月两食，该臣具有交食屡测可验一疏，奉有"新法已有旨了，着作速覆议来行"之旨。又为日食事，随奉有"御前测验，这次日食时刻分秒西法近密"之旨。至于旧岁十三年恭进新历一疏，更奉有"本内交食节气等项用新，神煞月令诸款用旧，务求折衷画一，以归至当"之旨矣。伏察从来督令礼部看议画一，及准该监旁求更正，明命炳若日星，想该部自能一一钦遵，以副我皇上钦若敬授之德意，臣等犹冀我皇上详察而乾断焉。缘系云云事理，未敢擅便，谨题请旨。

计开：

七政新历一册，

经纬新历一册。

崇祯十四年十二月二十八日具题

十五年正月初八日奉圣旨："礼部知道。"

崇祯十五年闰十一月十五日刘宗周未上奏本①

辟左道以正人心以扶治运疏 　闰十一月十五日　未上

　　臣闻天下治乱之机，必有所自始，故孟子称"生于其心，害于其政；发于其政，害于其事"，则人心之关于世运，尚矣。而人心之邪正，率本于道术之晦明，自古未有道术不明，人异教、家殊俗，而天下几大顺之休者。今天下皆知有异端之祸，而不知异端之祸，异端之教为之也；又皆知有盗贼之祸，而不知盗贼之祸，盗贼之教为之也。

　　何谓异端之教？则佛、老而外，今所称西学者是。始万历中，西夷利玛窦来中国，自言航海九万里而至，持天主之说以诳惑士人，一时无识之徒稍稍从而尊尚之，遂为南礼卿沈㴶论列以去。不意其徒

---

① 本篇据《刘子全书》补录。

汤若望等，越十余年复入中国，遂得夤缘历局以行其一家之说，又有西洋火器逞其长技。皇上因而羁之京师，至表之为天学，而其教浸浸行于中国矣。臣窃意历家之说大抵随疆域以分占候，故四夷各有星官，未必尽行于中国也。而今且设局多年，卒未有能究其旨者，至历法为之愈讹。况一技若火器，岂中国有道圣人所恃乎？不恃人而恃器，兵事之所以愈不振也。若天何主乎？天即理也。今以为别有一主者，以生天而生人物，遂令人不识祖宗、父母，此其说讵可一日容于尧、舜之世！而近者且倡仁山大会，以引诱后进，率天下之人而叛君父者，必此之归矣。此臣所谓异端之教也。

何谓盗贼之教？则张道陵遗孽所称天师者是。道陵在汉为黄巾余党，号五斗米贼，自言能以符箓驱鬼神，愚民因而信之，传之后代，累有封爵，或称天师，至本朝始改号真人。曾经降革，旋复，至今袭职者为张应京。一日皇上有事于御灾捍患，为生民祈福也，暂许之来京。事已年久，辄留驻京师，屡玷崇班之列，岂不辱朝廷而羞天下士！今者应京遂胆大心雄，乞赐第宅，皇上姑从而许之，初不必崇信其术也，而应京从此益得以行其祸福之说，所至争奔走矣。夫应京非盗也，而充其术足以为盗。不见近者无为白莲之徒蔓衍不已，皆张道陵故智乎？此臣所谓盗贼之教也。

而臣于此更有感焉，今天下学术不明，奇衺之士悉驱而入佛、老，其不入于佛、老者不谓之道学，至所在缁流聚众说法，动及数千人，皆不耕而食、不织而衣、不孕而繁殖，天下安得不日趋于坏！如臣乡有普陀佛寺，每年航海士女不下万人；山东有泰山神宫，春秋道路往来，每年不下数十万人。臣谓无论其邪说足以伤风败俗，即借此金钱，下以养乡井之流离、上以给公家之赋役，悉不可者？而此外尚不能以悉数也。

所恃圣明表章正学，罢百家而宗孔氏，永遵吾中国君、臣、父、子之教，宪万世而淑来兹，又何至遗此异孽、盗孽以酿祸乱于无穷乎！仰祈皇上将西人汤若望等立驱还海，毁其祠宇，悉令民间燔其文字；将张应京立斥还籍，罢其赐第，姑悬之以待有功；并将普陀、泰山等处，凡系会众说法地方，悉敕守臣永行禁止，仍令敕天下无度牒僧人，年三十以下者，尽行还俗。从此人心正而世教明，以为息邪除寇张本，而国家亿万年无疆之祚，亦端于兹可卜矣。臣处风纪之地，不敢不特纠。统祈圣明垂鉴施行。

崇祯十五年闰十一月十五日刘宗周未上奏本

崇祯十五年十二月二十五日李天经题本

　　督修历法加光禄寺卿仍支正三品俸臣李天经谨题，为恭进癸未年七政、经纬新历，再恳敕部速覆原疏，以弘大典事。该臣督同在局诸臣依新法推算得崇祯十六年癸未岁七政、经纬新历各一册，装演成帙，进呈御览。臣谨按本局所推新法诸历悉依天度起算，其节气交宫与夫伏见行度皆在天真正实行之度也，历蒙圣明洞鉴，内庭亲测，屡验新法合天，众心允服矣。其新法置闰来历，前疏已悉，不敢赘陈。所有礼部于前岁题，为谨遵屡旨等事一疏，专门传习、严加申饬之旨，并臣条议一疏，俱奉旨下部已久，尚未题覆。伏祈敕部速覆，俾各官生得以专意在局传习，共推新法，以襄巨典，以鼓舞在局官生任事之心焉。臣复察《大统》所推金星于本月十七日在虚八度，夕伏不见。新法则推至本月二十五日始伏，二十八日始与太阳合伏。臣坐守广宁门时，同诸臣于十七以后见日落时金星明明在上，去地平甚高，可谓伏否？时科臣光时亨素留心象纬者，亦同讶金星之未伏而许新法之密合也。敢存此一段，以为测验大定之一据云。敬因进呈而并及之，臣不胜惶悚待命之至。

计开：

七政新历一册，

经纬新历一册。

崇祯十五年十二月二十五日具题

十六年二月二十二日奉圣旨："这进历准留览，原疏着与速覆。其金星合伏日期，察该监官何故推测互异，着更用心讲习，务求至当。该部知道。"

崇祯十六年二月初二日李天经题本

　　督修历法加光禄寺卿仍支正三品俸臣李天经谨题，为日食事。该臣于正月十三日具本，题知本年二月初一日乙丑朔日食分秒时刻，依本局新法推步日食五分三十秒，初亏辰初四刻弱，食甚巳初初刻强，复圆巳正初刻半弱，并具图像及各省直食甚分秒时刻不同诸数，俱已逐一开坐，进呈御览矣。臣因坐守广宁门，预先移会修政历法远臣汤若望暨本局供事等官黄宏宪等，至日前赴观象台公同测验。本月初一日，据本局供事加光禄寺署正黄宏宪等回呈到臣，开称"是日随远臣汤若望公同礼部主客司员外刘大巩、钦天监监副周胤及该监历科天文科五官、灵台、保章、监候、博士等官，与本局供事加通政司经历朱光大等在台，用本简仪并所携新法赤道日晷，测至辰初四刻弱，用远镜映照，果见初亏；测至巳正初刻强，果见食甚五分二十余秒；测至巳正初刻半弱，瞻见复圆；其日食分秒时刻并起复方位皆与本局新法所推密合。此系公同瞻测，较验无异"等因，备呈前来，即臣同坐门科臣光时亨、台臣郑楚勋、戚臣李国柱等官亦用远镜及新法仪器映照测验，一一悉与新法吻合。据实具题，再祈皇上敕令礼部速覆另立新法科一疏，庶便专门传习，更正无稽，而盛世之大典亦得刻期告蒇。至于先后治历诸臣，前蒙俞旨量加叙录，日久未覆，更乞敕部一并题覆，庶圣恩不致有虚矣，敬因题覆日食而请及之。缘系日食事理，未敢擅便，谨题请旨。

崇祯十六年二月初二日具题

六月二十九日奉圣旨："这日食分数时刻各有异同，御前亲测西法多合，还与该监细加考正，以求画一。前有旨立新法科，量与叙录，何未见覆行？着礼部即行议奏。"

又揭帖日食图进览事，奉圣旨："宫中亲测。"

崇祯十六年七月二十六日李天经题本

　　光禄寺卿管历局事李天经谨题，为月食事。照得本年八月十五日丙子夜望月食，其食限分秒并起复方位，例应先期上闻。除《大统》《回回》二历已经钦天监具题外，所有历局依新法推步诸数，逐一开坐，并具图像，进呈御览。临期惟听该衙门照前自行观候奏闻。缘系月食事理，未敢擅便，谨具题知。

　　计开：
　　崇祯十六年八月十五日丙子夜望月食分秒时刻并起复方位：
　　月食五分一十秒；
　　　初亏丑初一刻强，东北；
　　　食甚丑正二刻半强，正北；
　　　复圆寅初四刻弱，西北。
　　　计食限内凡一十一刻弱。
　　食甚月离黄道降娄宫四度三十分，为壁宿初度七分。

食甚月离赤道降娄宫三度六十六分，壁宿四度八十八分。

食甚月离纬度距黄道南七十六分。

各省直食甚时刻：

 南京应天府、福建福州府，丑正三刻弱；

 山东济南府，丑正三刻弱；

 山西太原府，丑正二刻弱；

 湖广武昌府、河南开封府，丑正一刻半；

 陕西西安府、广西桂林府，丑正初刻强；

 浙江杭州府，丑正三刻强；

 江西南昌府，丑正二刻弱；

 广东广州府，丑正一刻强；

 四川成都府，丑初三刻；

 贵州贵阳府，丑初四刻弱；

 云南云南府，丑初二刻弱。

崇祯十六年七月二十六日具题

崇祯十六年八月十五日月食图

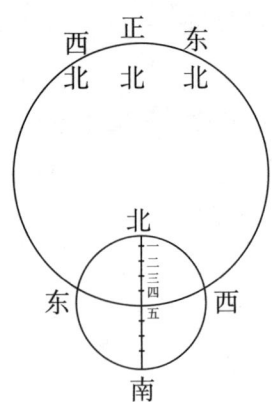

崇祯十六年八月十七日李天经题本

　　光禄寺卿管历局事臣李天经谨题，为测验月食事。该历局新法推步得本月十五日丙子夜望月食五分一十秒，初亏丑初一刻强，食甚丑正二刻半强，复圆寅初四刻弱。臣已于七月二十六日将诸数逐一开坐，绘图具题讫。是夜督同远臣汤若望及本局供事官黄宏宪、朱光大、王观晓、宋发、朱光显、朱廷枢、生儒掌乘、宋可成、李祖白、焦应旭前赴观象台，公同礼部尚书林欲楫、祠祭司主事汤有庆及该监堂属官生贾良栋等，用本台简仪，测至丑初一刻强，已见月体东北初亏甚确。嗣后阴云渐布，而月体虽为忽掩忽现，然食分隐约可窥。但于食甚之际，又因阴云密厚，而难于准测也。候至寅初四刻之内，云忽开朗，月体已见复圆。且新法所推土星于食甚时在壁宿初度有奇，观之约与月体同度。因察《大统》旧法所推，土星则在壁宿七度，其与初度相去甚远，在圣明御前亲测自有洞鉴。臣等钦遵临期详加测验具奏之旨，理合据实奏闻。缘系测验月食事理，臣等未敢擅便，谨题请旨。

崇祯十六年八月十七日具题

崇祯十六年九月二十四日礼部题本[①]

礼部为遵旨再造进窥远镜事。主客清吏司案呈，奉本部送礼科抄出修正历法远臣汤若望奏前事，内称"八月十八日奉御用监传奉圣旨：'再着汤若望造二个来进。钦此。'钦遵。臣随攒造二具，铜架俱全，恭进御览。尚有余块玻璃，不能铊磨合式作具，镜体如数缴送御用监衙门讫。理合遵旨进上"等因。奉圣旨："知道了。汤若望恭造远镜勤劳，着赏银贰拾两，该衙门知道。钦此。"钦遵。抄出到部，送司案呈到部拟合就行。为此合具印信手本，差办事官施霖齐赴内府司礼监钦遵关领施行。

计开：

钦赏修正历法远臣汤若望一员银贰拾两。

---

① 本篇据《礼部堂稿》补录。

九月廿四日
郎中刘　行

崇祯十六年十月二十七日礼部题本

礼部题,为遵旨具覆事。祠祭清吏司案呈奉本部送礼科抄出督修历法加光禄寺卿李天经题,为日食事,内称本年二月初一日乙丑朔日食奏报所食时刻分秒,并请覆叙录在局效劳官生缘由。崇祯十六年六月二十九日奉圣旨:"这日食分数时刻各有异同,御前亲测西法多合,还与该监细加考正,以求画一。前有旨立新法科,量与叙录,何未见覆行?着礼部即行议奏。钦此。"钦遵。抄出到部送司,除日食分数时刻异同之故应听历局与该监细加考正,以求画一,其立新法一科业于本年五月初五日已经本部条议具覆,奉旨遵行在案。察崇祯十四年十二月该本部题,为谨遵屡旨察议具覆等事,钦奉圣旨"李天经等着量加叙录",钦遵在案。又准李天经呈称"本寺自惭占俾,谬任董修,数载艰辛。虽有微绩,则叙录何敢仰徼。本局累年所进历书一百四十余卷,日晷、星晷、星球、星屏、窥筒诸器,多历学所未发,专门劳绩,积有岁年,似应量加叙录,悉奉俞旨在案。如修历远臣汤若望等，撰书制器，创法超伦，惟是殚精推测，心血为枯。不意邓玉函、罗雅谷二远臣遂尔溘先朝露，前功难泯，理合请予祭葬。汤若望首先创法，劳勚年深，则酬庸之典似宜破格优赉。所有远臣焚修处所，恳请敕建重修匾额字样，以便朝夕焚修，祝延圣寿。仍恳补加光禄寺酒饭桌面半张，以资朝夕。此亦酬前劳而鼓后效之一议也。所有本局供事中书王应遴加光禄寺大官署正，黄宏宪加通政司经历，朱光大、博士朱廷枢、王观晓、周士昌、宋发、朱光显劳绩久著，五官正刘有庆、贾良琦劳深绩著，所当一体加衔优叙"等因。通察案呈到部，看得督修历法光禄寺卿李天经创一代之新法，正千古之传讹，步算既有成劳，推测尤多应验。心血为枯，功绩难泯，相应加秩优升，合听吏部议叙。如远臣汤若望、邓玉函、罗雅谷等，创法制器，劳勚独先，似应优叙。汤若望焚修处所应如历臣所议，敕赐重修匾额，再加光禄寺酒饭桌面半张，以资朝夕。然邓玉函、罗雅谷既已物故，相应优恤。其加衔大理寺右寺正王应遴，率领讲求，积有岁年，新旧异同，尤多参订。钦天监秋官正刘有庆、中官正贾良琦，谙习新法，历局供事光禄寺署正黄宏宪、上林苑监右监丞陈亮采、经历朱光大、博士朱廷枢、王观晓、周士昌、宋发、朱光显供事年深，勤劳颇著，各以原官量加一级，以鼓后效。及察钦天监监正戈承科、监副贾良栋、周胤等率领官生人等在局学习新法，俟有成效，统容臣部另行议叙者也。相应题请，统候圣裁敕下，臣部遵奉施行。

崇祯十六年十月二十七日具题

十一月初九日奉圣旨："李天经着吏部议叙，汤若望准加给酒饭桌半张，邓玉函等优恤，王应遴等依议。本内匾额是何字面，竟未说明，不必行。若望仍另行议叙。"

崇祯十六年十二月初二日，内阁传奉圣谕："远臣汤若望还与他匾额，着礼部拟字来看。钦此。"

传奉到部，随蒙礼部拟字样二副，一曰"旌忠"，一曰"崇义"等因，于崇祯十六年十二月十一日具题，崇祯十七年正月初四日奉圣旨："着赐名'旌忠'，以示朝廷柔远优劳至意。"

崇祯十六年十一月李天经回祠司手本①

　　督修历法李为钦奉上传事。准礼部祠祭清吏手本，称"奉上传：'李天经所奏《坤舆格致》一书，着辅臣传该部，速为议覆，钦此。'移取原奏并书册"等因到寺。窃照《坤舆格致》一书，向因蒿目时艰，未能仰佐司计一筹。乃值修历远臣汤若望简有本国携来此书，诚有裨于国计者。遂尔翻译，两次绘图缮进，以抒仰承皇上招徕至意。本寺爰有"代献刍荛"一疏，恭尘御览，以听圣明采择耳。然前书译稿无存，盖恐好事者窃取抄传，以滋弊窦。仅有西庠原本，悉属西字，使之重译抑又浩繁，未能合将进书原奏，抄白送阅，庶知开采之梗概。为此合用手本，前去贵司，烦为据实呈堂，以凭议覆。倘或鉴其可行，不妨明白题敕远臣汤若望尽授其法，仍责成原译局员等，一一祗领其传，便可分任其事。则匪类不能私擅妄行，而善法不为伪传者淆溷矣。

---

① 本篇据南京图书馆藏《坤舆格致》抄本补录。

再按目今四郊多垒、民不聊生之际，远臣抒忠为国，尽译开采一书者，以搜括不若生聚为可久长耳。今试于深山穷谷之中，取造物自然之利，不第济军需而裨国计，即饥寒迫身、易于为盗之民，使之佣作以安其生，庶可杜潢池之弄，未始非收拾人心之一机也。

计开：

进书疏稿抄白二折

崇祯十六年十一月日行

崇祯十六年十二月初三日倪元璐题本①

请停开采疏

题为民情宜顺、开采宜停事。本月初二日阁臣陈演等传臣至阁，恭叙上传二事："一议开采，一议事例。钦此。"该臣看得为开采之言者，盖以此天地自然之利行之，可必无弊者也。然臣中夜思之，窃犹以为未便。虽曰铸山垹称煮海，原其利害实相径庭，其说有六。海挹注而已，山须凿发劳费，金银之气又未必可望而知，一也。民不处海，多山居者，百家坟墓，千家间井，或言其下有金银，则锄钁必及之矣，二也。即云北地山少民坟，而山川秀气拱卫天都，毁掘所加动伤地脉，非如酌水于海无关形势，三也。天下莫不归利于盐，而归害于矿，

---

① 本篇据《倪文贞公文集》补录。

自万历年间矿使为祸，海内冤痛沸骚，至今故老言之色变，骤闻此议复兴，即必惊相告语，讹言四起，群心动摇，四也。又臣尝纂修神庙《实录》，据所会计出入子母，大都得不偿失，即当时使者别有进奉，总由威胁地方逼使包承认纳，富者荡产，贫者殒身，尽是民脂，岂为地宝？五也。有矿卒殃民，即必有矿贼殃矿，向当神庙太平，劫杀屡告，况在今日，谁不生心？此辈一聚，不复可散，渐成形候，与流寇通气，方当东防西御，岂可又聚膻招蝇？六也。有此六者，臣不敢议。凡救敝世，如理败楹，若为求蔽风雨之计，而转开鸟鼠之穴，则利未享而害先之。臣惟恐诏令一出，示人以端，有司欲以见功，奸人因之生事。天下皆山也，闻风而起，言矿之徒日集，辇下鼎鼎骚骚，安知所底。以臣之见，莫如确循明谕，使该督抚自制财用，听其便宜。曰便宜，则百事俱在，苟无害吾民，即斟酌行之，非必决意开采也。至于事例，内如准贡义生等议，或不妨暂行，容臣会同礼、工二部酌妥奏闻。

崇祯十六年年十二月初三日具题

奉圣旨："览卿奏，自属正论。但念国用告诎，民生寡遂，不忍再苦吾民。如以地方自生之财，供地方军需之用，官不特遣，金不解京，五金随地所宜，缓急皆可有济。其视搜括、加派，孰为便益？倘地方官奉行不善，借端生扰，如锄厮坟间、逼勒包纳等弊，责成督抚，罪自有归。发下《坤舆格致》全书，着地方官相酌地形，便宜采取，仍据实奏报。不得坐废实利，徒括民脂。汤若望即着赴蓟督军前传习采法并火器、水利等项。该部传饬行。"

崇祯十七年正月初二日李天经题本

　　光禄寺卿仍管历局事臣李天经谨题，为恭进甲申年七政、经纬新历事。臣谨按本局所推新法诸历悉依天度起算，其节气交宫与夫伏见行度等项亦皆在天真正实行度分。今督同在局官儒推算已完，恭尘御览，伏乞睿鉴施行。窃照历局供事官儒效力已久，兹仅聊聊数员。崇祯十五年间礼部鉴其辛勤，于谨遵屡旨察议具覆疏内开称"十余年来如日月交食、五星伏见之类，臣等历经会同观测，又恭遇御前亦用黄赤仪器亲自临验，奉有'西法近密'之旨，则新法视该监为善固昭然不待辨者"等因具题，奉有俞旨。第察本年八月中礼部具题立科事宜，又奉有"本内朔望日月食如新法得再密合，着即改为《大统历法》通行天下"之旨。臣等仰承圣明钦若至意，未敢渎陈。原系云云事理，未敢擅便，谨题请旨。

　　计开：

　　　七政新历一册，

经纬新历一册。

崇祯十七年正月初二日具题

圣旨:"新历二册着留览,李天经督修著劳知道了。其供事官生着与量叙。该部知道。"